21世纪高职高专规划教材·市场营销系列

广告实务

主编　杨建华　杨德锋

中国人民大学出版社
·北京·

前　言

在技术发展的推动下，广告的媒介——媒体正逐步“碎片化”。除了电视、广播、报纸、杂志四大传统媒体外，正在形成以网络、手机、博客、播客为代表的新媒体。如何创作和管理各种类型的广告至关重要。

现代广告学融入了多个学科，本教材无意涉及太多方面，而是将内容集中在针对各类工商企业的广告策划、广告经营与广告管理上。本教材主要是对广告整个过程进行系统讲解，详细介绍广告的基础知识、广告策略实施、创作表现、媒体业务、策划业务以及广告的管理监督等。

本教材由暨南大学管理学院市场学系杨建华副教授、杨德锋博士任主编。全书共十一章，具体编写分工如下：杨建华、杨德锋、姚明惠（第一、二、三章）；杨建华、陈桂梅（第四、五、六章）；杨德锋、王永强（第七、八、九、十章）；杨建华、王永强（第十一章）。由杨建华、杨德锋负责总纂定稿。

本教材的主要目标读者是：

1. 高职高专广告学、市场营销、工商管理、新闻传播等专业学生；
2. 企业及新闻媒体的广告策划人员及中高层广告管理人员；
3. 对广告学感兴趣的人员。

在本教材的编写过程中，参阅了国内外大量的文献和资料，有些参考文献列在书后，因篇幅限制，还有些参考文献没有列出，我们一并向文献的作者表示深深的敬意和谢意。中国人民大学出版社在整个教材的编写过程中给予了大力的支持和帮助，在此深表谢意。

本教材是编者多年从事广告学研究和教学的一些感悟，在面向应用型人才培养的教材编写上还是一个尝试，疏漏与错误在所难免，希望广大读者批评、指正。

编者

目　录

广告实务

基础知识篇

策略实施篇

创作表现篇

媒体业务篇

策划业务篇

管理监督篇

基础知识篇

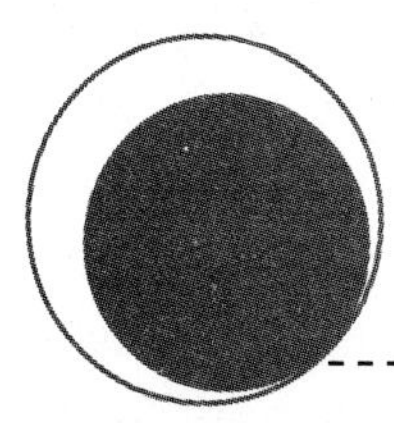

第一章 广告导论

内容提示

当今社会，广告就像空气一样，深入每一个人的生活，成为现代人生活组成的一部分。不论是翻检报刊、凝视荧屏，还是放眼街道，各类的广告无处不在。美国广告人大卫·奥格威（David Ogilvy）曾经说，这个世界是由空气、水和广告组成的。这诙谐的话语表明了广告在我们生活中占有显要的位置。广告是贸易的引擎，它与各行业的联系更加紧密了，我们需要了解广告的起源与发展，才能更深层次地认识广告的含义，才能有利于探索现代广告的发展趋势及挑战。

学习目标

学完本章，你应该能够：

1. 了解广告的起源与中国广告发展史，激发起学习广告学、创作广告的兴趣。
2. 掌握广告的概念、特征和性质。
3. 熟悉广告的分类体系。

第一节 广告的起源与发展

一、广告的起源

广告是现代市场经济条件下人们非常熟悉的事物。广告的产生可以上溯到较久远的年代。原始社会末期，随着生产力的发展和社会文明的进步，广告逐渐萌芽。据史书记载和有关考证表明，原始社会时期的广告分为两种：一种是以社会行为为内容的社会广告；另一种是传递经济信息的商业广告。如利用姿态（如舞蹈）、声音（如叫喊、吆喝）、火光（如烽火）等手段把要交换的产品信息传播出去，这就是最早的广告。

在西方，广告一词的英语 Advertising 是从拉丁语 Advertere 演变而来的，而拉丁语 Advertere 的原意有“我大喊大叫”、“引人注意”的意思，这也说明，无论是在东方还是西方，最早的广告首先是从口头广告开始的。语言与文字是紧密相关的，都是人类用于信息沟通的工具。

文字在广告中的应用同样也有相当悠久的历史。我国古代典籍《左传》曾记载：禹铸九鼎，昭示天下。古巴比伦王国国王汉谟拉比曾将法典刻在石柱上告诉人民。而禹的时代，大约是在公元前 21 世纪，汉谟拉比则是在公元前 17 世纪，这都是早期比较有名的关于社会广告的记载，也是最早的将文字用在广告中的记载。

除了典籍当中关于广告使用的文字记载之外，考古发现的实物也证明了广告有着悠久的历史。考古学家在挖掘埃及古城亚伯斯遗址时发现了一则写在羊皮纸上的文字广告，内容是悬赏一个金币捉拿一名逃跑的名叫谢姆的奴隶，据考证已有 3 000 多年历史。无论是文字记载还是考古实物，无论是商品广告还是社会广告，都有着大量的证据，证明广告有着非常悠久的历史。

广告在原始社会末期、奴隶社会初期应运而生，是商品生产和商品交换的必然产物。它的形成具备三方面的社会及经济因素：第一，商品所有权的转移，也称商流（即人类有了商品交换的需要）；第二，商品信息在买卖双方之间的传递，也称信息流（即人类有了沟通交流商品信息的需要）；第三，人类具备了广告形成的手段和方式的物质基础。

二、中国广告的发展史

几千年前，由于生产力的发展和社会分工的出现，世界各文明古国均产生了最早的广告。特别是中国古代广告的发展史，可以说是人类广告发展史的一个大概的缩影。

以中国社会形态的转变为标志对中国广告发展史进行阶段性研究，可分为三个阶段：古代广告、近代广告及现代广告。

（一）古代广告

这个阶段的最早的广告应该是叫卖和实物陈列，现在的买卖吆喝声和摆放的货物都是这种形式的延续。随后出现的广告是货摊和货铺的招牌，它们的出现代替了叫卖功能。在这一时期，广告的形式主要有口头广告、实物广告、音响广告、标志广告、悬物广告、招牌广告、彩楼广告和粗糙的印刷广告等。

口头广告（又称叫卖）是最原始、最简单，且至今为止最为常见的广告形式之一。中国古代的叫卖广告很发达，商贩叫卖时往往采用不同的腔调，使人一听便知小贩在卖什么东西。如今偶尔在大街小巷听到的具有特殊韵味的叫卖声，如扬州调的“磨剪子嘞，锵菜刀”，大抵还是远古遗风。

实物广告也是最原始的广告形式之一，是古代交换、买卖货物时普遍采用的广告形式。它是以商品本身为媒体的广告。为了出卖商品，商贩或持所售商品，或将经营的商品悬挂于店铺门前，或陈列于顾客易见之处，以便买者挑选。

音响广告是在口头广告与实物广告的基础上渐渐衍生和发展起来的广告形式，这些广告形式的出现大大拓宽了广告的表现范围。在我国，旧时各行各业都有自己的音响工具，如布贩子摇拨浪鼓，货郎敲小铜锣，补锅的敲大铜锣，卖油的敲油梆子等，不胜枚举。这种原始的音响广告至今还能偶尔见到。

标志广告的形式较多，包括旗帜广告、悬物广告、灯笼广告等。它在实物广告的基础上发展起来，用某种象征物传递待销售商品的信息，例如放大了的商品实物或某种具有行业或商品特征的代表性物品、旗帜、灯笼、幌子等。例如，“插草标”作为出售商品（甚至是人）的广告标志，在我国古代典籍中屡有描述；而据记载，古埃及的奴隶主在出卖奴隶时，也是采用插草标作为广告形式，由此可见，在广告形式的利用上中外有相同之处。作为实物广告的发展，标志广告的形式慢慢扩展，种类渐渐增多，使古代的广告开始出现多样化发展的趋势。

招牌悬挂在店门前能起广告的作用，这是古代广告的一种常见形式。招牌有横额、竖牌和挂板之分，在形式的表现上既可仅用文字，也可图文并茂。店主可根据自己的性质确立招牌式样，也可以由招牌反映行业性质。

在我国，由店铺普遍使用招牌、挂板，在上面以文字和图画混合使用的形式作为广告的确切年代已不可考，但城市和坐商（店铺商人）的发展可以从一个侧面反映这类广告发展的进程。北宋张择端的《清明上河图》是以描绘当时北宋京城东京（今河南汴梁）的景色为主的一幅著名的民俗风情画，从画中可以看到“王家罗匹帛铺”、“刘家上色沉檀拣香”、“赵太丞家”和“杨家应症”等招牌广告，这为我国古代招牌广告的应用提供了直接的例证。

古代广告最终随着商人的出现和商业的形成，以文字和图画大量使用在广告中并作为传播信息的主要手段而达到顶点，从而开创了广告发展的新阶段。

印刷广告的出现是古代广告发展的最辉煌的一页。而在这方面，我们可以确凿无疑地说，是中国人首次使用了印刷广告。早在汉代，蔡伦就发明了造纸技术，使我国文字和图画结合的广告有了更广泛的载体。到了隋代，出现了雕版印刷技术，北宋的毕昇发明了活字印刷术，更将中国的印刷技术推至高潮。

印刷广告的出现为广告的发展提供了一个可以大展身手的舞台，从此，广告可以脱离开广告者而自由流动，广告也可以被长期保存，更重要的是，广告可以不再依赖销售者本人能力的高低，而可以由专门的人士进行艺术化的加工，从而提高广告的传播效果。但是，“万事俱备，只欠东风”，印刷广告还缺乏一种能够充分体现其优点的具体传播形式，而这一点则必须在工业革命之后方能实现。从此以后就进入了近代广告的发展阶段。

（二）近代广告（1840—1949 年）

我国近现代广告业源自报刊的产生。自辛亥革命推翻了腐朽的清政府，报纸业与此同时出现了空前的繁荣，全国报社达 500 多家，报纸总销量达到 4 200 万份。第一次鸦片战争后，《申报》创办，它是中国近现代影响最大的商办报纸，十分重视广告经营。《申报》的创办标志着中国广告代理形式开始萌芽。许多著名的品牌也是在这一时期脱颖而出的。比如我们耳熟能详的“三枪”品牌、上海鹤鸣鞋帽商店等。鹤鸣鞋帽商店不仅利用报纸为其大力宣传，还把广告做在送货车上，为职工定做统一的广告衫。

除此之外，同期广播广告也在上海开始盛行。美商奥斯邦在上海开办了无线电公司并于 1927 年开始播音。随着收音机的普及和电台的不断扩大，广播广告的影响也日益扩大。1934 年，中国电声广告社成立，这是中国第一家专门承办各个电台播音广告的专业广告社，它的出现标志着广播广告逐步走向了成熟。

（三）现代广告（1949 年至今）

随着科技的不断发展，新技术、新发明层出不穷，广播、电视、计算机等媒体的出现，把广告业推向蓬勃发展的现代广告时期。这个时期的显著特征主要表现为：电子媒体问世，促使广告多样化；广告经营走向现代化、国际化；人们更加关注广告理论的研究。

改革开放以来，随着我国经济实力不断上升，人民的生活水平不断提高，电视机成为家家户户生活的必需品。广告从此真正成为我们生活中无处不见的信息传递方式。商家利用多样化的广告词，生动的画面等多媒体合成效果来吸引消费者的目光，不断增强自己企业的知名度和美誉度。我们所熟知的广告词如：“今年过节不收礼，要收就收脑白金”；“新飞广告做得好，不如新飞冰箱好”……

今天，以网络为代表的新媒介时代和世界广告的国际化趋势，催生出广告传播的多元化时代，以国际互联网建立和网络传播兴起为标志的网络传媒，作为第五大媒介登上了世界传媒的舞台。这对过去广告形态而言是一次深刻的变革。由传统的以产品为中心向以消费者为中心转移，由传统的以传者为中心向以受众为中心转移，由“传者到受众”的单向传播模式向“传者—受众”双向互动的传播模式转移，广告传播重点由以诉求产品功能和物质利益特点为主向以塑造品牌形象为主转移。

第二节　广告的内涵与特征

广告到底是什么？这一问题看似简单，但答案却至少有几十种。最简单的问题往往是最深层的问题。

一、广告学的界定

（一）关于广告的定义

从广告学创立开始，中外广告学家、学者及广告业界知名人士都曾致力于给广告一个权威的定义，然而迄今为止仍然没有一个明确、权威的概述，究其原因是由于广告活动的复杂，广告学涉及面广所致。对一个商人来说，广告可能意味着利润的增加；对一个家庭妇女来说，广告也许是星期天可以在哪里买到特价商品；对一个政治家来说，广告也许是可以发表政治演说的一种工具；对一个明星来说，广告可能意味着提高曝光率。下面列举几种代表性的观点：

被称为美国现代广告之父的阿尔伯特·拉斯科（Albert Lasker）说：广告就是“印在纸上的推销术”。

在市场营销学界享有盛名的菲利普·科特勒（Philip Kotler）教授在其所著的《营销学原理》（第6版）一书中说：广告是由一个可以识别的出资者通过付费的非人员的方式，推广其观念、商品和劳务的行为。

在科特南德·L·博维（Courtland L. Bovee）和威廉·F·艾恩斯（William F. Arens）合著的《广告学》一书中，给广告下了这样一个定义：广告是由可以识别的出资者借助各种媒体，旨在对于产品、劳务或者观念的说服，通过付费进行的非人员的信息沟通方式。

《辞海》中对广告作了这样的解释：广告是向公众介绍商品、报道服务内容或文娱节目等的一种宣传方式。

（二）现代广告的定义

过去广告学界的权威人士对于广告的定义尽管莫衷一是，但却是广告学成长的历史性见证，为现代广告学的研究奠定了基础。但是，现代广告学对于广告学的定义到底是怎样的呢？在为广告下定义之前，必须确定所下的定义要符合下述的条件：

（1）能够概括一切的广告行为，而不是只对某一类广告下定义。

（2）能够说明广告的基本特征，使人们明了广告与其他宣传方式的区别。

（3）能够说明广告的基本性质，突出广告的目的性。

上述的广告定义有些只是从某一方面描述了广告，而没有给出一个完整、全面的广告概念。例如：广告就是“印在纸上的推销术”，这一定义有三个缺陷：

一是它只纳入了商业广告，突出了商业广告的促销目的，而没有将其他广告都包括进来，自然也没有将其他广告的多目的性体现出来；二是它只包括了印刷媒体广告，而通过其他媒体传播的广告不能使用这个定义来解释；三是它将广告的功能定位太低，认为广告只是一种推销技术，这与商品交换将信息传播视为交换的前提和基础是格格不入的。可见，这一定义的内涵过窄。

我国对广告的另一种非常通俗的解释是“广而告之”，这种定义的内涵过宽，将一切传播信息的行为都视为广告。我国《辞海》对广告的解释实际是对“广而告之”的一种展开叙述，因此，也犯了定义过宽的毛病。

本书将现代广告定义为：现代广告是由可以识别的组织和个人，为达到一定的目的，通过媒体进行的有关产品、劳务或观念的、付费的、非人员的信息传播活动和行为。

这个定义概括了各类广告的共同点，包含了广告的基本特征，指出了广告的性质。

二、广告的特征

（一）营利性

企业、团体、单位或者个人，谁都可以做广告。那么为什么要做广告呢？《中华人民共和国广告法》规定：广告是指商品经营者或者服务提供者承担费用，通过一定媒介和形式直接或者间接地介绍自己所推销的商品或者提供服务的商业性广告。可见，之所以要做广告，是要通过广告来获得经济利益。

根据性质和目的不同，可以将广告分成两大类，即经济广告和非经济广告。经济广告的性质是为着组织或个人的经济利益服务的，以营利为其目的，所以也称为营利性广告；而非经济广告则不以营利为目的，而是为广告主的某种特殊目的服务的，也称为非营利性广告（如公益广告）。

经济广告是广告中的主要构成（在后面的章节中，我们一般以经济广告的研究为主），对于经济广告而言，不论其传递的信息是商品还是劳务，其目的最终都是为了使广告主获得盈利。

（二）媒体性

广告是一种信息传播活动，按照信息理论，信息不是物质，它必须借助于信息载体运载信息才能把信息传播出去。因此，广告必须借助于广告媒体才能把广告信息传播出去。作为广告传播的媒体，种类很多，如印刷媒体、电气媒体、户外媒体、电子媒体等，而且随着科学技术的发展，新的媒体不断涌现，使广告的传播范围不断扩大，传播速度不断加快，传播方式更加多样化，传播效果也不断提高。

（三）信息性

广告要借助于媒体在有限的时间（如电视、广播等电波媒体）和空间（如报纸、杂志等印刷媒体）传播信息来达到特定的目的，因此，为了充分利用广告媒体和提高广告传播效率，广告传播的信息不是原始的信息，而是经过加工之后的信息。对广告信息的加工是复杂的过程，包含着艺术加工和制作加工两个方面，其加工质量的好坏对广告效果起着很大的作用。

近些年来，世界广告更在信息内容发展中加入观念信息，就是通过对某种利于商品推销的观念进行信息传递，最终刺激消费。有时以这种观念为信息内容的广告比传统广告形式的效果更好。

（四）投资性

广告要借助于媒体传播信息，但大部分媒体并不掌握在广告主手中，同时，传播的信息又必须要进行加工，而这一工作的专业化程度也比较高，需要专业人员才能承担。此外，即使是广告主自己所拥有的媒体，进行广告活动也必须付出成本。所以，广告活动是一种付费的经济行为。作为经济活动，广告必须追求活动所产生的经济效果，是一种投资行为，即需衡量广告的成本及所带来的收益之比。

（五）引导性

广告作为商品销售的一个环节，一种营销手段，在商品买卖过程中，会对消费者的购买意识产生引导性作用。一个成功的广告会提高商品的知名度，增强商品的品牌效应，提高商家信誉，从而唤起消费者的购买欲望与信心，促成商品的交易。

（六）艺术性

广告要想吸引顾客的注意，进而影响他们购买商品时的选择性，就要充分利用广告表现的艺术性和技巧性。不好看、不好听，甚至艺术性不高的广告，可以说并非是真正意义的广告，所以广告是一种“说服的艺术”。

三、广告的性质

广告是一种由组织或个人进行的综合性的、具有信息传播活动、经济活动、社会活动和文化活动这四方面性质的特殊活动。

第一，广告作为信息传播活动，主要体现在：信息传播活动是广告活动的基础。

在广告活动中，广告主发送的是信息，广告对象接收的还是信息，整个活动实际是信息从发出者一方到接收者一方的流动。

在广告活动中，不管广告主的目的如何，都是通过信息传播的过程来达到其目的的。

广告的所有功能能否发挥，广告的目的能否达到，首先取决于广告的信息传播是否有效。所以，广告首先是信息传播活动，在这一活动的基础上，它才兼具了其他活动的性质。

第二，广告作为经济活动，主要体现在：经济性是广告活动的核心。

从广告的数量来说，绝大部分是经济广告。

从广告的目的来说，大部分的广告（经济广告）的目的是为经济活动服务的。

从广告主来说，以各类企业占据着较大的比例。

从其参与活动的各个方面的关系来说，如广告主、广告媒体、广告公司之间的关系，也是一种基于经济利益之上的商品交换关系。即我付钱，你为我提供广告服务。

第三，广告作为社会活动，主要体现在：社会性是广告活动的表现形式。

广告信息的传播是公开的、非点对点的，范围是广大的、开放性的。

传播的媒体是社会性的，大多数都属于大众媒体，如报纸、杂志、电台、电视这四大传统媒体以及互联网都是广告传播的主要媒体。

广告传播的对象是开放式的，即凡接触到传播广告媒体的人都有可能收到利用该媒体所传播的广告，也都有可能受到广告的影响。

第四，广告作为文化活动，主要体现在：文化是广告活动的灵魂。

广告是利用文字、图画、音乐、表演等多种艺术化形式来传播信息的，而这些形式都属于文化的范畴。

广告要利用报纸、杂志、电台、电视、互联网以及户外广告牌等文化载体来传播经过精心设计、编排、加工和组织的艺术化的广告信息。

广告的效果好坏也取决于广告所承载的文化潜质，即能否吸引广告受众的注意力，能否给广告受众以艺术美的享受，能否使广告受众在感情上产生共鸣，能否给广告受众有用的情报信息等多个方面，而这些与我们评价文化的标准是相同或接近的。

正因为广告这种综合性活动的特殊性质，所以，从事广告绝不可以随心所欲，而必须遵循广告活动的客观规律办事，使广告取得预定的效果。

第三节　广告的分类

由于广告分类的复杂性和交叉性，导致广告的分类方法多种多样。只有科学合理的分类才能为广告策划提供条件，为广告设计与制作提供依据，从而取得最佳效益。依据广告的性质、内容、发出者及传播媒体等方面进行类型划分，包容性较强，且清晰明了。本节除了对总体的广告类别进行介绍，还重点介绍经济广告的分类。

一、广义广告的类别

（一）按广告的性质分类

按广告的性质不同，可将广告分为经济广告和非经济广告两类。

经济广告是指各类组织和个人利用广告传播有利于自己所进行的经济活动的有关信息，以达到在经济活动中取得经济利益的目的而发布的广告，它是广告中的主体。除此之外的各类广告则都属于非经济广告，非经济广告可细分为文化广告和社会广告，因为其不作为我们研究的重点，所以在这里不作赘述。

（二）按广告的内容分类

按广告的内容不同，可将广告分为商品广告、服务广告、观念广告和启事广告。

广告的内容涉及面很广，但绝大多数都属于商品和服务广告。商品广告传递产品的品牌、商标、性质、特点等信息，以促使顾客购买，扩大产品的销售。服务广告是饭店、旅游、美容院等服务行业旨在推销服务的广告，主要是向受众介绍服务的性质、内容、提供方式等信息，以引起消费者的兴趣，达到销售目的。

观念广告是向受众传输一种观念，比如节约用水的公益广告。

启事广告向受众传递非促销信息，如企业聘请律师的声明等。

（三）按广告的发出者分类

按广告的发出者不同，可将广告分为组织广告（包括各类工商企业、政府部门、事业单位、社会团体等）和个人广告。

（四）按广告的传播媒体分类

按广告的传播媒体不同，可将广告分为报纸广告、杂志广告、电台广告、电视广告、直接邮寄广告、交通工具广告、户外广告、销售点广告、电子网络广告等。

此外，还可按部门不同分为工业广告、商业广告、农业广告、文教广告、卫生广告、交通广告等；按管理的程度不同，分为特殊广告和一般广告等。

二、经济广告的类别

在介绍了广义广告的类别之后，下面重点介绍经济广告的分类。

（一）按照广告的直接目的分类

经济广告如前所述，其最终目的都是利用广告为其所从事的经济活动谋取经济利益，但是，不同的经济广告所要达到的直接目的，则有一定的区别。根据广告的直接目的，我们把经济广告分为：销售广告、观念广告、公关广告、求购广告。

1. 销售广告

以销售商品或劳务作为广告的直接目的，是经济广告中数量最多的一种。企业能否生存取决于其生产和经营的产品和服务能否在市场上顺利销售出去，所以，销售广告作为经济广告的主要构成是理所当然的。

2. 观念广告

以树立一种新观念或改变一种旧的观念为主要目的的广告。这种广告并不从介绍和宣传产品开始，而是首先用各种办法向你灌输一种观念，待你接受了这种观念，再接受它的产品也就是顺理成章的事了。例如：丹麦的蓝罐曲奇（饼干）在香港市场起初并不怎么畅销，后来广告公司把它定位在平时探亲访友必备之礼，为了达到这一目的，广告用了“去探亲访友要带手信（礼物），只带两梳蕉（两串香蕉）（注：暗喻两手空空，因两手下垂类似两串香蕉状）去怎么好意思……”这一意念，向广告受众灌输蓝罐曲奇是探亲访友的最好礼物这一观念，而用“两梳蕉”作为两手空空的代名词由于其幽默诙谐，更被市民广泛引用，从而使蓝罐曲奇在香港成为畅销不衰的产品。

3. 公关广告

以树立企业形象、沟通企业与社会各界的关系为直接目的的广告。企业作为社会一分子，必须承担相应的社会责任，而且也必须与社会各界进行信息沟通，要让社会了解企业、理解企业和支持企业，而广告不但是进行推广促销的有效工具，同样也是公共关系的重要工具。公关广告一身兼两任，既为企业销售服务，同时也为企业公关职能服务。

4. 求购广告

以寻求购买本企业经济活动所需的生产和经营要素为目的的广告。一提起广告，人们的印象就是劝说人们购买商品的宣传，实际上，求购广告虽然在经济广告中所占的比例极小，但它也是经济广告的一种。一个企业的生产或经营活动，需要人、财、物这些生产要素的合理配置和运用，有时企业急需某些专门人才、特殊原材料或机器设备，否则就会影响到企业经济活动的正常进行。而利用广告传播求购信息，使卖家主动上门，满足所需，同样是为经济活动服务，其最终目的也是为了使企业得到经济利益。

（二）按照广告主分类

按照广告主来对经济广告进行分类，可以分为：生产商（制造商）广告、中间商广告、服务商广告。

（1）生产商（制造商）广告：由生产商或制造商发布的广告。

（2）中间商广告：由批发商或零售商发布的广告。

（3）服务商广告：由各类服务商发布的广告，如银行、保险、运输、仓储、旅游、会计、咨询、法律等服务商发布的有关提供服务的范围、项目、收费等内容的广告。

（三）按照广告受众（广告对象）分类

按照广告受众（广告对象）的不同，可将经济广告分为：消费者广告、集体用户广告、商业用户广告、中间用户广告。

（1）消费者广告：以广大消费者为广告受众而发布的广告。广告内容以日用消费品、副食品、家具、工艺品等以个人和家庭购买为主的商品广告为多。

（2）集体用户广告：以生产企业、事业单位、政府部门等集体用户为广告受众而发布的广告。广告内容以生产资料（原材料、机器设备、零部件等）和办公用品（电脑、打印机、复印机、纸张、文具等）为主。

（3）商业用户广告：以批发商、零售商等商业企业为广告受众而发布的广告。广告内容以订货会、商品目录、价格表、产品介绍等广告为多。

（4）中间用户广告：以对最终消费者或用户有直接影响的组织和个人为广告受众而发布的广告，又称媒介性广告。如药品的最终消费者是病人，但是病人得的什么病、该吃什么药，不能由自己来判断和决定，而必须到医院经过医生诊断之后，开出药方，病人按药方购药，在这一过程中，医院和医生就是中间用户，充当了生产商和最终消费者之间的媒介。所以，药品广告应该选择医院和医生为广告受众，使他们了解药品的有关特点和性能，再由他们根据病人的病症推荐或指定病人购买某种药品。

（四）按照广告传播范围分类

按照广告传播范围大小可将经济广告分为：地区性广告、区域性广告、全国性广告、跨国性广告。

（1）地区性广告：是以某一个城市、县、乡、镇为传播范围的广告。传播范围较小，所使用的媒体有限，如霓虹灯、海报、招贴、地方电视台及电台、地方性报纸等，广告内容也以当地产品为多。

（2）区域性广告：比地区性广告传播的范围要大，通常是指以某一个省及相邻地区为传播范围的广告，选择的多是省一级的媒体。

（3）全国性广告：比区域性广告传播的范围大，是以全国市场为传播范围的广告，通常多选择国家级的媒体。

（4）跨国性广告：以某几个相邻国家为传播范围的广告。这类广告一是利用影响比较大的报纸、杂志传播；二是利用卫星电视传播；三是利用电台节目传播；四是利用互联网传播。广告内容以跨国公司生产的影响较大的名牌产品为多。

由于科学技术的发展和广告活动的特殊性，各类广告之间的界限并不是非常分明。例如，由于通信技术的发展，无论是报纸、杂志，还是电台、电视，抑或是互联网，其传播速度和传播范围都与昔日不同。报纸采取了激光照排、微波传输、异地开印的办法，使几千里之外的城市也能看到当天出版的报纸；杂志则由于高速公路、高速铁路的发展，传播速度也大大加快；而电子报纸、电子杂志等电子出版物的出现，更将印刷媒体的速度、效能和表现力大大提高。电台、电视台则由于通信卫星、微波和光纤传输等技术的发展和普及，而使传播范围的限制越来越小，许多地方性电台、电视台借助卫星传输，已可与中央级媒体并驾齐驱。

另外，由于经济广告的最终目的是为了获得经济利益，所以，销售广告、观念广告、公关广告等广告在以某一直接目的为主的情况下，也必然会包含其他目的的广告内容。但是，研究广告分类对于我们来说，仍是非常重要的，它有利于我们掌握各类广告的特点和重点，有利于我们根据企业的实际情况，选择恰当的广告形式，以使广告能为企业的经济活动发挥出它应有的作用。

练习与思考

一、单项选择题

1. 广告的目的是把东西卖出去，那么它首先涉及的是（　　）。

A. 媒体问题　　B. 市场问题

C. 艺术问题　　D. 经营管理问题

2. 以下哪种广告不属于古代早期广告的形式？（　　）

A. 口头广告　　B. 实物广告

C. 标志广告　　D. 碑文广告

3. 根据内容可将广告划分为多类，下列选项中错误的是（　　）。

A. 商品广告　　B. 个人广告

C. 启事广告　　D. 服务广告

4. 根据部门可将广告划分为多类，下列选项中错误的是（　　）。

A. 工业广告　　B. 农业广告

C. 电台广告　　D. 文教广告

5. “广告是由一个可以识别的出资者通过付费的非人员的方式，推广其观念、商品和劳务的行为”是（　　）对广告的定义。

A. 阿尔伯特·拉斯科　　B. 菲利普·科特勒

C. 在科特南德·L·博维　　D. 威廉·F·艾恩斯

二、多项选择题

1. 在为广告下定义之前，所必须具备的条件包括（　　）。

A. 能够概括一切的广告行为，而不是只对某一类广告下定义

B. 能够说明广告的基本特征，使人们明了广告与其他宣传方式的区别

C. 能够表现广告在社会生活中的作用

D. 能够说明广告的基本性质，突出广告的目的性

E. 能够利用最先进的传播方式

2. 下列选项中哪些表现了广告的特征？（　　）

A. 广告是组织或个人的一种有特定目的的行为。

B. 广告必须借助媒体才能传播信息。

C. 广告传播的是未经过加工的原始信息。

D. 广告是一种付费的经济行为。

E. 广告是一种公开的自我宣传方式。

3. 广告的性质包括（　　）。

A. 信息传播活动　　B. 经济活动　　C. 社会活动

D. 文化活动　　E. 艺术活动

4. 按照广告的性质进行分类，可分为（　　）。

A. 经济广告　　B. 商品广告　　C. 公益广告

D. 非经济广告　　E. 劳务广告

5. 按照广告的直接目的分类，可将经济广告分为（　　）。

A. 销售广告　　B. 观念广告　　C. 公关广告

D. 求购广告　　E. 求职广告

三、填空题

1. 现代广告是由可以识别的________，为达到一定目的，通过媒体进行的有关产品、劳务或观念的付费的、非人员的________活动和行为。

2. 根据性质和目的的不同，可以将广告分成两大类，即____________和____________。

3. 广告必须借助________才能传播信息。

4. ________是广告活动的基础。

5. ________是以对最终消费者或用户有直接影响的组织和个人为广告受众而发布的广告，又称媒介性广告。

四、名词解释

1. 广告

2. 观念广告

3. 广告受众

五、简答题

1. 广告产生的条件是什么？为什么？
2. 现代广告有哪些形式？
3. 为什么说社会经济发展是广告发展的根本原因？

案例分析

解读“美女当街洗澡”这则寓言

1月3日《沈阳今报》消息：促销请美女当街洗澡。“好冷哦……”穿一身绿色碎花泳装的骨感美女举起喷着热水的莲蓬头站在浴缸中，有些哆嗦地朝旁边工作人员“求救”。新年第一天，成都街头就上演了这一幕洗澡秀。

新年里天寒地冻，忍看美女哆嗦着上演一幕“洗澡促销秀”，岂止恶俗？从“避孕套”包雪糕，到“马桶糖果”、“吸血鬼饮料”，商家的大胆创意越来越“超凡脱俗”，“眼球”经济里一次又一次打着色情的擦边球。所谓“为商之道”中的对本民族文化传统的尊重、经商的人文底线一次次沦陷在促销的色情闹剧里。解读“美女当街洗澡”这则寓言，我们能看到很多不太好玩的寓意。

1. 促销中泛滥的“色情主义”向度

诚然，在西方国家，广告的色情取向多数是正常的。但是商业促销本身就是针对特定受众的多元价值行为，中国人有自己的民族性，在这种文化环境中，促销不能只看重知名度，还要考虑美誉度。如今商业促销中带有“性意味”或者“性暗示”的案例渐渐成了一种风气，究其原因，关键是一味照搬国外的做法，抄袭人家的创意，不肯沉下心来研究中国本土受众的心理，于是恶俗成卖点，肉麻当有趣。当肯德基、索尼等国际品牌开始中国化促销的时候，我们的促销却热爱金发美女、人造棕榈。“美女当街洗澡”的这则寓言，既与消费者的需求搭不上界，也与诚信为本的商业道德相违背，仅仅是靠媚俗术满足少数人低级趣味的心理而已。

2. 促销中沦陷的“商业文化”和“社会责任”

今天的消费社会与二三十年前有根本不同，同质下的过度竞争是不争的事实。商家们的促销手段花样翻新本无可厚非，但多少得考虑到多数群众的普遍道德准则和情感认同心理，以及法律法规的制约。在一个竞争激烈的商业社会里，各类稀奇的促销手段频频亮相的背后，是一场场利益与道德的博弈。商业促销中的道德风险屡屡惊现，迟早将是推翻经济大厦的第一张骨牌。此间，传统商业文化的人文气息被利润最大化谋杀了，商业活动的社会责任担当被眼球诉求遮掩了，一切沦陷得惊世骇俗。

“美女当街洗澡”这则寓言告诉我们：当恶俗成为商家掘金的利器，我们身处的这个商业社会意味着美好被解构、底线被突破、秩序难以监守。热热闹闹看美女洗澡的眼球背后，可能缺位了几双更睿智、更严肃、更前瞻的眼球。

资料来源：http://news.phoenixtv.com/phoenixtv/83885040617914368/20060104/722711.shtml，2006-01-04。

美女当街沐浴：关乎感冒伤风　无关败俗伤风

新年第一天的街头，撒满玫瑰花瓣的浴缸中，一个身着泳装的美女款款而起，拿起热水器喷头故作陶醉状地淋着自己的脖子、肩膀……1月1日，某品牌热水器商家为了抓住消费者眼球，拉来在校学生当街表演起了“真人沐浴秀”。

放假期间，读到这条消息，还是很有意思的。这个当街沐浴的女孩是一职高学生，年龄还不到18岁。她称：“我也是鼓足勇气，把它当成一次挑战才敢走上来的。”我佩服的是她的商业意识，只不过10分钟，她居然就赚了5 000元，足有一般职员两三个月薪水了。这样勇敢的、具有商业意识的女孩，前途未可限量。

之所以说她勇敢，是指她在众目睽睽之下，敢于亮出自己娇好的身材。这个现在已经不算是很勇敢一类了。在浴场、在海边、在各种商业展示活动中，穿三点式内衣展示自己身材的女子多的是。我说的勇敢主要是指她敢于在冬日的街头洗澡，如果没有较强的抵抗力，她会感冒的。即使有5 000元，但在现在的医疗费用猛于虎的情况下，如果她因此而感冒，且引发一系列疾病，那样的话，是得不偿失的。所以，我说这个美女当街沐浴，关乎感冒伤风就是这个意思。还好，成都属于南方，南方的冬日是不太寒冷的，特别是在全球出现暖冬的前提下，这个女孩的身体看上去也并不弱不禁风。

不过，我的另一种担心是人言可畏。记者在现场随机调查了共10位市民。接受调查的大多数男士都笑着表示“好看好耍噻”。但年纪稍大的一对夫妇却显得有些愤怒，认为是伤风败俗。美女当街沐浴的行为在现场已经有人看不惯了。互联网上，更有人用“无聊”、“丑恶”、“民族劣根性”等词汇来表达内心的反感。有人也从文化的角度谈到“人的教育”，认为是教育的缺位导致社会阴暗窥私心理泛滥等。我估计最近几天有评论者会发出更加严厉的道德评判，或指责这个女孩败坏风俗，或谴责商家的见利忘义。这些好像都是应该的，因为，道德的评判在我们这个时代是很时髦的，只要你进行了道德的评判，就可能因此认为你比被评判的人的道德水准高。

但这种泛道德的指责是虚伪的，也是无济于事的。因为，商家的促销手段只要是合法的就是可行的，不要一看见美女就与道德挂钩；美女的当街沐浴也无关败俗伤风。她喜欢当街沐浴那是她的自由，她为了钱因此而赚了一学期的学费，如果她家庭贫困的话，她的此举为父母解了难分了忧，她是一个懂事的孝顺女孩。为什么要横加谴责呢？

资料来源：http://news.phoenixtv.com/phoenixtv/83885040617914368/20060104/722714.shtml，2006-01-04。

思考题：

针对以上两个案例，谈谈你对这个问题的认识。

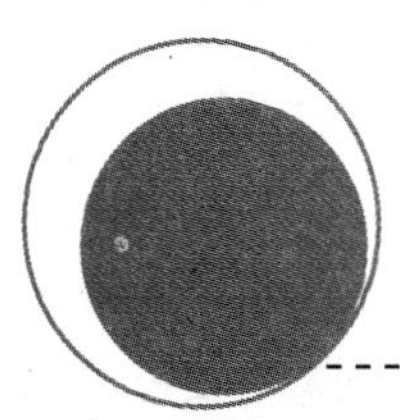

第二章 广告的功能与相关理论

内容提示

广告作为一种社会存在，必然有其存在和发展的合理性。关于广告功能、原则、相关理论，广告与营销的关系及广告的活动与组织等问题的研究，实际上是对广告何以能立足于世的生存价值的追问。要正确理解和把握广告，对这些问题必须有个明确清晰的认识。

学习目标

学完本章，你应该能够：

1. 掌握广告的功能、原则。
2. 理解广告的相关理论。
3. 了解广告与营销、组织的关系，全面、科学地认识广告。

第一节　广告的功能

随着广告在社会经济、文化方面扮演角色的重要性的增加，广告的功能成为大众所关心的问题。我们必须辩证地看待广告的功能，它既包括正面的功能，也包含负面的效果。我们要把握两方面，力争驾驭广告，使其发挥正面的作用，促进我国政治、经济、文化的蓬勃发展。

一、广告的正面功能

（一）提供情报的功能

广告向广告受众提供了各个方面的有用情报，供广告受众选择。广告受众从广告中得到经济、文化、教育、艺术、产品、服务等各个方面的情报信息，使广告受众根据自己的需要，来取得对自己有用的情报，这是广告最重要和最基本的功能。广告其他的所有功能都是建立在这一功能的基础之上，没有传播信息、提供情报的基本功能，其他功能也就无从谈起。例如，产品广告向广告受众介绍产品的名称、产地、生产厂家、性能特点等，从而使消费者了解和掌握该产品的有关情报，在这一基础之上，消费者才有可能受到广告的影响，采取购买行为。

（二）宣传教育的功能

广告主可以通过对广告信息进行有选择的加工，来对广告受众进行宣传教育。广告的宣传教育功能不光可以为企业市场营销服务，还可以为政治宣传、社会宣传和个人宣传等许多方面服务。例如，某些商品广告通过表现地球臭氧层遭到破坏而产生的可怕后果，教育广告受众应当购买无氟冰箱，以保护我们的地球生态环境；新产品广告通过对新产品的功能、用途、使用方法等的介绍，使消费者感到该产品是一种与老产品截然不同的，采用了新的技术制造的产品。

另外，企业要生存，不仅要获得利润，同时还必须为社会负责，在为消费者提供高质量的产品的同时，着眼于消费者的长远利益和社会的长期发展。广告一方面向社会提出企业的承诺和给消费者带来的好处，另一方面也针对种种社会问题，提出企业的明确主张及承担的责任。

（三）发展经济的功能

第一，广告创造了消费者的欲求，促进了产品的销售。广告是消费者信息的主要来源，通过广告，消费者可以获取购买上的便利，获得产品信息。广告借此说服、劝导顾客进行购买。广告作为咨询者和引导者，在消费者的购买行为中扮演了重要的角色。

第二，广告帮助企业塑造品牌。企业可以通过各种广告传播媒介提升企业的知名度和信誉度，以树立企业的品牌形象。

第三，广告促进了企业间的竞争。通过广告、广告主可以了解同行业产品、价格、市场、竞争对手的情况，为决策提供依据。为了在激烈的市场竞争中立于不败之地，广告主必然需要不断提升自己企业的研发能力，使用新技术，开发新产品，极大地带动了社会经济的发展。

第四，广告业作为国民经济中的一个新兴行业，创造了就业机会，节省了社会生产的总成本，为社会创造价值和财富，发展了经济。

（四）美化生活的功能

广告通过艺术化的形式传播信息，使广告受众在接受广告的同时，得到艺术的享受，从而起到了美化生活的作用。例如，霓虹灯广告、招牌广告、橱窗广告等不但传递有关的信息，而且起到装点城市、美化市容的作用，已成为现代都市不可缺少的象征。

（五）提高人民生活品质的功能

广告在推动消费的同时也提高了消费者的消费品位，提升了公众生活品质。广告在指导消费、创造欲求的同时提出了各种引导潮流的信息理念，强有力地引导大众走向新的生活品位和方式。另外，广告付费传播模式使消费者廉价得到媒介咨询和娱乐，这也是对大众生活品质的一种提升。

（六）构建广告文化的功能

广告不仅是一种商业行为，一种传递信息的媒介，它本身也是一种文化，同社会风俗、社会意识、价值取向有着密切的联系。

二、广告的负面效果

我们必须正确对待广告的负面效果，认识到其破坏性，加以防范。

（一）导致享乐主义的滋生

现今很多广告以奢华的场景为主题，强调豪华阔绰、崇洋媚外，以此来迎合部分人的口味，迷惑了很多消费者。广告对超越现实的消费方式进行刻意描述，导致拜金主义、享乐主义的滋生。譬如香水、名车的广告，都有这些方面的特点。这类广告就好像是一只无形的手，不断勾起青年人对奢华生活的欲望，过分追求物质，动摇了中国传统的节俭之风。

（二）虚假的商品信息误导消费者

出于自身利益的考虑，广告主传播的往往是一种不完全信息。这是虚假广告产生的根源。虚假广告，即利用广告中虚假的内容，对商品的性能、质量、用途、价格、产地、售后服务等做不符合事实真相的宣传，以假充真、以次充好。

例如虚假的医疗广告，几个疗程治愈癌症这种天方夜谭的广告甚至充斥着权威的媒体，可见虚假广告在我们的社会生活中是多么猖獗。虚假广告扰乱了社会主义市场经济秩序，侵犯了消费者的权益，同时也损害了其他竞争者的权益。

（三）造成民族文化污染

巧用成语、俗语、四字格、诗歌是广告语写作常用手段，但同时现今广告对民族古典文化的滥用，造成了社会极大的危害。比如“乐在其中”（摩托车广告）、“一气喝成”（啤酒广告）、“穿出你的孕味儿来”（孕妇装广告）等，不胜枚举。这些广告语污染了中国的民族文化，尤其对于尚在上学的青少年来说，是一种知识的误导。

值得庆幸的是，广告的正面功能要远大于负面效果。对广告运作健全监管，合理运用，扬长避短，必定可以带来广告的繁荣。

三、经济广告的功能

由于经济广告是广告的主体，是我们研究的重点，所以，需要对经济广告的功能进行重点研究。

(一) 引导大众消费，激发购买需求

根据消费心理学的研究，认识产品、了解产品是购买产品的前提。广告通过信息的传播，使消费者接收到大量有关产品的信息，从而使他们产生购买的欲望和需求。

1. 广告在引导大众消费方面的作用

(1) 对新产品，通过广告的宣传，使消费者了解到新产品的用途、性能、使用方法，从而使其迅速接受新产品，使新产品迅速进入市场，为消费者的需要服务。由于科学技术日新月异，新产品层出不穷，如果没有广告的宣传介绍，消费者不了解各类新产品的有关情况，就会在众多的新产品面前无所适从，新产品为消费需要服务的功能就不能充分发挥。

(2) 对老产品，通过对各类产品的使用对象、质量特性、款式、价格等的宣传介绍，使消费者了解到这类产品与其他同类产品的区别，从而根据自己的需要选择到称心如意的产品，使消费者各取所需，各得其所。

(3) 通过广告宣传，树立正确的消费观念，引导消费者根据自己的收入、年龄、职业、爱好等选择购买，避免互相攀比、盲目购买等现象的发生，同时也避免消费者由于短视而只顾眼前利益和个人利益，忽视长远利益和社会利益的现象发生。例如，对有些危害环境的产品，消费者往往只考虑了方便、便宜等好处，而忽视了这些产品对人类生存环境会带来不利的影响，但通过广告宣传，使消费者认识到其危害性，从而减少或停止购买，转而购买虽然价格稍高，但有利于社会和消费者的产品。如以无氟冰箱取代有氟冰箱，以天然材料包装取代塑料包装等。

2. 广告在激发购买需求方面的作用

(1) 可以激发原有的消费者增加购买的数量。如广告宣传勤刷牙可以保护牙齿健康，正确的刷牙习惯应该是在早晚刷牙的基础上再在每餐之后刷牙，这样过去以早晚刷牙为主的消费者如果每月消费 1 管牙膏，现在就要增加购买的数量。

(2) 可以激发新的消费者加入购买者队伍。如宣传电脑在家庭娱乐、教育、家政管理方面的作用，使许多过去对电脑认识不够，以为只有科技、文教、企业管理等才需要购买电脑的人改变观念，从而产生购买电脑的欲望。

(3) 对季节性商品，通过广告，可以刺激其产生购买欲望，调节季节性商品淡旺季需求的不平衡。例如，在冬季宣传购买空调比在夏季购买更合算，而且可以送货上门，免费安装，从而激发起本来打算在夏季购买的人提前购买。

(4) 通过广告的连续刺激，在创造流行和时尚方面，以及刺激冲动购买方面等也都发挥着重要的作用。

（二）加速社会再生产过程，节省商品流通总成本

通过广告，可以缩短商品在流通领域停留的时间，加快商品的流通速度，扩大销售规模，从而促进社会再生产的进程。同时，由于流通速度加快，销售规模扩大，从社会再生产的角度来看，总的商品流通成本下降，经济效益提高。这主要表现在以下几个方面：

1. 减少了消费者（用户）收集商品信息的时间

消费者行为研究证明，消费者在做出购买决策之前，首先必须收集有关商品信息，以进行综合判断，最后做出决策。而没有广告，消费者必须依靠自我经验或从家人、亲戚、朋友、同事等处收集有关信息，从而延长了做出购买决策的时间。从一个消费者来说，所花的时间也许不多，但从整个社会全体消费者的购买决策过程考虑，其累加的时间是惊人的。而通过广告同时向众多的消费者传递有关企业、产品以及服务的信息，减少他们独自寻找、收集信息的时间，从整个社会集中起来看，节约的时间是庞大的。

2. 减少了消费者（用户）寻找、选择和购买的时间

消费者在确定购买什么产品之后，还需要决定在哪里购买，这就需要了解有关批发商、零售商的信息，如批发商、零售商的名称、地点、信誉、出售什么产品、价格如何、提供什么优惠条件和售后服务等，这些内容都包括在消费购买决策当中。没有广告，消费者（用户）需要花费大量时间去收集有关信息，有了广告，批发商、零售商利用广告，向消费者（用户）传递有关信息，从而使消费者（用户）减少寻找、选择和购买的时间，加快了商品流通速度。

由此可见，加速社会再生产过程，首先就是缩短商品在流通领域停留的时间，而这是通过减少消费者收集有关信息的时间来达到的。列宁曾经说过：最大的节约是时间的节约。节约了时间，也就等于节约了金钱。

3. 降低了生产商、批发商、零售商、服务商等各类企业的生产和经营成本

我国企业和理论界对广告费支出的认识在过去相当长的一段时间内是不正确的，认为它增加了消费者的负担，提高了产品的成本和价格，是资本主义剥削的一种手法，而没有看到广告通过信息传播和引导消费对整个社会再生产所起的积极作用。

利用广告传播商品的有关信息，有传播速度快、传播范围广、传播成本低、影响力大、传播形式多样等特点，是其他信息传播方式不能取代的。从整个社会再生产来说，它将信息传播的总成本和平均成本降低，促进了社会再生产的速度加快、规模增大，从而促进了经济效益的提高。从企业来说，由于广告可以促进企业市场范围和销售数量的扩大，提高企业的规模效益，加快企业商品的流通速度和资金循环与周转速度，降低生产和销售成本，对企业也是非常有利的。

因此，无论从整个社会再生产来说，还是对单个企业来说，广告都是一种可利用来创造财富的资源，而不是一种单纯的费用支出。这正如信息现在已经被认为是管理的资源一样，人们通过实践开始端正了对信息（包括广告）的认识，走出了过去的误区。

（三）树立良好的企业形象，加强市场竞争力

由于科学技术的发展和信息通信的进步，企业生产的产品款式、花色、品种越来越多，消费者在选择商品时也越来越重视生产或经营产品的企业本身的形象，对知名度高、美誉度好的企业，消费者的信任感就强，企业的市场竞争力就比对手强。而广告是树立良好企业形象的有力工具，因此，现代企业在市场营销策略的制定中，都把推广促销放在头等重要的地位。

1. 通过广告，可以及时地把企业竞争努力的结果传播给消费者和公众

商场如战场，商战如兵战。企业要想在市场竞争中取得有利的地位，就必须在产品开发、质量、价格、款式、花色、品种等方面更加努力，以战胜竞争对手。但是，这些竞争努力的信息如果没有通过广告及时地传达给消费者和公众，那么，它的效果就要大打折扣。例如，本企业在电视机生产上面做了改进，不但增加了新的功能，而且还比原来的价格降低20%，这本来会增强本企业产品在市场上的竞争力，但是，由于未做广告，很少有人知道这一信息，只能依靠消费者的购买经验和口头传播来产生效果。其结果是，等消费者渐渐了解了本企业产品的这一信息，竞争对手也已研制出了同类的产品，并通过广告广泛宣传，使本企业的先手之利荡然无存。

2. 通过广告，可以把本企业竞争的特色全面地传播给消费者和公众

为了战胜竞争对手，每个企业都各出奇招，力求出奇制胜。一方面，广告不但可以及时地把竞争的特色传播出去；另一方面，广告多样化的表现方式和多种媒体的传播渠道可以更加形象、更加充分地体现企业的竞争特色。例如，本企业生产了一种无线耳机，通过报纸、杂志广告详细介绍这种耳机的技术参数，以表明在音色上面它可与其他有线耳机相媲美；通过电视广告表现使用这种耳机既不影响别人，自己也无牵无挂、无拘无束，还可以在室内来回行走，边做家务边欣赏音乐，利用广告把本企业产品与竞争产品的区别体现出来，从而最大限度地激发消费者的购买欲望。

3. 通过广告有意识地树立特定的企业形象，以提高企业的知名度与美誉度

良好的企业形象一方面是依靠企业在生产经营上面的刻苦努力来达到，这是树立良好企业形象的基础。但另一方面，还要依靠企业通过广告以及其他工具有意识地去树立特定的企业形象，来增强消费者和公众的信任和好感。过去那种“酒香不怕巷子深”，不重视广告宣传的企业在今天市场经济条件下必然处于下

风，而一些著名的企业在广告宣传上面也都有着不俗的表现。例如，IBM不但在产品质量上面精益求精，而且通过“IBM就意味着服务”，“无论一大步，还是一小步，都带动着世界的脚步”等广告宣传，树立IBM是电脑业的领先企业的形象。此外，荷兰飞利浦公司宣传“让我们做得更好”，开利公司的“开利，专心做冷气”等都是很好的例子。

（四）扩大市场范围，沟通了产、销、需的联系

1. 扩大了商品信息传播的范围，从而扩大了本企业市场扩展的范围

许多外国生产的商品，能够漂洋过海，在非本国的市场上畅销，其最重要的一个原因就是通过广告扩大了商品信息传播的范围，从而使消费者提前认识和了解商品，使本来生疏的产品变成了熟悉的产品，从而产生了购买的欲望。例如，可口可乐、百事可乐、IBM、奔驰、皮尔·卡丹等，在我国消费者当中，就好像对本国的产品一样熟悉。

同样，“广货”能够畅销全国，有的甚至畅销国外，被新闻媒体形象地概括为“喝珠江水，吃广东粮”，也离不开广告的功劳。例如，健力宝、科龙、康佳、万宝、美的、TCL等广东产品，都是依赖于全国市场和更为广阔的国际市场才得以在全国傲视群雄并冲入国际市场，而这些企业尽管生产的产品各不相同，但它们的一个共同特点就是非常重视广告的作用。

2. 沟通了产、销、需之间的联系，促进了市场繁荣

社会再生产是一个系统工程，需要生产领域、流通领域和消费领域的有机配合，如果各个领域缺乏信息沟通，产品就无法及时地由生产领域运动转移到消费领域，消费者的需要也就不能得到满足。

我国在改革开放的初期曾经有过“一则广告救了一个企业”的报道，就充分表现了由于产、销、需之间缺乏信息沟通，而使生产的产品不能在消费领域得到实现的恶果。通过广告，生产商可以把自己生产的产品信息传播到各地，消费者可以根据这些广告到零售商处询购，经销商可以根据本地市场的具体情况和各地生产商产品的广告，选择适当的厂家进货，使产、销、需成为一个有序的过程。同时，各个生产厂家可以根据市场同类产品的广告，研究其他竞争对手的特点，取长补短，开发新产品，弥补市场空白，从而使各类不同的需要都能够得到满足，也使市场上商品种类更加多样，花色更加丰富，从而使市场更加繁荣。

总之，经济广告由于它在整体广告中所占的重要地位，以及它在社会经济发展中所起的重要作用，已经越来越被人们所重视，成为国民经济中的一个重要领域。

第二节 广告的原则

广告是一种特殊的活动，牵涉广告主、广告经营者、广告媒体、广告受众等各个方面的利益。由于广告活动是综合性的活动，具有经济活动、信息传播活动、社会活动、文化活动等综合的性质，因此，广告活动的各类参与者在从事广告活动时都必须遵循广告的基本原则：真实性原则、思想性原则、情报性原则、科学性原则、艺术性原则、效益性原则。

一、真实性原则

真实性原则是指广告信息和广告内容要真实准确，不得虚夸，严禁伪造虚假信息，这是广告最基本的原则，是广告的生命。

把真实性原则作为广告首要的、基本的原则，提到广告的生命这样的高度来认识，是由广告活动的性质所决定的。广告活动如前所述，是集信息传播活动、经济活动、社会活动和文化活动于一身的综合性的活动，信息传播活动是其首要和核心的性质。作为信息传播活动，首先一条原则就是必须传播真实的信息，因为不真实的信息会误导行动，造成不良后果。作为广告，真实性是决定广告受众能否信任广告的前提条件，而失去对广告的信任会使整个广告事业走向灭亡。

但是，广告的真实性与广告创作中所采取的艺术夸张手法并不矛盾，广告活动的文化性质允许在广告创作中采取艺术夸张的手法创作广告，但必须建立在真实性基础之上。采取艺术夸张的手法，也不可以任意妄为，它是有章可循的：

（1）不能无中生有，而是要有事实依据。

（2）必须适度，超过允许限度的夸张就变成了虚假。

（3）对重要的事实不能夸张，如药品的疗效、食品的营养成分、衣料的缩水率等，是不能任意夸张的。

能否保证广告的真实性，是广告事业生存和发展的前提条件。而要保证广告的真实性，就必须从三个方面着手：首先，广告主和广告经营者必须做好行业自律，自觉按照广告真实性的原则办事；其次，加强广告管理和社会监督，国家对违反广告真实性的行为给予严肃处理，社会各界对广告活动进行监督；最后，以法规制度作为保障，制定真实性的标准和规定，使大家明确真实性与虚假欺骗的界限，对违反真实性的行为，要给予严厉的制裁和处罚。

二、思想性原则

思想性原则是指广告宣传内容和表现形式要健康向上，避免消极、颓废的倾向，严禁反动、淫秽、色情的内容。

思想性原则是广告的灵魂。广告的社会性与文化性决定了广告传播的信息内容和广告本身的表现形式，会对广告受众产生潜移默化的影响。而且，广告并不仅仅只是影响到人们的消费行为，还影响到人们的生活方式、价值观念、伦理道德观念等多个方面。由此可见，广告的内容必须是积极向上、传播美好的东西。

由于广告受众分多个层面，认识程度参差不齐，而广告的主力媒体则主要是报纸、杂志、电台、电视、互联网这五大媒体，这些大众媒体的受众极为广泛，是一种开放式的传播系统，同时，广告又是借助于艺术化的形式来传播信息。因此，对于少年儿童和一些文化程度不高、缺乏理解和分辨能力的人来说，如果广告的思想性不强，传播的信息不健康，就极有可能会受到不利的影响。

举一个例子，某种外国酒在香港电视上做的广告，其内容表现两个人在一起，其中一个人总是显得比另一个人聪明，处处占先，而原因就是他总是喝这种品牌的酒，而另一个人之所以愚蠢，是因为他没有喝这种酒的缘故。这则广告会给少年儿童灌输一种不劳而获的思想，认为聪明只需要经常喝这种酒就行了，用不着努力奋斗。

此外，某些广告的表现形式不太健康，将与女性根本无关的产品，利用色相或展示女性胴体的表现方式，以及采取性联想和性暗示的手法来引起对广告的注意。这些都是我们应该防止的。至于西方的所谓性广告和带有侮辱人格和反动政治倾向的广告，则更应严格禁止。

三、情报性原则

情报性原则是指广告要向消费者传播有用的信息，而不要传播信息垃圾。

当今的时代已进入信息社会，但另一方面，信息充斥的现象已经出现。广告是利用有限的时间（如电台、电视）和有限的空间（如报纸、杂志、户外广告等）来传播信息的，要节约广告成本，就必须提高广告的情报性，使其传播的信息成为消费者（用户）制定购买决策的重要参考依据。

传播的信息如果无用，即使是真实的，也毫无价值。例如，有些企业的广告，用了很大的版面来刊登企业领导人的照片，这样的信息对消费者是否决定购买不起一点作用，完全是一种浪费，既浪费了广告主的金钱，也浪费了广告受众的时间。

四、科学性原则

科学性原则是指在广告活动中必须遵循广告的客观规律，以科学的理论做指导，而不能认为广告毫无规律可言，只是由广告创作人员“想到哪里，就做到哪里”。

从我国目前广告活动的现状来说，最主要的是要抓好策划的科学性、创作的科学性和语言的科学性。

策划的科学性要求在广告实施时间、大众媒体广告与自有媒体广告的配合、广告与其他促销手段的配合等方面要科学。例如，某些展销会广告，只注重了大众传媒广告的宣传，而忽视了销售点广告的配合，顾客到现场一看既没广告，又没气氛，就会产生上当受骗的感觉。

创作的科学性包括在色彩、光线、图案、音乐、模特挑选、演员表演等各个方面都必须根据广告受众的心理和认识规律来制定。例如，某体外超声波碎石机选了一位妙龄女郎作模特，笑容满面扶着该碎石机，给人的印象是：这是一台健美器材，而并非一台医疗器械。

语言的科学性要求在用字、修辞、引申含义等各个方面都要遵循文字运用的科学，要准确恰当。目前，不科学的广告语言处处可见，如：默默无蚊（蚊香广告），骑乐无穷（摩托车广告），“今年二十、明年十八”（化妆品广告），有痔无恐（痔疮药广告），食全食美（某酒楼广告），每天送你一个新太太（某口服液广告），等等。

五、艺术性原则

艺术性原则是指广告要具有较强的艺术感染力，要给广告受众以美感，通过其独特的艺术魅力去影响和征服广告受众。

要使广告具有艺术性，首先必须熟练掌握各种艺术手段和艺术形式的特性，其次必须掌握广告受众的心理，将二者结合起来才能达到提高广告艺术性的目的。

广告是一门商业艺术，而不是纯艺术。因此，广告的艺术性必须同企业的营销目标、营销策略相配合，这样，才能使广告的艺术性有具体的指向目标，而不至于把广告的艺术性同广告本身的目的对立起来。

作为艺术性还必须把广告的真实性、思想性、情报性及科学性与艺术性有机地结合起来，通过广告的艺术性来体现广告的真实性、思想性等诸项原则，因为真实性、思想性等原则并不是要求在广告中加入空洞的政治口号式的语言文字，而是要通过广告的具体内容和表现形式来体现的。

六、效益性原则

效益性原则是指广告活动要考虑广告费用和广告效益之比，要以较小的成本尽力取得较好的收益。由于广告活动的特殊性质，广告要取得的效益并不仅仅是经济效益，而是包括信息传播效益、经济效益和社会效益三个方面，在这三个方面中，信息传播效益是基础和核心，在此基础上考虑广告的经济效益和社会效益。

广告能否产生效果，首先表现在信息传播的目的是否达到，也就是说，信息是否传达到广告受众，以及信息是否对广告受众产生了预期的影响。但传播信息不是目的，而是手段，经济广告真正的目的还是为了取得经济利益。此外，利用广告传播信息不是无偿的，广告主必须支付大量的广告费，因此，也必然关心所花费的成本与带来的效果之比。由于广告传播信息的形式是一种公开的、艺术化的，对社会产生的影响有正面和负面之分，所以，必须把广告产生的社会效益纳入对广告效益的评价。

第三节 广告相关理论

在长期的发展过程中，人类不断完善广告学的学科体系，并在这一学科体系的框架下形成了一系列的相关模式理论，这些理论是从实践中总结出来，经过人类长期的反复锤炼，对广告运作具有重要的指导意义。

一、爱达公式

（一）爱达公式（AIDMA）的内容

爱达公式是世界著名的推销专家海因兹·M·戈德曼（Heinz M. Goldmann）在《推销技巧——怎样赢得顾客》一书中首次总结出来的一个推销公式。它被认为是国际成功的推销公式。爱达公式反映了消费者在接受广告时其心理活动是遵循“注意（Attention）——兴趣（Interest）——欲望（Desire）——行动（Action)”这样的先后顺序进行的，这形成了爱达公式的雏形。以后这一理论被广泛应用在市场营销当中，并有所发展。在广告中，根据广告必须被记住才会产生效果的规律，又增加了“记忆”这一环节，从而形成了“注意（Attention）——兴趣（Interest）——欲望（Desire）——记忆（Memory）——行动（Action)”这一新的表述，这就是今天在广告创作当中爱达公式所包含的内容。

（二）爱达公式的意义

爱达公式揭示了消费者接受广告宣传时心理活动先后顺序的规律，它表明消费者在接受广告宣传时，其心理活动是分阶段的，并有先后顺序，而且这一顺序是不可逆的。它是我们在创作一则广告、策划一次广告活动、确定较长远的广告战略都必须遵循的法则。同时，爱达公式还被广泛应用在市场营销的其他方面，使这一理论成为市场营销中的重要理论之一。

二、费比公式

（一）费比公式（FABE）的内容

费比公式是由美国奥克拉荷玛大学企业管理博士郭昆漠最先总结出来的推销公式。FABE 公式是推销员向顾客分析产品利益以宣传产品的好方法。这一方法遵循“特征（Feature）——优点（Advantage）——利益（Benefit）——证据（Evidence)”这一顺序。费比公式要义是事先把产品特征、优点及带给顾客的利益等列出来，以使顾客更容易了解产品，节省顾客产生疑问的时间，减少异议，然后利用证据去证明商品的各种优点的真实性。郭昆漠博士将成功的推销总结为诱导顾客购买心理的七个阶段，这七个阶段是：

（1）引起顾客的注意。

（2）引起顾客的兴趣。

（3）使顾客产生联想。出色的推销员应有演员般的表演才能，用生动的语言感染顾客，使其心情愉悦，产生有益于推销的联想。

（4）引发顾客的购买欲望。这是七个阶段中的重要阶段。分三个步骤：1）让顾客明白，你所推销的产品正是他所需求的；2）让顾客相信，你所推销的产品可以满足他的需求；3）让顾客了解与明白，购买你所推销的产品可以得到各种利益与满足。

（5）制造顾客进行比较的机会。一是把顾客要支付的货币与他所能得到的利益比较；二是把所推销的产品进行比较，使顾客在比较中相信所推销产品的优点。

（6）让顾客信服。

（7）促使顾客下决心采取购买行为。

（二）费比公式的意义

费比公式总结了在广告创意和策划中所要注重的一些要素，在现代营销理论与实践中具有重大的意义与良好的效果。

三、固有刺激法

（一）固有刺激法的内容

固有刺激法是由李奥·贝纳（Leo Burnett）提出的，也称为“与生俱来的戏剧性”。固有刺激法认为成功的创意广告的秘诀就在于找出产品固有刺激，即广告创意最重要的任务是把固有的刺激发掘出来并加以利用，也就是说要发现生产厂家为什么要生产这种产品以及消费者为什么要购买这种产品。

（二）固有刺激法的意义

固有刺激法的出发点是产品，从产品出发去寻找消费者心中对应的兴趣点，即认为产品中必然包含有消费者感兴趣的东西。按照这种理念，广告创意的任务是依据固有的刺激创作出吸引人的、令人信服的广告，而不是靠投机取巧、蒙骗或虚情假意来取胜。这种创意的方法带有产品至上年代的思考特征。但是，从另一方面，由于产品本身内在的固有刺激的产生是建立在消费者的欲求和兴趣基础之上的，所以这种创意方法也包含了以消费者为思考中心的萌芽。

四、ROI 法则

（一）ROI 法则的内容

ROI 法则是广告界巨人威廉·伯恩巴克（William Bernbach）创立的一种实用的广告创意指南，其要点是：一个好的广告必须具备三个基本特质，即相关性（Relevance）、原创力（Originality）、冲击力（Impact）。相关性是指广告与商品、消费者的相关。伯恩巴克曾说过："如果我要给任何一个人忠告的话，那就是在他开始工作之先，他要彻底地了解他要广告的商品。你的聪明才智，你的煽动力，你的想象力与创造力都要从对商品的了解中产生。"原创力则是要与众不同，突破常规。冲击力意味着广告的渗透力，要使广告进入消费者心里，对消费者产生作用和影响。

（二）ROI 法则的意义

广告与商品和消费者失去了关联，就失去了意义；广告没有原创性，就缺乏吸引力和生命力；广告没有冲击力，就不会给消费者留下深刻印象。ROI 法则强调了在广告中对相关性、原创力及冲击力的综合运用，是指导广告制作的重要法则之一。

第四节　广告与营销

正确认识广告在营销中的位置，有利于实现广告主的营销目标。

一、营销的本质

营销，也称市场营销，是由英文"Marketing"翻译过来的新的经营名词，按照美国市场营销学界权威、著名教授菲利普·科特勒为其所下的定义：市场营销是个人和群体通过创造及同其他个人和群体交换产品和价值而满足需求和欲求的一种社会的和管理的过程。

作为营销活动本身，早已存在于企业的经济活动之中，但将它进行系统化的研究，从整体和科学的角度来考虑，并由此概括和总结出科学的方法来指导企业的经营活动，主要是在 20 世纪初到现在发展的。由于营销理论的发展，对企业经营活动的各个方面由过去分散的，以生产者、经营者为中心的指导思想进行了一场彻底的革命，建立了以消费者为中心、以市场为导向的现代市场营销观念，在此基础上形成了现代市场营销以满足目标市场消费者需要来组织和进行企业经营活动的基本框架。也就是说，企业经济活动的中心就是市场营销活动，因为企业活动的目的就是通过满足消费需要来赚取利润，使企业得以生存和发展，作为营销，就是企业整个系统化的经营活动过程。但需要注意的是，营销并不等同于销售（Selling），它是包含销售在内、但比销售更宽的一个概念。

二、广告与营销的关系

广告是营销组合中推广组合的手段之一，所以，要使广告手段与其他营销手段做好配合，充分发挥出广告在营销中所起的作用，在广告策划时就必须先进行广告调查，了解市场环境及企业营销的具体情况，才能使广告策划符合实际。而且，广告策划与企业营销不是一个被动关系，它需要对企业营销进行全面的评价，要对企业营销组合中不正确的地方提出改进意见，这样，广告才能正确发挥作用。否则，如果企业营销活动中部分策略不正确，广告也无法发挥其应有的作用。

例如，企业生产的产品质次价高，无法与竞争产品抗衡，而要求广告能够改变这一局面是不现实的，必须首先从产品策略和价格策略方面进行调整，广告才能够重塑产品形象。但是，要对企业营销活动做出评价，首先必须进行市场调查，在掌握大量数据和资料的基础上，才能够提出改进意见。

另外，广告在市场营销中所处的位置是无可替代的，它是促销组合的重要组成部分。在综合促销活动和商品销售量的关系上，广告是决定销售量的重要因素，但并不是唯一的因素，即使再出色的广告，也不能排除其他因素而独立存在。符合总体目标，诸多要素有机组合并相互作用是现代市场营销战略的特点。

三、广告在市场营销中的作用

（一）广告能够刺激需要、引导需要，甚至创造需要

营销的目的不仅在于满足消费者需要，而且要通过营销引导和创造新的需要，广告在其中发挥着重要的作用。因为现代营销是以大量生产、大量销售为其前提，唯有使消费者都能够了解和接受有关的产品信息，才有可能形成大量购买。而且通过广告的精心创意，把信息传播给公众，使具有购买能力的消费者产生购买欲，而目前尚不具备购买能力的消费者通过广告的传播也对产品留下了深刻印象，从而产生潜在需要，一旦具有购买能力，他即会采取购买行动。所以广告对整个经济的发展，起着创造需要、引发需要的作用。而广告这种信息传播方式，是利用大众传播媒体将精心构思的信息，在短时间内传播给绝大多数公众，从信息传播成本和传播效果来说，也是其他信息传播方式所无可比拟的。

（二）广告可以促进销售、扩大销售

广告传播信息的目的是为了实现销售，同时，广告在促进销售、扩大销售方面也有着极大的作用。许多促销措施如果没有通过广告将信息广泛传播，其效果就会大受影响，而且，广告传播信息的范围也是极为广泛的，通过塑造特殊的企业形象使消费者受到感染，从而促进销售；通过树立新的观念，使消费者改变其购买习惯，从而促进销售等。总之，通过广告把企业营销的各个方面最优秀的东西表现出来，并且积极地传达给尽可能多的消费者，使它发挥出最大效力，达到

扩大本企业产品销售的目的。

（三）广告可以提高品牌的市场影响力

广告作为一种有效的营销工具，得到了普遍的运用，不断改变着它的面孔，表现得越来越有新意。比如，汽车销售商为了让消费者更好地认识产品或品牌，在广告中标明：组织购买者参加免费试驾，通过给予消费者切身体验来强化消费者对品牌的认同；同时采取增加免费维修保养零部件的优惠服务，增进消费者对产品或者品牌的信赖，这些广告形式都不只是一种短期行为，它也有利于消费者的品牌关系的建立。当一个潜在客户对品牌产生一定的意识和兴趣，但却不愿意寻找或承担某种不确定性风险时，运用广告可以帮助消费者完成与品牌的进一步接触，并有利于建立品牌关系。可见广告活动作为营销传播的一个重要组成部分，已经不仅仅是一种简单的短期激励，也是一种对建立品牌关系行之有效的营销传播手段。

总之，现代营销是一个系统工程，需要多兵种集团军协同作战。广告在现代营销中所起的作用就好像空军在集团军作战中所起的作用一样，在商品和推销人员尚未进入市场之前，它已经开始对消费者进行信息的轰炸，为商品进军扫平道路；而在商品和推销人员进入市场的时候，它又可以针对具体情况，为其做好配合。例如，对展销、降价、咨询等特殊活动大造声势等。

第五节　广告活动与组织

随着广告业的快速发展，广告活动也从分散到系统，由单一部门转向组织合作，不断完善，逐步规范化、团队化。

一、广告组织的含义

广告活动需要进行策划、设计、发布等许多工作，这些工作往往不是由广告主自己独立完成的，而是由许多其他的组织共同参与而完成的。我们将参与广告活动，并在其中承担部分功能的企业和团体称为广告组织。

二、广告组织的类型

《中华人民共和国广告法》从广告管理的角度，将广告活动的参与者分为广告主、广告经营者、广告发布者三种类型。

而在广告业中，更常见的是将广告活动的参与者按照其组织形式，分为企业广告组织、专业广告组织、媒体广告组织和广告团体四种类型。

三、各类广告组织的主要职能

（一）企业广告组织及其主要职能

企业广告组织是指工商企业内部专门负责企业广告活动的部门，如广告部、广告科、推广部等。作为企业广告组织，其承担的职能主要有：

(1) 对本企业的广告活动进行全面的策划与组织。

(2) 代表企业与广告代理商共同策划和协调企业的广告活动。

(3) 具体实施企业的各项广告活动和监督广告代理商实施各项广告活动。

(二) 专业广告组织及其主要职能

专业广告组织是指专门从事广告经营活动的企业，包括各类广告公司、广告代理商、广告制作商等。

专业广告组织按照承担的职能来分，可以分为全功能型和部分功能型两种。全功能型的专业广告组织是指可以向广告主提供全面广告服务的广告经营企业。部分功能型的专业广告组织是指只能向广告主提供某些方面的广告服务，而不能提供全面广告服务的广告经营企业。

全功能型的广告组织，其经营运作方式以广告代理制为代表，这也是国际通行的专业广告组织经营运作方式。作为广告代理制，是指广告公司接受广告主的委托，为其进行广告策划和负责广告活动的具体实施，广告媒体则通过广告公司承揽广告业务的广告经营体制。广告代理制要求广告公司能够提供高质量的、全面的广告服务，也就是说，要形成以进行广告调研为基础，为客户提供广告策划为主导，以高水平的广告创意为中心，以媒体选择为实施手段的全方位、系统化的广告服务职能。

在广告代理制中，广告代理商的收入来源于广告代理费，一般为广告费的15%。从表面上看，广告费投入越多，广告代理商得到的广告代理费也就越多，但实际上，广告主投入多少广告费，取决于广告效果的好坏。广告代理商为广告主策划的广告活动效果越好，对销售的促进作用越大，广告主对广告的信心就越强，因而广告费的投入就越多，反之就越少。所以，在广告代理制中，广告代理商与广告主的关系是一种长期合作、共存共荣的关系，这就要求广告代理商要从广告主的利益出发，进行深入的市场调研，提供高质量的广告服务。

部分功能型的专业广告组织，主要提供广告活动中某些专门性的服务，尤其以广告制作服务为多。例如：广告调查公司、彩印公司、霓虹灯制作公司、冲印公司、电脑喷画公司等都属于部分功能型的专业广告组织。

(三) 媒体广告组织及其主要职能

媒体广告组织是指拥有可供发布广告的媒体，并利用它为传播广告服务，从中收取费用的组织。作为媒体广告组织的前提条件是它必须拥有可供发布广告的媒体，如报社、杂志社（编辑部）、电视台、互联网等。但是，大多数媒体广告组织的工作性质和范围都不是专门只为传播广告服务的，发布广告只是其传播信息的一部分。

由于媒体广告组织的这种特殊性，决定了媒体广告组织在广告活动中的主要职能就是发布广告。

（四）广告团体及其主要职能

广告团体是指由广告主、广告经营者、广告发布者自发组织起来，进行行业自律，交流经验和信息的群众性组织。它虽然不直接参与具体的广告活动，但它为参与广告活动的各类组织提供了一个行业自律、交流经验、共享资源、共同提高的平台。在我国，主要是中国广告协会，在中国广告协会内部，根据会员的性质，又分设了广告公司委员会、广播委员会、电视委员会、报纸委员会、公交委员会、铁路委员会、学术委员会等专业委员会，同时，在各省市还设立了分会，成为我国最大、最主要的广告团体。而在世界，则有世界广告协会，各个国家广告协会作为会员参加，我国也是其会员国，2004 年在北京成功举办了第 39 届世界广告大会。

练习与思考

一、单项选择题

1. 下列不属于广义广告的功能的是（　　）。

A. 提供情报　　B. 宣传教育
C. 美化生活　　D. 发展科技

2. 广告的基本原则是（　　）。

A. 情报性原则　　B. 艺术性原则
C. 真实性原则　　D. 效益性原则

3. 最早的爱达公式是：注意——兴趣——（　　）——行动。

A. 设计　　B. 记忆　　C. 欲望　　D. 机会

4. 影响无意注意的因素除了人本身的状态外还有（　　）。

A. 刺激物的特点　　B. 对比关系
C. 变化　　D. 外界的压力

5. 从广告管理的角度对广告活动的参与者进行分类，下列错误的是（　　）。

A. 广告主　　B. 广告部
C. 广告经营者　　D. 广告发布者

二、多项选择题

1. 经济广告的功能包括（　　）。

A. 引导大众消费，激发购买需求

B. 加速社会再生产过程，节省商品流通总成本
C. 促进科技发展，提高社会生产力
D. 树立良好的企业形象，加强市场竞争力
E. 帮助企业提高市场份额

2. 广告的原则包括（　　）。
A. 真实性原则　　B. 思想性原则　　C. 科学性原则
D. 艺术性原则　　E. 效益性原则

3. 刺激物的特点包括（　　）。
A. 颜色　　B. 强度　　C. 对比关系
D. 活动　　E. 新异性

4. 广告对营销的作用有（　　）。
A. 广告能够刺激需要、引导需要，甚至创造需要
B. 广告可以促进销售、扩大销售
C. 广告可以提高品牌的市场影响力
D. 广告可以减少消费者收集商品信息的时间
E. 广告可以树立良好的企业形象，加强市场竞争力

5. 广告活动的参与者按照其组织形式可分为（　　）。
A. 广告发布者　　B. 企业广告组织　　C. 专业广告组织
D. 媒体广告组织　　E. 广告团体

三、填空题

1. ________是由郭昆漠总结并推荐的推销公式。

2. 广告活动的各类参与者在从事广告活动时都必须遵循广告的基本原则：真实性原则、思想性原则、________、科学性原则、艺术性原则、效益性原则。

3. ________原则是广告的灵魂。

4. 郭昆漠博士将成功的推销总结为诱导顾客购买心理的七个阶段，第四个阶段是________。

5. ________是指工商企业内部专门负责企业广告活动的部门，如广告部、广告科、推广部等。

四、名词解释

1. 广告组织
2. 专业广告组织
3. 广告团体

五、简答题

1. 广告在消费者购买决策当中有何作用？与消费者的关系有哪些表现？

2. 广义广告和经济广告具有哪些功能？
3. 广告活动必须坚持哪些原则？举出一些不符合广告原则的事例。
4. 专业广告组织的职能有哪些？

案例分析

“双重制冷”的 Maytag 冰箱：持续制冷

Maytag 凭借出色的维修成为电器产品可靠性方面的领袖。不幸的是，消费者看不到冰箱市场品牌之间的差异，因此 Maytag 可靠的品牌形象没有帮助它打败市场领导者希尔斯（Kenmore）。消费者通常仅仅把冰箱看做食品的冷藏柜。

尽管在竞争激烈的冰箱市场上有许多厂商，但是包括 Maytag 和 Kenmore 在内，没有一家厂商能占据比较大的市场份额。冰箱是家用电器中最大、最昂贵的一种，各生产厂家的产品又缺乏差异性。另外顾客的回头率也低，一旦顾客选择了竞争对手的产品，那么在 15 年内，他将不会再购买第二台冰箱。

Maytag 有什么解决方案呢？新产品开发商的巨大投资终于有了结果，一种新的双重条文设计装置研制成功。目前的广告目标是把 Maytag 冰箱从市场上区分出来，创造品牌的卓越感。Maytag 也想在全美拓展分销商和零售链，在以前没有进入的如 Circuit City 等地开拓市场。这对 Maytag 的广告代理公司——总部设在芝加哥的 Leo Burnett 提出了挑战。后者最终帮助实施了“持续制冷”的广告运动。该广告还获了奖。

思考题：

1. 在 Maytag 新产品的营销活动中，广告的人物是什么？
2. 如果由你负责，你认为什么样的信息能够实现广告的目标？

策略实施篇

广　告　实　务

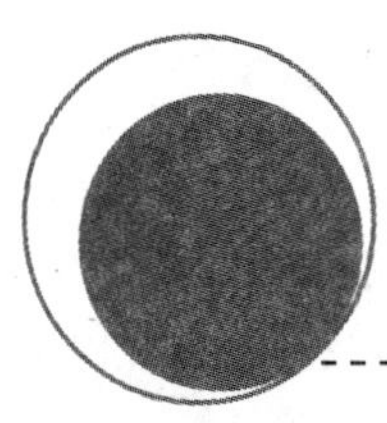

第三章
广告策略的类型

内容提示

广告策略是广告战略实施的手段，是广告创造和策划的基础。在本章，我们将重点学习 USP 策略、品牌形象策略、广告定位策略及其他策略，掌握这些内容有助于广告策划的顺利进行。

学习目标

学完本章，你应该能够：

1. 了解产品至上时代的 USP 策略。
2. 掌握品牌至上时代的品牌形象塑造的相关策略。
3. 掌握定位至上时代的广告定位策略。
4. 熟悉整合营销传播的实施步骤和策略。

第一节　产品至上时代的 USP 策略

一、USP 策略的缘起

在 20 世纪 50 年代，美国广告界占据主导地位的理论是产品至上理论，即把产品最好的特点通过广告告诉目标受众，就能够使广告收到好的效果。继而产生了 USP（Unique Selling Proposition）策略，简单地说，就是寻找产品或服务的独特之处，这种独特之处可以用来作为广告的重点，以有效地推销产品或服务，也就是寻找卖点。或者如罗斯·瑞夫斯（Rosser Reeves）在他 1961 年所著的《广告实效》中所说的：寻找“独具的销售说辞——消费者只会记住广告中的一件事情抑或是一个强烈的主张，或是一个突出的概念，成功的广告像凸透镜一样把所有部分聚合为一个广告焦点：不仅发光，而且发热”。

这一时期出现了许多著名的成功广告，如李施德林漱口水的“驱除口臭”，象牙肥皂的“可浮”，M&M 巧克力的“只溶于口，不溶于手”，汰渍洗衣粉的“汰渍进去，污垢出来”，皮尔啤酒的“真正的生啤酒”等。

二、USP 策略的内容

USP 策略的内容是在对产品和目标消费者进行研究的基础上，寻找产品特色中最为独特但同时又最符合消费者需要的部分。

罗斯·瑞夫斯的独特销售主张的理论核心是：明确的概念、独特的主张和实效的销售。

（一）明确的概念

在广告创意过程中，每个广告都必须向消费者提出一个说辞，可以给消费者带来特定的益处。比如美国联邦特快专递公司创作的“今日的邮件明日上午 7 点前保证送到”。

（二）独特的主张

广告所强调的主张应该是竞争对手做不到的或无法提供的，影像、文案、音响效果必须表达出其独特之处，在品牌的说辞方面做到独一无二。比如美国美能达公司为其自动聚焦相机设计的“你只需考虑拍摄什么而不必考虑怎样拍摄”的广告，表现了自动对焦相机与当时的普通相机是不可同日而语的。

（三）实效的销售

广告提出的销售说辞必须聚焦在一个点上，集中吸引、打动和促成消费者购买商品。比如立白洗衣粉的广告中强调它是不伤手的。

USP 理论不是面面俱到地宣传产品，而是通过比较找到自己产品的某种优势，然后将其重点作为自己的销售主题传播出去，从而达到影响消费者的目的，尤其适用于产品功能利益的诉求，是广告创意重要的思考方法。要使 USP 策略成功，必须要把产品特色同消费者需要两者有机地结合在一起。找不准消费者需要，你的 USP 就打不中靶心；但找准需要，产品却不具有符合需要的特色，USP 就成了无源之水、无本之木，没有了生根的基础。

三、USP 策略的意义

USP 广告理论本质上是对艺术广告的反动，它使广告由艺术走向科学。

第一，USP 理论是从生产者的角度出发的，以生产者为中心，运用广告进行产品推销，并以推销为直接目的。在 20 世纪 50 年代，产品的差异性还比较大，只要找出产品本身的利益点，就很容易获得竞争力，有利于产品的销售。

第二，USP 理论关注产品本身，广告诉求则以产品诉求为主。USP 理论是由分析产品，以及它能为其使用者提供的功能而产生的。如总督牌香烟有 2 万个过滤孔、神奇牌洗衣机是没有臭味的清洁剂等。罗斯·瑞夫斯认为：“同样的宣传，最后总是更好的产品胜出”，“如果产品不满足消费者现有的某些欲望或需求，那么其广告终将失败。”

USP 理论在当今时代的发展，是一个从理性到感性的过程，但并没有脱离产品本身，它以理性诉求为依托，不断被赋予新的时代精神，因而在资讯更加丰富、消费者更加成熟的 21 世纪，USP 广告理论仍不失为一种强有力的营销理论，并且在实践中不断丰富、发展和完善。

四、USP 策略的衰微

USP 策略的成功使广告界把这一理论作为普遍应用的真理，但是，随着科学技术的进步，新产品越来越多，而大量模仿产品的出现更使寻找“独具的销售说辞”变得越来越困难。所以，在 20 世纪 50 年代末期，USP 策略开始走向衰微，而一些广告界人士转而寻求新的策略和方法，以走出 USP 策略的困境。

第二节　品牌至上时代的品牌形象策略

一、品牌形象时代的到来

当从产品内部去寻找产品独特诉求点的销售主体理论力不从心的时候，一个试图从产品外部说明产品的新理论——品牌形象理论从此崛起了。

品牌形象时代以美国著名广告大师大卫·奥格威为代表。他提出：“每一广告都是对品牌形象的长程投资”，把广告同品牌形象结合在一起，通过树立特别的品牌形象而使产品在众多的同类产品中独树一帜，从而在 20 世纪 60 年代至 70 年代初期，开创了广告界的形象时代。

二、品牌形象策略的内容

大卫·奥格威所提出的“品牌形象论”的主要内容为：

（1）广告最主要的目标是塑造品牌形象，在推销企业产品的同时不断深化自己的品牌在市场中的影响力。

（2）任何一个广告都是对品牌的长期投资。

（3）在同类产品的差异性不断减小的同时，描绘品牌形象就比强调产品功能要重要得多。

（4）品牌形象就是一个品牌不同于其他品牌的个性，个性愈突出，品牌形象就愈鲜明。

（5）消费者实施购买行为时所追求的是“使用利益＋想用利益”，对某些消费群体来说，广告尤其应该重视运用形象来满足其心理的需求。

品牌形象策略是指通过将某一品牌赋予特别的象征并进行长期固定的广告宣传，从而在目标受众心目中形成对该品牌的特殊印象。著名的范例有：“穿海赛威衬衫的男人”、“万宝路牛仔”等。但就像模仿产品毁灭了USP策略一样，模仿产品也使品牌形象策略走入困境，越来越多的企业和品牌都在为自己树立声誉，都力求能形成特殊的品牌形象，结果，使大量互相干扰的广告充斥了消费者的脑海，最终得到的结果是谁都难以建立鲜明的品牌形象。

三、品牌形象策略的意义

品牌形象论的提出对广告界形成了巨大的冲击。首先，当从产品本身很难说明产品特色时，也就是说产品同质化越来越明显后，品牌形象理论转而从产品外部对产品品牌进行广告创意，这不能不认为是广告创意思路的一次大转移。其次，品牌形象理论的核心是塑造产品的个性，这实质上是营销学市场细分理论在广告中的具体应用。最后，品牌形象理论能够增加品牌的文化含量和提升品牌的文化品位，在广告创意活动中将文化引入广告。

第三节　定位至上时代的广告定位策略

一、定位至上时代

进入20世纪70年代，市场上产品丰富、同质化非常明显，许多企业都用“品牌形象论”的广告策略来指导广告实践。但由于科学技术的发展，繁杂的产品、媒介以及信息爆炸式的增长，品牌形象也难逃近似或相互干扰的命运，这就使得以广告突围、全方位地传达品牌信息，建立独特清晰的品牌形象变得日益重要和艰难。美国的两个广告学家艾·里斯和杰·特劳特从1972年开始，以“定位时代”为题，写了一系列文章，提出了定位理论，从而使广告进入了定位至上时代。这一理论的提出具有革命性，它不但影响了整个广告界，而且由于广告与营销的关系，定位理论被移植到市场营销当中，并借助于成功营销的威力，从而使“定位”这一概念今天仍被广泛使用在各个领域，这可能是定位理论的提出者所没有想到的。

二、定位的基本内容

定位可以分为简单的定位和复杂的定位两种。

（一）简单的定位

假定市场上只有一类消费者，爱好和愿望完全相同，他们对某类产品有自己的评价标准，即他们认为的理想产品。假如对冰激凌这种产品，这些消费者最为重视的是冰激凌的奶味（含奶量）和甜味（含糖量），经过市场调查，将他们心目中的理想产品与市场上销售的3种产品（A产品奶味高、甜味低，B产品奶味低、甜味高，C产品奶味和甜味适中）进行比对。

消费者心目中的理想冰激凌产品，应该是奶味与甜味适中，从市场销售的3种产品来看，C产品的定位最好，因为它正好处在理想产品的位置，而A产品与B产品的定位都不好，距离理想产品的位置很远，都需要重新定位，将其向理想产品位置靠拢。

（二）复杂的定位

上面举了一个假想的简单定位的例子，实际中的定位比上面所举的例子要复杂。

（1）细分市场很多，并不是像上面例子中只有一类消费者。

（2）对产品重视的特性可能包括许多方面，而不是像上面例子中只考虑奶味和甜味两个因素。

（3）各类消费者心目中的理想产品的特性也各不相同，而不是像上面例子中大家都一样。

但是，定位的原理是相同的，即通过市场调研，了解各类消费者心目中理想产品的市场位置，并根据消费者对各类产品的评价，标出它们各自的市场位置。

三、定位理论的应用

定位理论虽然发源于广告界，但由于广告与营销密不可分的关系，所以，很快被应用在市场营销中，使定位理论在一个更宽广的领域发挥作用。

在市场营销方面，定位理论的应用分为企业定位、市场定位和产品、品牌定位三个方面。企业定位是根据社会经济和科学技术的发展以及本企业的优势，为企业确定未来的发展方向和战略；市场定位是根据需求的变化以及竞争状况，为企业确定良好的市场位置；产品、品牌定位是和市场定位密切配合的，是根据各类消费者对产品、品牌特性的重视程度，将本企业产品、品牌定位在最佳位置上。

从定位运用的方式上来说，分为首次定位和重新定位两种情况。首次定位是指新企业、新产品、新品牌在刚刚进入市场时用定位理论做指导，选择最佳的位置；重新定位则是指老企业、老产品、老品牌，由于企业自身条件和市场环境的变化，过去的定位已经不能适应新形势的要求，需要重新定位。例如，美国的强生公司（Johnson & Johnson）生产的婴儿洗发水是一个老产品，过去定位在儿童市场，但是，第二次世界大战后美国出生率降低，其市场渐渐萎缩，因此，强生公司需要为该产品重新定位。强生公司经过对产品特性和消费者需要的研究，将这种儿童洗发水定位为既适合儿童使用，也适合成年人使用。电视广告表现了一个小朋友在他妈妈刚刚洗完澡从浴室出来，他就迫不及待地冲进浴室，察看他的洗发水又被妈妈用了多少，然后，拿来一支彩色笔，在上面做上标记，口里还念叨：这是妈妈的，这是爸爸的，这是我的……

四、广告定位的策略和技巧

（一）广告定位的概念

广告定位，即根据企业定位策略的需要，通过广告突出强调企业、产品、劳务中符合消费者心理需要的某些特性，从而确立对企业有利的竞争位置，树立良好的企业形象和品牌形象。

作为广告定位，首先必须服从企业整体定位的目标，需要把企业整体定位通过广告表现出来，并传递给消费者。所以，广告定位并不是凌驾于企业营销之上，由广告定位来统领企业营销，而是服从营销的需要，把企业、产品或服务最好的一面、特殊的一面即确定的定位通过广告表现出来，展示给广告受众。

（二）广告定位的策略

广告定位的策略多种多样，可以分为：功效定位、品质定位、价格定位、市场定位、逆向定位、区别定位、包装定位、重新定位。

1. 功效定位

在广告中突出强调产品独特的功效。例如："五日之内，鸡眼消失"（某品牌鸡眼膏）；"蓝色 90，油污克星"（去污剂）。

2. 品质定位

在广告中突出强调企业、产品的优良品质，又可分为企业定位和产品定位两种。

企业定位：即在广告中强调自己是同行业或同类产品中的领先企业，在某一方面有独到的特色。例如："我们发明了复印机"（施乐公司）；"国产微机装机量第一，系统集成销售第一"（长城微机）。

产品定位：突出强调产品的质量上乘，是同类产品中最好的产品。例如："第一等的啤酒是米克劳（in beer，going first class is Michelob Period）"（米克劳是美国一种啤酒的品牌）；"名贵金属共 8 种，派克 75 占一半"（派克 75 型金笔）；"笔记本电脑中的极品——全球品质最高、全球质量最好、全球销量最大"（东芝笔记本电脑）；"可能是世界上最好的啤酒"（嘉士伯啤酒）；"轩尼诗 XO，XO 之源，XO 之本"。

3. 价格定位

在广告中强调其产品（服务）价格的昂贵或低廉。突出昂贵，是表示产品身价不凡，代表一定的身份和地位，以吸引高收入阶层的消费者购买。例如："世界上最贵的香水只有快乐牌（JOY）"；"为什么你应该购买伯爵表，它是世界上最贵的表"。突出低廉，是表示在同等的质量、功能前提下，价格更为低廉，以吸引收入较低的消费者购买。例如："海马牌床褥，打破平价无好产品的定律"。

4. 市场定位

在广告中突出强调产品是专门面向某些消费者（即某些市场）的。根据所突出的对象不同，又分为以下几种：

（1）性别定位：突出强调企业、产品或服务是专为男性消费者或女性消费者服务的。例如："金利来——男人的世界"；"比女人更了解女人"（雅芳化妆品）；"真金、真情、真女人"（香港镇金店）；"做女人真好"（太太口服液）；"做个自信的女人"（3源美乳霜）；"阳光胶囊，男儿本色"等。

（2）特定消费者定位：突出强调企业、产品或服务是专为某些特殊消费者群体服务的。例如："现代中学生的运动表"（捷卡系列运动表）；"高考套餐"（维格尔保健营养品）等。

（3）大量使用者定位：突出强调企业、产品或服务是专为这类产品消费者当中消费量最大的群体服务的。例如啤酒是一种许多人都消费的产品，但是其消费量不同，爱喝啤酒，每次都要喝而且喝的量很大的人，就是大量使用者。所以，斯卡佛（Schaefer）啤酒就把自己的产品定位在这一市场上："当你想喝一瓶以上啤酒时，这就是你要喝的啤酒"。

5. 逆向定位

从人们传统思维的反面出发，树立特殊的企业、产品或服务的形象的一种定位方法。例如：习惯上人们都希望在广告中将自己的公司或产品标榜为最好的产品，很少有人说自己不如别人，但是，美国的艾维斯出租汽车公司却反其道而行，采取了逆向定位，在广告中说："与哈茨公司相比，我们处于第二位，因此，必须以提供更好的服务迎头赶上"，公开承认自己不如哈茨公司，这种定位策略不但没有影响艾维斯出租汽车公司的声誉，反而使消费者认为其诚实可信，从而使顾客人数不断增加。再如：在其他汽车公司越来越追求车厢宽敞、车体庞大的潮流中，德国金龟子汽车仍然保持着走小型车体外形设计的道路，在广告中用了"想想小的（Think small）"，公开与其他汽车厂商唱对台戏。露华浓的"查理"牌香水（Revlon's Charles）是一种女性用香水，其品牌名称的设计就采取了逆向定位，将一个通常被认为很男性化的名称作为品牌。此外，还有广州的绿卡牌中华鳖精，在其他以龟鳖类作为原料生产滋补品的厂商纷纷利用名人作为促销法宝，尽可能在广告中将产品与名人拉上关系的风气下，却反其道而行，公开在广告中宣传"绿卡牌中华鳖精与著名的马家军绝无关系"，这也是应用逆向定位的绝好范例。

6. 区别定位

即在广告中有意将本企业产品与其他企业的产品进行明显的比较或不明显的比较，以示区别。区别定位又可分为以下几种：

（1）观念定位：将一种新的观念传递给消费者，以改变他们的传统观念。例如：七喜汽水为了同可口可乐竞争，首先要破除消费者把可乐等同于饮料的习惯观念，因此采用了观念定位的策略，广告创意采用了“七喜，非可乐（7-up，uncola）”这一意念，意即饮料是分为许多类型的，可乐型饮料只是其中的一种；而七喜汽水是一种非可乐型饮料，与可乐型饮料比较起来，它不含对人体健康有害的咖啡因，是一种健康型饮料。

（2）攻击定位（比较定位）：直接攻击别的品牌或产品。例如：泰来乐（一种药品）的广告：“有千百万人是不应当使用阿司匹林。如果你容易反胃……，或者有溃疡……，或者你患有气喘、过敏，或因缺乏铁质而贫血，在你使用阿司匹林前就有必要先向你的医生求救……阿司匹林能侵蚀血壁，引发气喘或过敏反应，并能导致隐藏性的微量胃肠出血。很幸运的是现在有了泰来乐……”。这就是采用攻击定位，在广告中直接攻击阿司匹林的缺点，而为自己的产品定位的。

（3）风格定位：以形象化的手法，为自己的品牌树立独特的风格，以与其他品牌区别开来。例如：“只有可口可乐，才是真正的可乐”，标榜只有可口可乐才是正宗的可乐型饮料；海赛威衬衫所塑造的“戴眼罩的绅士”已成为高贵、优雅、深沉、有教养的象征；而利用西部牛仔形象为万宝路香烟进行的定位，则把一个原来定位在女性市场的不起眼的香烟品牌变成了今天世界上最值钱的品牌。

7. 包装定位

在广告中强调产品特殊的包装，以引起消费者注意和形成深刻的印象。例如：某种洗发水强调自己独有的包装，方便使用；丹麦蓝罐曲奇以其独特的蓝色圆形铁盒包装进入香港市场，通过在广告中突出其色彩、形状和优良的品质，已经成为香港和华南地区消费者逢年过节看望亲友的送礼佳品。再如：香港维他奶新推出一种方便携带的屋型包装，在广告中说：“新屋型维他奶冰冰冻，妈咪弟弟都中意。”这就是用突出特殊包装来为其定位。

8. 重新定位

将一种原来定位已不适合情况发展的产品或劳务利用广告为它重新定位。例如，美国有一种香橙汁饮料，过去主要是宣传它适合于早餐时饮用，但是为了扩大销路需要为它进行重新定位，于是利用广告宣传“它不再只限于早餐饮用了”，将它的用途扩大到早餐、中餐、晚餐和其他场合都适宜饮用的饮料。

五、广告定位策略与USP策略和品牌形象策略的关系

当在对USP策略、品牌形象策略与广告定位策略进行评价的时候，我们会看到，这三者之间实际上并不是互相排斥的关系，而是互相接续、继承和重合的关系。在品牌形象策略当中，仍有 USP 的运用；而在广告定位当中，既有运用 USP 的痕迹，如功效定位、品质定位、价格定位、包装定位等，同时也有品牌形象策略的反映，如品质定位、区别定位等。但是，它们在广告定位策略中得到了发展，而不仅仅只是原来的重复。

另外，三种策略的运用还必须结合不同的市场环境，不能简单地认为 USP 策略与品牌形象策略都是过时的手段，而唯有定位才是一切，这是机械的认识观。某些具有特色的 USP 和品牌形象，直到今天还在继续使用，这本身就说明了一切。例如：M&M 巧克力的“只溶于口，不溶于手”（USP 的应用），万宝路的牛仔形象（品牌形象的应用）等，都仍在市场上大行其道，并且取得了很好的效果。

所以，作为中国的广告人，必须结合我国的具体国情和经济发展环境，决定采用哪种策略，不能缺乏主见，生搬硬造一些广告受众不喜欢，广告效果不理想的广告。

六、广告定位理论的意义

定位法往往与品牌形象法难以区分。然而，定位法更注重逻辑的分析，注重在逻辑的基础上建立产品在消费者心中的区隔。广告定位理论是前两个理论的进一步延伸，不仅是要树立良好的品牌形象，更重要的是要在消费者的心里创造不同的感觉。

第四节　整合营销传播时代的广告策略

一、整合营销传播的兴起

随着计算机、数据库、新的传播技术（互联网、无线设备等）的广泛使用，传播媒介的种类、规模、数量都有了迅速的发展。除报纸、电视、广播、杂志等传统媒介不断繁荣之外，数字电视、网络、手机等新兴媒介的出现也极大地改变了媒介生态，从而使得广告传播的竞争压力越来越大。

现今的环境中，广告受众有了自己选择信息的自主权，消费者更倾向于接受自己感兴趣、对自己有用的信息。在这种竞争激烈的背景下，企业不得不选择增加营销传播费用以实现企业目标，采用更多的传播手段吸引广告受众。

二、整合营销传播的定义

舒尔茨于 1990 年出版的《“新广告”运动》中明确提出了“整合营销传播”的概念：在混乱复杂的市场环境中，再没有比此时更需要整合营销传播了……对消费者、经销商或零售商做整合性单一信息传播是很重要的。唯有经过通盘性的整合后才可能把信息一致地传达给目标对象。

著名市场营销学家菲利普·科特勒于1994年出版的《市场营销管理》(第8版)中，从传播学的角度，对营销传播展开了探讨，提出了“营销传播一体化的组织和管理”，并运用了营销资料库系统的“可持续发展”营销观念。

在1998年出版的《广告与推广：整合营销传播观点》中，贝尔驰把营销的推广组合看做整合营销传播的工具。

关于整合营销传播，美国科罗拉多大学的教授汤姆·邓肯认为：简单地说，整合营销传播是一个运用品牌价值管理客户关系的过程。具体而言，整合营销传播是一个交叉作用过程，一方面通过战略性地传递信息、运用数据库操作和有目地对话来影响顾客和关系利益人。

在本书中，我们将整合营销传播定义为：以特定的目标群体为传播对象，综合协调、统筹运用各种传播方式，以最佳的传播方式组合来传递本质上一致的信息，促进广告主与消费者联系和沟通的系统传播活动。具体而言，其内涵包括：

第一，以消费者为中心。

在整合至上的时代里，企业与客户的沟通必须是双向的，这就意味着企业与消费者在进行一种信息的交换。企业应在了解消费者拥有的信息的基础上，深入了解消费者的信息需求，进而满足消费者的这种需求，加强沟通能力。

第二，以资料库为基础。

精准完善的资料库是整合营销传播成功的基础。只有建立了这样的资料库，才能够实现以消费者为中心，达到与消费者沟通的目的。资料库应该详细记录消费者的各种信息，如：心理特征、购买历史、消费偏好等。

第三，以建立消费者和品牌之间的关系为目的。

依据马斯洛需求层次理论，把市场营销中客户关系层次描述为四个发展阶段：基础阶段——合作阶段——相互依存阶段——集成阶段，并对这四个发展阶段的关系特征进行详细深入的分析，在此基础上提供了一个企业—客户关系层次的判断方法，同时提出了在各个阶段推动客户关系从低层次向高层次发展的营销重点与营销措施，其目的是在营销过程中促进企业—客户关系的良好发展，共同提升企业利润和客户利益，最终实现企业和客户的双赢。

整合营销时代的企业都力争与客户关系进入第四阶段——集成阶段，与最有价值的消费者保持长久紧密的联系。意味着企业必须整合运用各种传播手段，保持消费者信息沟通渠道的畅通，提升消费者的品牌忠诚度，建立消费者和品牌的密切关系，互利互惠。

第四，以各种传播媒介的整合运用为手段。

整合营销传播是复杂的系统工程，以各种传播媒介的整合运用为手段，强调各种传播手段和方法的一体化运用，使之发挥联合作用和统一作用，使消费者在不同的场合，用不同的方式接触到统一主题内容的信息。只有整合运用各种传播媒介，使消费者能够从各种各样的媒介接受各种形式、不同来源的信息，并且只有这些信息相互统一，才能实现强大的广告传播效果。

三、整合营销传播的意义

整合带来了协同效应，即部分的交互作用使整体的效果大于各个部分的简单相加。它不仅要求品牌信息看起来和听起来一致，同时还要求在消费者能够接触到这一品牌的任何领域都形成整合。整合有助于形成品牌差异，因为它可以使企业比竞争者更加注重客户，不仅促进了企业责任感的增强，还有助于增强品牌信任度，有助于内部协调和集中。21 世纪的今天，整合至上为广告的发展开创了新纪元。

四、整合营销传播的参与者

整合至上的广告策略的基本参与者是：

(1) 广告代理商。大多数厂商雇用广告代理商在媒体中建立和传播信息。

(2) 媒体。没有广告的媒体是无法生存下去的。只有拥有足够多的读者、听众、浏览者的时候，媒体才能把广告销售出去，可见广告代理商和媒体是相互依存的。

(3) 企业及品牌。

整合至上的广告策略参与者间的关系是围绕消费者以及其他利益相关者展开的，从而阐释了整合至上的广告策略是以顾客为中心的。

五、整合营销传播实施步骤

(一) 确定目标受众

没有任何一种产品是每一个消费者都需要或是支付得起的，所以说，在设计广告之前，我们首先要确定哪些消费者是该项产品的目标受众。这无疑涉及两个概念：细分和定位。细分是只根据共同特征、需求、欲望等对目标顾客或者潜在顾客进行分组。定位是指分析、评价和基于对利润的追求而排定市场元素的优先次序。定位关注现有的最可能再购买的顾客或可能购买的潜在顾客。定位越精确，浪费就越少。

(二) SWOT 分析

什么是 SWOT 分析？SWOT 分析方法是一种企业内部分析方法，即根据企业自身的既定内在条件进行分析，找出企业的优势、劣势及核心竞争力所在，从而将公司的战略与公司内部资源、外部环境有机结合。其中，S 代表 strength（优势），W 代表 weakness（劣势），O 代表 opportunity（机会），T 代表 threat（威胁），其中，S 和 W 是内部因素，O 和 T 是外部因素。按照企业竞争战略的完整概念，战略应是一个企业“能够做的”（即组织的优势和劣势）和“可能做的”（即环境的机会和威胁）之间的有机组合。对企业以及企业的品牌、产品进行 SWOT 分析有助于对其进行优先级的排序。

SWOT 分析中的优势和劣势是企业的可控因素，因而是最重要的部分。在广告学中，我们常利用问卷的方式在消费者当中了解并总结企业的优势和劣势，例如：品牌的创新性、相对竞争者的定价、购买的便利性等。

企业外部因素中，威胁指的是降低产品期望价值和吸引力或者导致其成本更高的市场条件。根据迈克尔·波特的五种竞争理论，外部威胁包含：（1）供应商的议价能力带来的威胁；（2）购买者的议价能力带来的威胁；（3）现有竞争者带来的威胁；（4）新加入竞争者带来的威胁；（5）潜在替代品带来的威胁。

机会只在市场中，社会和经济环境能够改变顾客对一个企业产品的态度和行为。比如我们知道的一句话：“要捐就捐一个亿，要喝就喝王老吉”，汶川地震无疑是王老吉打响品牌，树立其品牌形象，弘扬企业社会道德的一个宝贵机会。

（三）确定广告目标

制定目标是要说明公司利用广告要达到什么目的。整合至上的广告策略，其目标是以客户为中心的。

（四）制定战略和战术

战略是指关于如何达到目标的一些思想。战术是实施战略的一些具体行动。制定战略首先要选择媒体组合。媒体组合是指用以传递品牌信息的一些媒体渠道的选择。制定广告战略不仅要选择使用什么样的媒体组合，同时还要决定每一种工具使用的比例，一种工具可能起主导作用，而其他的工具则起辅助作用。

选定特定的媒体组合后要选择创意性构思。这里有一个好的例子，高档汽车轮胎制造商米其林公司的广告目标是说服消费者购买米其林公司的轮胎，并使之相信米其林公司的轮胎是最安全、耐用的，要完成这个目标，米其林采用了有创意的战略：通过展示婴儿坐在米其林轮胎上的情景，把米其林的品牌和保护家庭联系起来。有效地传递了米其林是一种安全轮胎的这一信息。

接下来我们还需要运用有力的理论依据来支持战略，即解释为什么这个战略构思是优秀的。

（五）制定预算

广告部门需要按照目标市场对预算金额进行分配。在支出回报的基础上做出为获得目标顾客和保持现有顾客并得到这些顾客在该产品上的更大消费量等之间最佳组合的预算分配。

（六）效果评价

有时候广告的作用非常巨大，能够为企业带来可观的经济利益，有时也可能因为亮点不足而没有什么效果。这就需要我们对效果进行评价后，了解广告策略的优势和不足并及时对原有的战略进行修改。

六、整合营销传播策略

舒尔茨在《整合营销传播：揉到一起发挥作用》中，对整合营销传播模式有这样的设计：

（1）资料库建设。在整合营销传播组合中，资料库的建设首当其冲。它是了解市场外部需求和消费者需求的关键。在建设资料库时我们需要注意两点：第一，可以采用问卷调查等方式获得优质的资料；第二，所收集的资料应为第一手资料。加强资料库建设，为整合营销传播奠定坚实的基础。

（2）消费者细分。在建立好资料库的基础上要对消费者进行细分，根据不同类型的消费者制订不同的营销计划。

（3）接触管理。接触管理是整合营销传播中的一个重要的组成部分。所谓接触管理就是营销人员决定在什么时间、地点、现场与现实客户或潜在客户进行沟通的决断或过程。

（4）传播沟通战略和目标。传播沟通的目标分为三类：维持或增加本品牌忠诚用户的产品使用；争取竞争品牌用户；争取或扩大游离用户使用本品牌产品。对传播沟通目标一般进行数字化描述。

（5）营销工具。在运用不同的营销工具对各传播要素进行组合时，传播信息须保持一致性。

（6）营销传播战术。营销传播人员在营销传播战略的指导下，选择广告活动、公共关系、直接营销、销售促进等各种战术动作，来实施传播战略并实现营销目标。

练习与思考

一、单项选择题

1. 罗斯·瑞夫斯的独特销售主张的理论核心不包括（　　）。

A. 新异的创意　　B. 独特的主张

C. 明确的概念　　D. 实效的销售

2. USP 的理论基础是（　　）。

A. 产品至上　　B. 品牌至上

C. 定位至上　　D. 顾客至上

3. 品牌形象策略的提出者是（　　）。

A. 罗斯·瑞夫斯　　B. 迈克尔·波特

C. 大卫·奥格威　　D. 斯蒂芬·罗宾斯

4. 下列选项中不属于广告定位策略的是（　　）。

A. 功效定位　　B. 品牌定位

C. 品质定位　　D. 市场定位

5. SWOT 分析中 W 代表（　　）。

A. 优势　　B. 机会　　C. 威胁　　D. 劣势

二、多项选择题

1. 整合至上的广告策略的基本参与者有（　　）。

A. 广告代理商　　B. 媒体　　C. 消费者

D. 公司　　E. 品牌

2. 罗斯·瑞夫斯的独特销售主张的理论核心有（　　）。

A. 明确的概念　　B. 独特的主张　　C. 实效的销售

D. 新颖的创意　　E. 突出的卖点

3. 大卫·奥格威所提出的“品牌形象论”的主要内容为（　　）。

A. 广告最主要的目标是塑造品牌形象

B. 任何一个广告都是对品牌的长期投资

C. 在同类产品的差异性不断减小的同时，描绘品牌形象就比强调产品功能要重要得多

D. 品牌形象就是一个品牌不同于其他品牌的个性，个性愈突出，品牌形象就愈鲜明

E. 消费者实施购买行为时所追求的是“使用利益＋想用利益”，对某些消费群体来说，广告尤其应该重视运用形象来满足其心理的需求

4. 广告定位的策略有（　　）。

A. 功效定位　　B. 品质定位　　C. 价格定位

D. 市场定位　　E. 逆向定位

5. 整合至上的广告策略的实施步骤有（　　）。

A. 组织广告代理人员　　B. 确定目标受众　　C. SWOT 分析

D. 制定战略和战术　　E. 效果评价

三、填空题

1. ________是通过将某一品牌赋予特别的象征并进行长期固定的广告宣传，从而在目标受众心目中形成对该品牌的特殊印象。

2. 在市场营销方面，定位理论的应用分为企业定位、市场定位和________三个方面。

3. ________是从人们传统思维的反面出发，树立特殊的企业、产品或劳务的形象的一种定位方法。

4. SWOT 分析中的________是企业的可控因素，因而是最重要的部分。

5. 整合至上的广告策略主要包括协作、创意、________和传播。

四、名词解释

1. 媒体组合
2. 区别定位
3. 价格定位
4. USP 策略

五、简答题

1. USP 策略的意义有什么？
2. 广告定位的策略有哪些？
3. 简述整合至上的广告策略的步骤。

案例分析

“两乐之战”中的百事可乐

百事可乐作为世界饮料业两大巨头之一，100 多年来与可口可乐上演了一场蔚为大观的“两乐之战”。“两乐之战”的前期，也即 20 世纪 80 年代之前，百事可乐一直惨淡经营，由于其竞争手法不够高明，尤其是广告的竞争不得力，所以被可口可乐远远甩在后头。然而经历了与可口可乐无数次交锋之后，百事可乐终于明确了自己的定位，以“新生代的可乐”形象对可口可乐实施了侧翼攻击，从年轻人身上赢得了广大的市场。如今，饮料市场份额的战略格局正在悄悄地发生变化。

百事可乐的定位是具有战略眼光的。因为百事可乐的配方、色泽、味道都与可口可乐相似，绝大多数消费者根本喝不出二者的区别，所以百事可乐在质量上根本无法胜出，百事可乐选择的挑战方式是在消费者定位上实施差异化。百事可乐摒弃了不分男女老少“全面覆盖”的策略，而从年轻人入手，对可口可乐实施了侧翼攻击。并且通过广告，百事可乐力图树立其“年轻、活泼、时代”的形象，而暗示可口可乐的“老迈、落伍、过时”。

百事可乐完成了自己的定位后，开始研究年轻人的特点。精心调查发现，年轻人现在最流行的东西是酷，而酷表达出来，就是独特的、新潮的、有内涵的、有风格创意的意思。百事可乐抓住了年轻人喜欢酷的心理特征，开始推出了一系列以年轻人认为最酷明星为形象代言人的广告。

在美国本土，1994年百事可乐花500万美元聘请了流行乐坛巨星迈克尔·杰克逊做广告。此举被誉为有史以来最大手笔的广告运动。迈克尔·杰克逊果然不辱使命。当他踏着如梦似狂的舞步，唱着百事可乐广告主题曲出现在屏幕上时，年轻消费者的心无不为之震撼。在中国内地，继邀请张国荣和刘德华做其代言人之后，百事可乐又力邀郭富城、王菲、珍妮·杰克逊和瑞奇·马丁四大歌星做它的形象代言人。两位香港歌星自然不同凡响，郭富城的劲歌劲舞、王菲的冷酷气质，迷倒了全国无数年轻消费者。在全国各地百事可乐销售点上，我们无法逃避的就是郭富城那执著、坚定、热情的渴望眼神。不过，因为两个外国歌星在中国内地的知名度并不高，也造成了资源的浪费，在这点上，百事可乐稍逊于可口可乐。即使如此，百事可乐那年轻、活力的形象已深入人心。在上海电台一次6 000人调查中，年轻人说出了自己认为最酷的东西。他们认为，最酷的男歌手是郭富城，最酷的女歌手是王菲，而最酷的饮料是百事可乐，最酷的广告是百事可乐郭富城超长版。现在年轻人最酷的行为就是喝百事可乐了。比如，1997年北京饮料市场百事可乐与可口可乐的占有率为1∶10，到1999年升至1∶2.5，其中绝大部分贡献来自于年轻人。总而言之，我们认为百事可乐以新生代喜欢的超级巨星做形象代言人是其广告策略最成功的一点。

百事可乐广告语也是颇具特色的。它以“新一代的选择”、“渴望无限”做自己的广告语。百事可乐认为，年轻人对所有事物都有所追求，比如音乐、运动，于是百事可乐提出了“渴望无限”的广告语。百事可乐提倡年轻人做出“新一代的选择”，那就是喝百事可乐。

资料来源：http://esoftbank.com.cn/wz/92_6941.html，此处有删改。

思考题：

1. 请分析百事可乐广告定位策略的选择。
2. 你认为百事可乐在广告实施过程中应采取哪些策略？请说明理由。

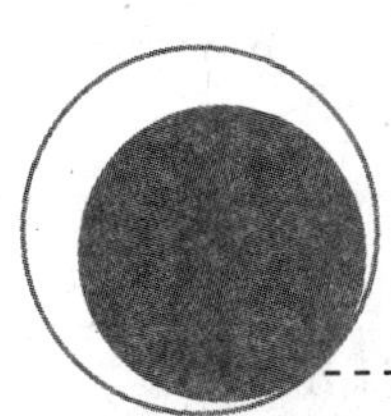

第四章

广告实施策略

内容提示

广告实施过程与产品、消费者、竞争者等内外环境密切相关。因此，在广告活动中，为了取得更好的效果，广告的实施要充分结合市场营销的多个方面来开展。本章即从广告与营销、促销、发布的配合来介绍如何进行有效广告的实施策略。首先，介绍了基于产品生命周期的广告策略、比较广告策略、国际广告策略；其次，介绍了促销广告策略、公关广告策略方面的相关知识；最后，详细介绍了广告发布的常用策略：系列化发布、时间发布、地域发布。

学习目标

学完本章，你应该能够：

1. 了解广告策略如何与营销策略相配合。
2. 掌握如何应用比较广告策略。
3. 熟悉促销广告、公关广告。
4. 理解如何使广告策略与广告发布相配合。

第一节　广告策略与营销的配合

一、基于产品生命周期的广告策略

（一）产品生命周期理论

所谓产品生命周期（Product Life Cycle，PLC），是指产品从进入市场到被市场所淘汰的过程在时间上的表现。产品生命周期理论，是市场营销中的一个重要理论，它是从哲学的观点出发，认为事物新陈代谢是基本的规律，产品也不例外，同样会出现从诞生、成长，到成熟、衰亡这样的过程。

典型的产品生命周期曲线如图 4—1 所示。

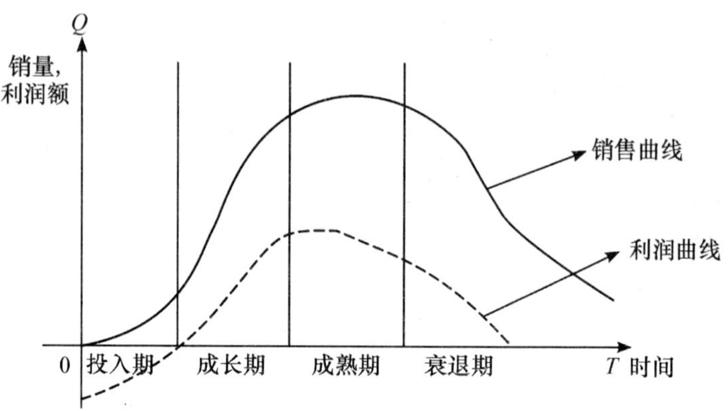

图 4—1 产品生命周期

图 4—1 中横轴代表产品进入市场的时间长短，纵轴代表产品的销售额（量）与利润额，整个周期一般分为 4 个阶段，分别为投入期、成长期、成熟期和衰退期。

（二）PLC 各阶段的广告策略

产品生命周期理论，在企业营销中的应用是多方面的，它影响着企业营销组合的各个部分。同样，广告作为企业营销组合策略当中的一个部分，也必须根据广告产品所处的 PLC 阶段，采取不同的广告策略，才能保证营销目标的实现。

对应产品生命周期的不同阶段，我们把广告策略分为三个阶段，即：

(1) 初期阶段：包含 PLC 的引入期和成长前期。

(2) 中期阶段：包含 PLC 的成长后期和成熟期。

(3) 后期阶段：包含 PLC 的衰退期。

产品处在不同的生命周期阶段，产品特征、消费者心理需求、市场竞争状况、营销目标等均不相同，所以在广告目标、广告受众、诉求重点、媒体选择和策略方面也有所不同。

在初期阶段，由于需求尚处于萌芽状态，广告目标着眼于激发初级需求和创立企业（产品、品牌）声誉，因此，广告策略以告知性广告为主，广告受众则主要是革新者和早期采用者。在媒体选择上，采用多种媒体组合，利用高频率的刊播造成广告声势，以便使新产品迅速打入市场，因此广告费用投入较多。

在中期阶段，由于初级需求已经被激发起来，需求量的增加带来了市场潜量的扩大，相应也刺激了竞争者的迅速加入。因此，广告也转向以激发选择需求和突出竞争特色为其主要目标，广告策略则以劝说性广告为主，广告受众则已转变为大众消费者。此阶段广告费用、刊播频率较初期次之，以说服消费者为主。

在后期阶段，由于新产品的出现，部分消费者已退出该市场，需求迅速减少，部分竞争者也已转向新产品或其他产品的生产。如果本企业采取留在该市场的策略，则广告目标也以维持需求和保持品牌忠诚为主，广告策略主要是提醒性广告，而广告受众则主要是老顾客和晚来者。广告以长期、间隔、定时发布的方法，及时唤起注意，巩固习惯性购买。

二、比较广告策略

（一）比较广告策略的含义

比较广告策略就是在广告中将本企业的产品或服务与同类竞争者的产品或服务进行比较，以突出自己的产品或服务优于或异于竞争对手，从而取得有利竞争地位的策略。俗话说："货比三家"；"不怕不识货，就怕货比货"。为了突出本企业产品的特色，在广告中使用比较的手段来说服消费者是非常有效的。

（二）比较广告策略的类型

第一，按广告是否明确提及竞争对手名称，比较广告可分为直接比较广告、间接比较广告。

直接比较广告，也叫直比法，即在广告中直接标明对比企业（或产品、品牌），同其进行比较。例如：百事可乐与可口可乐是一对多年互相竞争的对手，双方经常采用比较广告策略宣传自己的产品比对方要好。从下面这则百事可乐的电视广告可以看出直接比较广告策略的特色。可口可乐的年轻送货员到一家超市送货，放好货后见四下无人，便悄悄地走到百事可乐的货架前，小心翼翼地拿了一罐百事可乐，刚想拉开盖子品尝，货架上的百事可乐忽然一下子全倒了下来，令他尴尬、惋惜不已。这则广告用非常幽默的对比突出了百事可乐"年轻、活泼、时代"的象征，而可口可乐则是"老迈、落伍、过时"的形象代表。但是，直接比较广告是指名道姓地同对手进行比较，容易激怒竞争对手，使其采取更猛烈的反击，从而掀起广告战，也容易引起法律纠纷，而使企业陷入麻烦之中；同时，各个国家广告管理法规不同，如许多国家并不允许发布直接比较广告，但直接比较广告在欧美部分国家却比较常见。我国对直接比较广告采取的是"原则允许，例外禁止"的立法方式，没有一概否定直接比较广告，但明确禁止贬低竞争对手的批评性广告。

间接比较广告，也叫泛比法，即在广告中采用含蓄的、不指明对比企业（或产品、品牌）的方式进行比较。间接比较广告由于不用在广告中列举对比的企业、产品或品牌，不易产生法律纠纷，所以许多企业都乐于采用。间接比较广告在比较的范围和方式上有很大的灵活性，质量、性能、价格、市场占有率、服务等都是比较的好体裁。例如："555 牌高容量碱性电池，比普通电池容量高 7

倍”；“两只刀片比一只刀片好用”（吉列双层刀片剃须刀）；“何以解忧，唯有杜康”；“嘉士伯啤酒可能是世界上最好的啤酒”。再如，百事可乐与可口可乐的一则间接对比广告（见图4—2），虽然广告中没有指明对方的品牌名称，但是一看就知道是可口可乐，所以，同样达到非常好的对比效果，让人印象深刻。

图4—2　百事可乐的间接比较广告“吸管”篇

第二，按对竞争对手的态度不同，比较广告可分为批评性比较广告、寄生性比较广告（也称依附性比较广告）。

批评性比较广告是指广告主对竞争对手的产品或服务持一种负面的、批评性的态度，通过揭示竞争者在质量、价格、服务等方面的缺陷来抬高自己，以吸引消费者购买自己的产品。

寄生性比较广告则指广告主对竞争者的产品持正面的、积极的肯定赞赏态度，并在广告中使之与自己的产品相关联，期望借助对方的良好品牌形象来提高自己产品的知名度。如“宁波老窖，塞外茅台”，“林河酒，中国的XO”等。

第三，按比较内容是否具有客观基础，比较广告可分为客观性比较广告、主观性比较广告。

客观性比较广告是以客观事实或科学依据为比较基础，如彩电的清晰度、耗电量，冰箱的体积、制冷性能，药品的治疗范围、疗效等。

主观性比较广告则是以主观态度评价与感受作为比较的基础。如白酒广告中进行味道比较，而味道因人而异，是人的一种主观感受而非客观依据。

（三）比较广告策略技巧

首先，必须抓准广告产品的长处和对手产品的短处，如果抓得不准，反而有害于自身产品的促销。要做到这一点，就必须对双方产品进行深入的调查研究，反复考察，严格验证，使自己之优点与竞争对手之不足准确地展示在消费者面前，过分夸张和过度贬低都是不利的。有些比较广告之所以不成功，重要的一点就是因为没有准确地抓住对方之短和自己之长，只是在制作和创意上主观发挥，褒贬过火，因而被人抨击就是必然的了。

其次，必须主攻消费者当前关心的热点问题。不仅要善于抓广告产品的长处，而且这个长处还必须同时是消费者最感兴趣的问题，否则就会劳而无功。

最后，比较广告要讲究趣味性，绝不能过于呆板，否则就会令消费者厌倦而产生抗拒心理，成为淹没在汪洋大海之中的无用广告。只要看看 MG 汽车广告，就可以明白这一点。当 MG 汽车被装进机舱升入蓝天之时，另外两个品牌的汽车正在公路上飞驰，一个英俊的青年将 MG 汽车系上降落伞，打开机舱将其从高空推下，自己也戴上降落伞与汽车同时降落到地面。然后脱掉汽车和自己的降落伞，迅速钻进汽车，在公路上风驰电掣，很快就超过了另外两个品牌的汽车。此时，响起一声有力的旁白："MG 还是遥遥领先。"通过比较，不仅让消费者真切地看到了 MG 汽车的神速功能，而且感到极有趣味。汽车披着降落伞从万里蓝天飘然而下，这无比壮观而又无比惊险的场景令观众心动神摇，不能自已：先是恐惧、紧张，既而兴奋、期待、狂喜，终于在无限乐趣之中领略到了比较广告的主旨和魅力。

三、国际广告策略

（一）国际广告策略的含义

国际广告策略是指企业在许多国家或地区，围绕同一企业或品牌的商品在广告宣传上所采用的策略。在经济全球化的今天，越来越多的企业不仅仅是面向国内市场，更把眼光投向了国际市场，有些更发展成为全球跨国公司，在不同的国家或地区从事生产经营活动，如宝洁、IBM、佳能等。国际广告策略就是要解决如何在不同的国家或地区围绕同一企业或同一品牌的产品做广告的问题。

（二）国际广告策略的类型

1. 统一式

在不同国家和地区均采用统一的广告目标、广告主题和广告创意与表现形式。适用于有广泛需求，而且差异不大的产品。例如：可口可乐为了强调它是一种风靡世界、人人喜欢的饮料，在许多国家和地区都采用统一的广告主题和创意，以"可口可乐，无可抵挡的感觉"作为统一的广告口号。这种广告策略可以保持统一的广告目标，同时还可以节省广告设计和制作费用，但是，由于各个国家和地区的经济、文化等市场环境的差异，有时在本国和有些国家收到较好效果的广告，在另外一些国家却不能收到预期的效果。

2. 独立式

根据各国和地区的市场环境特点，制定不同的广告目标、广告主题，采用不同的广告创意与表现形式。适用于需求受不同市场环境影响较大的商品。例如在竞争激烈的白兰地酒市场，人头马白兰地二百年来却一枝独秀，长盛不衰，这与其长期不懈的广告宣传分不开。人头马白兰地的广告尤其注重针对不同地区不同的文化、风俗和习惯作不同的诉求。针对欧美国家做广告，采用“干邑艺术，似火浓情”的广告词，旨在给消费者传达人头马白兰地的热烈浓郁、回味深长醇香的信息。“似火浓情”会使顾客产生感情上的共鸣，也符合欧美的文化风俗。而对于东方，特别是华人市场，则采用“人头马一开，好事自然来”的吉祥广告语。该广告语抓住了东方人的“喜庆”心理，随后又配合广告主题开展了一连串“吉庆活动”，从而成功打入亚洲华人市场。

3. 变通式

在总公司确定的统一广告目标、广告主题的基础上，根据各国和地区的实际情况，在广告创意与广告表现形式上作一定的修正。例如，麦当劳为了获得不同国家和地区消费者的认同，同时又要保持麦当劳的统一形象，就在统一的广告目标、广告主题的基础上，专门制作适应于不同市场的广告。例如，为了表现“儿童都喜欢麦当劳，连婴儿都不例外”这一主题，其制作了电视广告“婴儿啼哭篇”：一个婴儿坐在一个不断上下晃动的摇篮里，当他荡到高处，看到了窗外的麦当劳标志时就笑，而当他荡到低处，看不到麦当劳标志时就哭。同时，为了适应不同国家和地区的市场环境，麦当劳制作了几个版本的广告，欧美版本选择了一个白种儿童做模特，而亚洲版本则选择了一个中国婴儿做模特。由于这一广告策略既保证了统一的广告目标，又结合了各个国家和地区的实际情况，所以，它的适用面相当大，也是当今国际广告策略的主流，被许多企业所采用。

（三）国际广告策略的要求

在采用国际广告策略时应该考虑哪些因素？根据美国广告学家波维和阿伦的看法主要有四个方面，即“1P+3M”。“1P”指 product concept，即表达产品或企业信息；“3M”指 market、media 和 message，即广告所针对的市场或目标受众、广告传媒和广告语言（包括文字、非文字语言）。具体有以下几个方面：

1. 表现国际产品的核心内容

国际广告的创作应当表现国际产品的核心内容，也就是国际产品能满足用户和消费者怎样的需要，能向他们提供什么利益。国际广告无论怎样创意，无论采用怎样的艺术形式，其表现的主题都离不开产品的核心内容。

2. 表现国际产品的特色

国际广告的创意应当表现产品的特色。国际产品的个性特色，不仅仅是企业的特色，也带入了国家和民族的特色。因此国际广告应该表现产品供应国的某些特色，如自然资源、人文景观和文化传统等特色，以增强国际消费者对产品的兴趣。

3. 创意的统一化和差异化

即根据产品自身特点，选择在不同的国家和地区采取统一的广告策略，或是因地因时制宜，采取差异化广告策略。

4. 适应东道国的社会文化环境

国际广告不仅是产品或企业信息的沟通，也是文化的沟通，涉及不同文化之间的融合和冲突。因此，必须重视主动适应东道国的文化环境，也就是说广告要与当地的价值、审美、宗教观念和生活习俗等尽可能融合，不发生冲突。如联邦快递利用中国神话中的人物哪吒作为形象代言人，配以“速度可比风火轮”的标题，突出了其快速到达的特点。

5. 符合东道国有关广告的法律法规

东道国有关广告的法律法规，是国际广告最重要的约束条件，在实施国际广告策略时一定要注意不能违反东道国的法律规范，否则就有可能受到干预和制裁。不同的国家对广告制作发布的规定是不同的。如欧洲一些国家对比较广告和儿童模特有法律限制，法国和德国对同业产品禁止采用比较广告，比利时禁止采用儿童模特。

第二节　广告策略与促销的配合

一、促销广告策略

（一）促销广告策略的含义

这是指把广告同促销手段结合在一起，以引起注意，促进购买，检验广告效果的广告策略。企业在某些时期，为了市场营销目的的需要，要求广告能够引起广泛的注意，并且促进消费者采取购买行动，这就要求在广告形式或内容方面要运用一些特别的手段，来达到目的。广告作为促销宣传的重要手段，在促销中和其他手段相结合，在短期内收到即效性效果，从而有力地推动了产品销售。

（二）促销广告策略的类型

1. 馈赠广告

把广告同馈赠结合在一起，利用人们希望得到馈赠的心理，来引起对广告内容、广告产品的兴趣，提高广告效果。馈赠的形式多种多样，有商品样品、小礼品、现金折扣、商品资料等。这种策略常常利用印刷类媒体，如报纸、杂志或直接邮递广告，如在广告中注明，阅读此广告后按照指定地点或单位寄回，可以得到馈赠。采用这种促销形式的目的是使消费者通过产品宣传了解企业的促销内容，吸引其注意力，从而购买企业的产品。馈赠广告促销策略有以下特点：以附带馈赠行为为手段；可以刺激消费者希望获得馈赠品的心理而扩大产品销售；可以较准确地检验广告的阅读率。

2. 文娱性广告

这是运用文娱形式发布广告以促进产品销售的广告策略。企业出资赞助文娱节目表演，使广告不再是一种简单、直接的硬件性产品宣传，而是演变为一种人们喜闻乐见、多姿多彩的“广告文化”。并且，还可以在定期开展一些文娱活动的同时发布简明扼要的产品广告。此外，还可以定期举办一些文娱竞赛节目，诸如举办专场音乐会、烹饪比赛、猜谜比赛等。文娱性广告促销策略有以下特点：以伴随文娱性活动能发布广告为手段；减少广告的商业味，增加广告的知识性与趣味性；使消费者在享受娱乐中了解产品信息，并使企业形象得以提升。

3. 中奖广告

这是一种应用抽奖中奖形式的广告促销手段。中奖广告常常同市场调查结合在一起，可以用来收集消费者资料，如姓名、年龄、性别、职业、家庭住址、电话号码等情况，还可以了解消费者对企业、产品、品牌的态度和认识。此外如果要求只有购买产品才能获得参加抽奖的资格，还可以促进消费者采取及时的购买行动。中奖广告促销策略有以下特点：以奖品或奖金为刺激手段；购买者多为冲动性购买；促销促使消费者注意广告内容。

4. 联合式广告

为了吸引不同消费者的需求，促进产品销售，经协商促使许多非竞争厂商联合提供优惠服务广告，从而利用不同品牌的互相补充，使各品牌促销达到更大更快的影响，这种促销方式就是联合式广告促销。如联合利华公司与沃尔玛联合开展日用品促销活动，突出特定销售价位的联合利华产品。这是一种常用的广告促销策略，尤其是在节假日。联合式广告促销策略的特点有：联合的品牌是非竞争性品牌；能够通过联合达到促销效果；广告效果对联合的品牌的影响力基本差不多。

二、公关广告策略

（一）公关广告策略的含义

这是一种设法增进公众对组织的全面了解，提高组织的知名度和美誉度，从而赢得公众信任和合作的广告。运用公关广告，可以起到塑造组织形象、强化品牌形象、宣传组织宗旨、引导公众观念等作用。公关同广告密不可分，它们都是企业营销组合中推广促销刺激组合中的重要组成部分。

(二) 公关广告策略的类型

1. 形象广告

形象广告是以树立企业形象为目的的公关广告。一般又分为以下两种形式：

(1) 直接式。通过具体介绍企业经营宗旨、经营规模、技术水平、获得的成绩等来表现企业形象，这种形象广告创意简单，制作容易，是过去许多企业形象广告常用的表现方式。

(2) 寓意式。通过抽象的、艺术化的创意来体现企业的经营宗旨、经营哲学、经营理念，例如太阳神集团的电视广告，当太阳刚刚升起的时候，一群充满朝气的小伙子，在茫茫戈壁上树起一个象征太阳神商标标志的木架，并配以“当太阳刚刚升起的时候，我们的爱天长地久”的广告歌，来表现太阳神集团把爱奉献给社会的企业经营理念。

2. 活动广告

活动广告是指利用或制造某些事件或活动来达到广告目的。企业常常通过举办各种活动，以吸引公众注意和同外部沟通及交换信息。另外，也可以通过某些时机和事件，精心创意和策划一些能够引起公众注意的活动，从而培养公众对企业的好感，树立良好的企业形象。

如非常经典的北京长城饭店的公关推广活动案例：美国总统里根圆满结束了对中国的访问，临别时要举办答谢宴会。按以前的惯例，像这种规格的宴会总是在人民大会堂举行。当时营业不久的北京长城饭店抓住机遇，经过一番卓有成效的努力，终于使里根总统的答谢宴会在长城饭店举行。随同里根访华的500名外国记者一起参加了宴会采访。宴会结束后，“今天某时某分，美国总统里根在北京长城饭店举行盛大的访华答谢宴会……”的新闻传遍世界。于是，北京长城饭店伴随里根的名字一下传遍了全世界，长城饭店从此声名鹊起。

3. 声明广告

通过广告把某些重要的信息或企业对某些事件的态度和立场告知公众。适用于以下两种情况：

(1) 对企业不利的事件，但企业自身并无过错。例如，由于假冒本企业的产品因质量问题而给消费者带来损害；竞争对手的恶意中伤；某些新闻媒体的失实报道；一些人或单位的造谣污蔑等，企业如不及时说明真相，表明态度和立场，会给企业造成难以挽回的影响。

(2) 必须及时告知公众的信息。例如企业更名、迁址，更换商品的商标、包装，破产、兼并、清理债权债务等重要信息，都必须及时向公众通报。

4. 致歉广告

利用广告向公众表示歉意，以取得公众谅解和好感。主要适用于由于企业自身原因而引起的危机事件，例如，由于产品质量问题而给消费者带来损失，由于服务态度或其他问题而被消费者控告或投诉等。由于这些危机事件是企业自身原因所引起的，所以需要利用广告向公众致歉，以取得谅解，尤其是在影响面较大的情况下，更要及时采取措施，及时化解矛盾。

5. 祝贺广告

在与本企业有密切关系的企业和单位举办重大活动时，以广告形式表示祝贺。企业是社会经济的基本细胞，就如家庭一样，也有各种社交活动，也有“亲朋好友”。在这些企业和单位举办重大活动时，如厂庆、开业典礼、竣工典礼、获得荣誉奖励等，为了表示关心和友好，采用广告形式向对方祝贺，其目的是加深彼此的感情和联系。具体形式有两种：一种是本企业以自己的名义或联合其他企业共同做广告表示祝贺，费用则自行承担或分摊；另一种是被祝贺企业征得本企业和其他企业的同意发布祝贺广告，费用则由被祝贺企业承担，主要目的是显示被祝贺企业的联系面广，在社会上的影响大。

6. 致谢广告

致谢广告是指企业在节日、纪念日或举办某种活动圆满结束时，向消费者或社会各界公众表示衷心的感谢，以增进其与公众的情感交流，维系与公众的关系的广告。例如：日本亚细亚航空公司在 15 年庆典之际，做了一个致谢广告，标题是：“每一次相遇，我们都心存感激，未来，就从此刻延续。”正文是：“由于您的关爱，使我们拥有今日成果，对于您的知遇，我们由衷感激。而今 15 年的相处，我们更加了解您的需求，当您走入亚航的新天地，您将感受到由内而外的焕然一新，更典雅的风貌，更体贴的关怀，让您拥有最舒适的航程。新的亚航天地，更加精致温馨，诚恳期待您。”

7. 公益广告

公益广告是指由企业出资，设计、制作和发布公益内容的广告。公益广告的具体形式很多，有的是利用网络、电视、广播、报纸、杂志等大众媒体刊布公益广告；有的是在公共场所竖立各种公益广告牌、标语、横幅；有的是印制和散发各种公益宣传品等。公益广告的内容也表现为多个方面，如注意交通安全、保护环境、维护治安、尊老爱幼等，总之，凡是有利于维护社会公共利益的内容，都可以作为公益广告的题材。例如：哈药集团制药六厂 2001 年推出的“帮妈妈洗脚”公益广告。片中，忙碌了一天的妈妈在给孩子洗脚，边洗边讲着“小鸭子游啊游……”的故事，孩子上床后，妈妈又去为老人洗脚。当她继续回房间照顾孩子时，孩子不见了。画面一转，出现孩子一边吃力地端着一盆水，一边用幼稚的声音说“妈妈，洗脚”的画面。同时画外音进入“其实，父母是孩子最好的老师”。尽管这则广告没有宏大的场面和跌宕的情节，却演绎了一番人间最为美好的真情实感，给人留下深刻的印象。由于公益广告可以表现企业对社会公共利益的关心和企业的责任感、使命感，有利于树立良好的企业形象，所以，越来越多的企业开始认识到这一点，在企业的广告策划中加入了公益广告这一部分。

8. 赞助广告

赞助广告是指企业对某些活动或项目提供资金和部分帮助，以获得有关的广告权或其他权利。这不是一种直接的广告形式，而是具有广告效应的一种广告策略。赞助广告的类型多种多样，主要分为活动赞助和项目赞助。

（1）活动赞助是对一些文化、体育、娱乐等活动予以资助，使这些活动能够进行。例如，赞助举办大型的体育比赛、歌唱比赛、群众文娱活动等；赞助大型文娱、体育节目如奥运会、世界杯足球赛等的电视转播等。赞助活动与企业经营宗旨、经营目标和经营范围的相关性越强，其效果越好，反之则效果越低。例如，某些体育用品生产商赞助的体育活动或体育项目越多，其知名度在目标消费者中就越高，所以，像 ADIDAS、NIKE 等大型体育用品制造商常年性的对一些大型体育比赛给予赞助，就是为了提高在目标消费者中的知名度。再如我国的伊利集团，挖掘自身品牌在精神层面与奥运的共通点，借助奥运重塑自身的品牌灵魂，并建立起长久的基于品牌的信任感和忠诚度。与 2008 年北京奥运“同一个世界，同一个梦想”的主题一样，伊利抓住“梦想”这一关键词，借奥运冠军塑造“健康”品牌，以民族与亲情为切入点传递奥运文化。在各类媒体中推出了《奥运冠军篇》、《奥运健康篇》、《奥运传情篇》等系列以奥运为主题的宣传广告。

（2）项目赞助是对一些具体的项目予以资助，使这些项目能够成功。例如，对一些社会福利设施如敬老院、儿童福利院、公园等的修建和维修予以资助；对一些特定项目如修建交通设施、出版书籍画册、帮助失学儿童、救助灾民、电视剧的拍摄、组建运动队和文娱团体等予以资助。

在决定是否给予赞助时，不能只从经济利益能否取得回报方面着眼，而应该综合考虑各个方面。首要的因素应是考虑对社会的贡献和对树立良好企业形象的帮助。

（三）公关广告的写作特征

1. 功利目的的隐含性

作为公共关系实务活动的一部分，公关广告的功利目的是与公共关系的总体目标和组织发展目标紧密联系的。因此，它在目标上与商品广告有明显的区别。公关广告的主要目标是唤起人们对社会组织的注意、兴趣、信赖、好感，创造有利于组织发展的良好的社会环境和气氛，而一般商品广告的目的则是直接刺激公众的消费欲望，从而达到扩大商品或服务的销售额的目的。广告目标的不同，决定了公关广告和商品广告在写作过程中功利目的的表露程度的不同。公关广告多是

“藏而不露”，通过相对客观、冷静的介绍，逐渐在公众中树立形象；商品广告的文稿则总是千方百计地增强其感召力，力求给广告受众以紧迫感，促使广告行为的尽快发生，所以，像一般商品广告中常出现的“喝××，中大奖”，“××（品牌）百万元大赠送”，“存货不多，购者从速”等极富诱惑力的字眼，在公关广告中极少见到。

2. 主题思想的利他性

公共关系的行为规范要求公关广告在“利己性”这一广告规则的大前提下，尽可能体现利他性，以服务于公众为宗旨，体现一种类似“社会福利事业”的精神；而商品广告则在“求实”的行为规范要求下，带有比较强烈的“利己性”倾向。行为规范的差异，导致了公关广告和商品广告在写作过程中主题确立的不同。虽然公关广告的终极目的是“利己”的，但体现在广告文稿中的主题思想却是“利他”的。如：巨人集团的公关广告《巨人的宣言》，其最后一段是这样写的：“巨人事业是人民的事业。巨人是干事业的，不只想赚钱，中国人就要做巨人，巨人将一如既往，使高科技真正造福人民，造福国家。”把巨人事业视为民族兴旺发达大业的一部分，把广告主题定位于“造福人民，造福国家”，这就充分体现出公关广告主题思想的利他性。

3. 结构要素的新闻性

有些公关广告直接是以新闻的形式出现的，如：向社会宣传企业取得重大成就、受到表彰情况的公关广告，企业参与社会福利事业捐助活动的公关广告，介绍企业实施新战略、企业法人代表最新重大活动的公关广告，以及以广告形式出现的企业法人代表访问记等，其结构要素都具有明显的新闻特征。如：《空调市场杀出一匹黑马　原华宝厂长××率索华空调进军泉城》，《追求高起点、实施新战略——广东卓越空调器厂全方位参与市场竞争》，以上两例从标题到实际内容基本上是以经济通讯的形式出现，是典型的具有新闻要素的公关广告。

第三节　广告的发布策略

一、系列化发布策略

（一）系列化发布策略的含义

系列广告被人戏称为广告连续剧，是指在广告实施期内，连续和有计划地发布有相同特征的广告，以加强印象，增强广告效果。系列化发布策略，是将企业的广告发布看成是一个有序的系统，通过运用一定的方法发布，使其取得比常规广告更好的效果。

（二）系列化发布策略的类型

1. 形式系列广告

在一定时期内，有计划地发布数则广告，这些广告设计形式相同，但内容则有所改变，这种广告手段便是形式系列策略。例如，在“力士”香皂的电视系列广告中，选用了三位香港女明星，以宣传三种适合不同肌肤的美容香皂。广告设计形式相同，但内容略有差别，在一段时间内连续在电视台播放，使消费者加深广告印象，增加了企业的知名度。

2. 主题系列广告

确定系列主题，每一主题持续发布一段时间，各主题之间互有联系。这种发布策略能够让企业根据外部需求变化而有计划地调整广告主题，加强适应市场环境变化的能力，不但使广告能够配合企业营销策略的需要，更使得广告内容不至于枯燥乏味。例如 2005 年可口可乐公司以青春系列短剧的方式，相继推出《预告篇》、《缘起篇》、《初吻篇》、《电梯篇》和《智救篇》系列广告，以突显品牌倡导的“要爽由自己”的张扬个性和精彩人生。

3. 功效系列广告

多则广告连续发布，每则广告突出强调某一方面功效，适用于具有多项功能和效用的产品。这种策略使消费者易于理解和记忆，能结合市场形式变化，在不同时期突出宣传某一用途。如某化妆品品牌在时尚杂志陆续刊登其某产品系列广告，每一期都以“欧式护肤五步骤，×××有一套”为标题，然后每一期介绍五步骤的系列产品中的一种。

4. 产品系列广告

将本企业的多项产品进行组合，采用演唱会式的连续循环发布，以突出实力，节省广告费用。这种策略适用于集团化、多门类产品的企业。对于产品门类较多的企业，如果每个产品都单独做广告，要想使广告产生效果，必须花费大量费用，而且各产品的广告互不联系，很难将它们与同一个企业联系起来，对于树立良好企业形象也是不利的。所以，采用产品系列广告的形式来发布，一方面可以将企业众多的产品放在系列广告中系统介绍，使广告受众感到该企业实力强大和产品种类丰富，另一方面，又可以节省各产品单独做广告的大量费用。如奥迪汽车全产品系列的电视广告，该广告在一分钟的时间，用富有感染力的创意分别展示了其七大系列的车型，从而让受众对其产品有了相对全面的了解。

（三）运用系列化广告策略的要求

（1）广告计划的长远性。在推出广告之前，应该有一个较为长远的计划。对于每期推出的广告目标、主题等要事先心中有数，事先要做好广告费预算。

（2）广告的内在联系性。系列广告虽然在形式、主题、产品等方面有所不同，但系列之间必须有内在的联系，各个系列广告是一个有机的整体。

（3）创意的新颖性。系列广告要以其新颖性引起受众的注意和期待，以达到宣传的效果。如果设计平淡无奇，则易引起视听者的厌倦。

二、时间发布策略

时间发布策略，就是利用广告发布时间和频率的合理安排来达到宣传的目标。广告时间发布的确定，要综合产品的生命周期阶段、市场竞争状况、企业自身状况等多种因素而灵活运用。时间发布策略可以分为广告时限策略、广告时序策略和广告时机策略。

（一）广告时限策略

（1）集中策略。即在某段时期内对目标市场进行集中的广告发布，力求在短时间内迅速造成广告声势，迅速建立或扩大产品或企业的知名度。该策略适用于新产品的发布、新企业的宣传、季节性产品、商品销量下降或广告预算不充足等情况。

（2）平均策略。该策略是指在时间分布上较均衡的策略，通过持续地发布广告信息，从而达到加深消费者对商品和企业的印象，达到增加人们的记忆度和不断提醒的作用。

（二）广告时序策略

1. 提前进入

即在产品进入市场之前先行进行广告宣传，为产品进入市场做好舆论准备。广告发布在前，产品推出在后，利用广告受众的期待效应，以引起注意，激发兴趣，盼望购买。这种发布策略适用于新产品、小说、电影、戏剧、儿童玩具、电脑软硬件等产品广告。

例如，20世纪30年代初，上海的一家大报在头版登了一个整版广告，上面只有三个大字：梅兰芳。一连三天，都是如此。一石击起千重浪，上海人迷惑了："梅兰芳何许人？""是不是要出大新闻？"人们四处打听，连刊登广告的那家报馆也被问过了，答复不是一无所知就是无可奉告。直到第四天，在"梅兰芳"三个大字下面，写出了几行小字：京剧名旦：明日在丹桂第一大戏院演出《彩楼配》、《玉堂春》、《武家坡》。第五天，又将"明日"改成了"今日"。人们早已急不可耐，竞攀"丹桂"，争睹"芳容"。此后，梅兰芳名震沪城。

2. 即时进入

开展广告活动与产品上市采取同步策略，是零售商店或展销会期间常用的方法，满足了消费者对新产品想立即购买的心态，其广告效果显现及时。

3. 置后进入

产品先行上市试销后，根据销售情况分析把握这种产品的市场规模与销售潜力，决定广告投入的时机与数量。这是一种较稳妥的广告发布策略，可以使广告投入在更为准确的目标市场上。

（三）广告时机策略

1. 季节时机

企业在旺季销售的时机，投入较多的广告费，增大广告推销力度；转入淡季后，广告宣传在数量和频度上都适当减少。此外，少数商品也会采用反季节广告宣传方式。比如，格力空调在冬季也大做广告，以价格优势为主要诉求点，让用户"冬备夏凉"，从从容容地得到更多的实惠。

2. 节假日时机

节日消费一般具有明显的特点，如传统的春节、元宵节、清明节、中秋节等，这类广告要求有自己的特色，推动节日消费形成高潮。节日消费以日常生活用品和娱乐性消费为主。零售企业和服务行业一般在节假日数天前便开展广告宣传，让消费者有充裕的时间酝酿和形成消费动机。节假日过后，宣传便告一段落。

3. 重大活动时机

企业每年的几次重要节日，如企业的开张、庆典或获奖时机，以及某些重要文化或体育赛事等活动，都是推出广告的极好时机。这类广告应融入节日或文化气氛，广告信息具有易被接受、传播面广及效果好的特点。

4. "黄金"时机

电视和广播均有广告发布的最佳"黄金"时机。在这些时段上发布广告接受率最高，广告传播效果最好。许多企业不惜重金，以竞争投标方式取得这些时段，如中央电视台黄金时段的广告竞拍引起广告界和企业界的高度重视。许多省（市）的电视台也纷纷仿效中央电视台拍卖广告的黄金时段。实践证明，在黄金时间的两头各安排 7 条广告为最佳，而每组中的头条和末条广告效果最好。

三、地域发布策略

（一）全面发布策略

全面发布策略是指在整个目标市场区域内选择覆盖面广、影响力大的媒体发布广告，或利用多媒体组合发布广告，使广告信息在短时间内覆盖全部目标市场。例如，如果本企业产品的目标市场覆盖全国，可以选择传统的全国性媒体，如中央电视台、中央人民广播电台、《人民日报》、《求实》杂志等发布广告，或者在各个省市选择省级的媒体同时发布广告。随着互联网的逐步普及，网络广告媒体也成为全面发布广告的有效工具。总之，全面发布策略力求在短时间内将本企业产品的信息同时覆盖整个目标市场。

这种发布策略的特点是传播面大，提高知名度快，但费用高。

（二）重点发布策略

重点发布策略是指在目标市场区域内选择若干重点城市发布广告，利用辐射效应使信息渗透整个目标市场。对于许多中小型企业来说，由于实力有限，资金不足，不可能采用全面发布策略使本企业产品的广告迅速覆盖整个目标市场，但是，又不愿意由于广告覆盖面窄而被其他竞争对手抢先占据某些局部市场，因此，采用这种抢先在一些重点城市同时发布广告，利用这些城市对周边地区的辐射效应，从而将本企业产品的信息尽可能快和广地覆盖整个目标市场，是非常适合中小型企业的需要的。

这种发布策略的特点，一是可以节省广告费。对于实力较弱、资金缺乏的企业来说，是非常适合的。二是选择性较好。因为整个目标市场是可以细分的，有的细分市场潜力大，购买力强，需要重点突破；有的细分市场相对稳定，需要巩固维持等。而这种发布策略可以根据各个细分市场的具体情况，决定广告的强度和规模，并且可以通过不同的媒体组合，选择特定的广告受众，提高广告效果。但这种发布策略也有缺点，主要表现为花费的时间较长，而在某些局部市场决策不当的话，有时会丢掉某些重要的市场。

四、广告差别策略

广告差别策略是指企业在一定时间内，针对不同的营销手段，着重对产品、劳务及企业形象寻找不同于他人的特点，然后通过一切传播手段充分显示广告企业和产品特点的一种宣传策略，包括产品差别策略、劳务差别策略和企业差别策略三个方面。

（一）产品差别策略

产品差别策略是指突出产品的功能差别、品质差别、价格差别、花色品种差别、包装差别和销售服务差别的广告宣传策略。因为产品的上述差别可以是新旧产品间的差别，也可以是同类产品间的差别，因此，广告的产品差别策略是具有竞争性的。运用广告差别策略时，首先要发现该产品的功效差别，在设计制作广告作品时要突出它的功效差别，给予消费者能够获得某种利益的鲜明印象。

（二）劳务差别策略

劳务差别策略主要是为了突出劳动力的素质的差别，这种差别主要体现在劳务人员的知识水平、专业技能及操作工艺等方面。劳务差别可以直接制约产品在质量、花色品种、包装、售后服务等方面的差别，甚至在有些情况下，劳务差别可以是广告作品中重点的诉求信息。通过劳务差别的诉求突出企业专业化的生产水平和完善的售后服务水平，显示企业的生产服务理念和人力资本实力。如在法国，雀巢公司的所有婴儿产品包装上都附有一个热线号码。顾客可以在每天的一定时间内拨打热线，向公司四位持有专业营养师执照的专家咨询关于婴儿护理的相关问题。

（三）企业差别策略

企业差别策略指能代表企业特色，反映企业水平的各种差别，包括企业设备差别、技术差别、管理水平差别、服务措施差别和企业环境差别等在内的各项内容。强调这些差别有利于企业的定位，树立别具一格的企业形象。三星电子公司曾在《商业周刊》中文版上刊登了一则广告：过去的一年，全球 2 200 万消费者不约而同地选择了同一品牌显示器，如此依赖，我们深感自豪。该广告显示出的差别是“三星的技术”、“顾客对产品的依赖”，这是独一无二的。

练习与思考

一、单项选择题

1. 在产品生命周期初期阶段，广告策略适宜以（　　）为主。

A. 劝说性广告　　B. 告知性广告

B. 提醒性广告　　C. 都可以

2. 在产品生命周期后期阶段，广告受众主要是（　　）。

A. 革新者、早期多数　　B. 广告受众

C. 老顾客、晚来者　　D. 大众

3. 以下哪项不属于国际广告策略的类型？（　　）

A. 变通式　　B. 独立式

C. 综合式　　D. 统一式

4. 李宁集团对 2008 年北京奥运会提供资金和部分帮助，以获得某些赛事的广告权或其他权利，这种广告属于（　　）。

A. 声明广告　　B. 活动广告

C. 致谢广告　　D. 赞助广告

5.（　　）就是广告发布在前，产品推出在后，利用广告受众的期待效应，以引起注意，激发兴趣购买。

A. 系列化发布策略　　B. 时间差发布策略

C. 全面发布策略　　D. 重点发布策略

二、多项选择题

1. 比较广告策略的类型有（　　）。

A. 直接比较广告　　B. 间接比较广告　　C. 横向比较广告

D. 纵向比较广告　　E. 综合比较广告

2. 企业可以采用的促销广告策略的类型有（　　）。

A. 赞助广告　　B. 中奖广告　　C. 文娱性广告

D. 馈赠广告　　E. 活动广告

3. 下列哪些属于公关广告策略类型？（　　）

A. 祝贺广告　　B. 致歉广告　　C. 声明广告

D. 活动广告　　E. 形象广告

4. 系列化发布策略的类型有（　　）。

A. 演唱会形式　　B. 产品系列广告　　C. 功效系列广告

D. 主题系列广告　　E. 形式系列广告

5. 全面发布策略的优点是（　　）。

A. 传播面大　　B. 费用高　　C. 选择广告对象能力性差

D. 提高知名度快　　E. 开展难度大

三、填空题

1. 在产品生命周期中期阶段，广告目标转向以激发选择需求和突出竞争特色，广告策略则以________为主，广告受众则已转变为________。

2. ________策略就是在广告中将本企业产品与同类产品进行比较以突出特色，取得有利的竞争地位。

3. ________策略是指把广告同促销手段结合在一起，以引起注意，促进购买，检验广告效果的广告策略。

4. 由企业出资，设计、制作和发布公益内容的广告属于________。

5. ________策略是指在目标市场区域内选择若干重点城市发布广告，利用辐射效应使信息渗透整个目标市场。

四、名词解释

1. 独立式广告

2. 国际广告

3. 公关广告策略

4. 全面发布策略

五、简答题

1. 在不同的产品生命周期应分别采用哪些广告策略？

2. 比较广告的特点是什么？运用比较广告策略要注意什么？

3. 谈谈企业如何实现广告策略与促销的配合。

4. 企业通常可以采用的广告发布的策略有哪些？

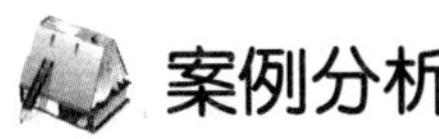

案例分析

麦当劳广告在中国

初入中国市场——人与狗篇

小男孩带着狗儿溜达散步，他一只手拿着一包金黄金黄、香喷喷的麦当劳薯条，一只手拿一根薯条美美地吃。狗儿咬住小主人的裤脚，急不可耐。小主人取出一根薯条上下逗狗，狗儿几次跳起来却不能得到，于是愤愤而去。小男孩躺在路边的躺椅上，悠然自得地享受着薯条。突然间闻到难以拒绝的香味，小男孩被诱惑着寻香而至。一包薯条出现在小男孩的头顶上方。小男孩跳起来抢薯条，薯条却自然地往上缩，差一点点！薯条再垂下来，小男孩再跳，又差一点点。反复数次，小男孩筋疲力尽，望着香喷喷的薯条无计可施。画面转到薯条牵线的上端，狗儿一只手拿着一包薯条，一只手捏着薯条的牵线，看着小主人窘态百出，不亦乐乎。

这是麦当劳在初入中国市场的广告，是在其"快乐"主题指引下的典型的中国式幽默，把麦当劳"更多选择，更多欢笑"的主题表现得十分形象生动，又带给人以快乐。

过渡性主题广告——我喜欢，那里有欢笑

镜头一：一个工作了的年轻女性，左手拿了一个休闲的小包，右手拿着麦当劳的食品，欢乐地走到小孩子玩的方格中，愉快体验童年的乐趣。

镜头二：一个正赶去上班的年轻男士手里拿着麦当劳的食物在电梯里高兴地欢舞，尽情享受简单的快乐。

镜头三：一位穿西装的男士在麦当劳餐厅里吃东西，他右手把汉堡盒子拿起来扮演一张嘴，来和自己的嘴争吃左手中的一薯条，当然被自己吃了，但那张假的嘴却在右手的支配下不服气地和自己的嘴逗笑，这一切都被对面的小孩子看到，发出了爽朗的笑声。

以上整则广告都以陶喆的《我喜欢》为背景音乐，这是麦当劳在中国第一次使用主题歌的广告，演唱者是在年轻人中颇具影响力的歌手陶喆，整首音乐以及整个广告的表现都洋溢着欢乐的气氛，这次的主角不再是孩子，而是上班的年轻人，广告以年轻人喜欢的简单欢乐和对童年美好的回忆来表现广告主题，给人非常亲切的品牌体验。

即使这样有亲和力的广告也无法挽回麦当劳在全球销售下滑的势头，麦当劳对其品牌的陈旧深有体会，同时也感到使品牌年轻的重要性，于是新的内涵、新的主题、新的广告在屏幕上频频亮相。

全球品牌更新——我就喜欢

2003 年 9 月 2 日，麦当劳在德国慕尼黑正式启动“我就喜欢”品牌更新计划。这是麦当劳公司第一次同时在全球 100 多个国家和地区联合起来用同一组广告、同一种信息来进行品牌宣传。

2003 年 9 月 22 日，麦当劳“我就喜欢”活动在中国正式启动。

2003 年 9 月 25 日，麦当劳的两则新的充满活力的电视广告开始在全国播放，另外三则电视广告也相继播出。

广告的主题音乐全球统一，元素全球统一，唯一变化的是广告歌的语言和广告歌的演唱者。在中国投放的广告歌演唱者是王力宏，酷、活力、自我意识在他身上都体现出来。广告中飞速的节奏突显了“我就喜欢”的主题。“我就喜欢”的广告宣传，是麦当劳国际化的更进一步，它意在向世界宣传麦当劳不是某一国的专利，它是世界的，麦当劳的品牌永远年轻！

与此同时，麦当劳连锁店的广告海报和员工服装的基本色都换成了时尚前卫的黑色。配合品牌广告宣传，麦当劳推出了一系列超“酷”的促销活动，比如只要对服务员大声说“我就喜欢”或“I'm love it”，就能获赠圆筒冰激凌。一些大学生认为这样的活动很新鲜、很有意思，很受敢做敢为的年轻人欢迎。

从以上三则广告中可以看出麦当劳在中国的发展历程，从广告中主角的变化来看，儿童——年轻的上班族——新时代的年轻人，这一过程完完整整地反映了麦当劳在中国的消费者的选择。在场景上，儿童的场面突出了快乐、情趣。而年轻上班族的广告只是那时一个市场的补充，也可以说是一个过渡，为扭转全球销售下滑的策略罢了。而最近的广告主角都是新一代的青年，它虽然也是麦当劳为扭转销售下滑的策略，但最重要的是要扩大其市场，使其品牌永远年轻化，同时免去与肯德基的正面交锋。前两则广告的情节，完全显现了中国式的幽默，而最后一则广告则与此不同，为了塑造自我、叛逆、时尚的品牌个性，运用了全球统一的元素，HIP-HOP，街头音乐都疯狂地张扬着麦当劳的年轻与活力，就广告表现策略来说，这一主题的广告表现相当成功。

资料来源：缪启军著：《广告实务》，218～220 页，南京，东南大学出版社，2006。

思考题：

结合以上案例，试说明麦当劳是如何安排广告策略的。

创作表现篇

广 告 实 务

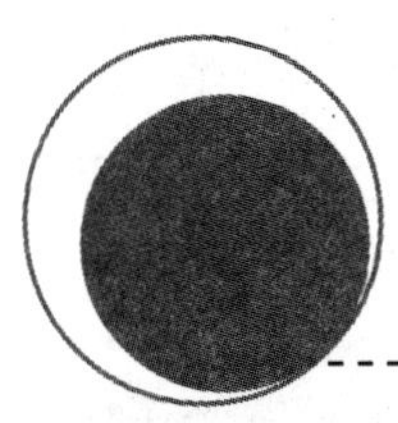

第五章 创作要素与表现技巧

内容提示

广告创作是广告活动中相当重要的一环。在广告策划中，当广告目标和广告策略确定之后，需要提出广告创作的具体方案和可供媒体发布的广告作品。成功的创作是能否取得广告效果的关键。因此，本章主要从广告创作的要素、创作规律和常用表现技巧三个主要方面，讨论如何创作优秀的广告作品。

学习目标

学完本章，你应该能够：

1. 了解广告创作的要素。
2. 了解广告创作的写作要求。
3. 了解广告心理对广告创作的影响。
4. 熟悉广告创作的常见表达方式。
5. 掌握广告创作的常见表现技巧。

第一节 广告的创作要素

广告创作是指一个广告或某次广告活动从创意产生到广告作品形成和完善的创造性劳动过程。在广告创作过程中，创作人员要把广告主的要求和意愿，通过艺术的、直观的、情感的多种方式组合和表达出来，最后得到精心构思的广告作品。也就是说，通过广告创作对信息进行提炼和艺术加工，使其成为可供发布的广告作品。

一、广告创作的基本要素

在广告创作中，尽管由于媒体、目的不同等原因，使得具体广告作品的形式也各不相同，但是，在各种形式的广告创作中均有着共同的规律和一致的方面，我们称之为广告创作的要素。我们将这些要素分为内容要素和形式要素两个方面。

（一）内容要素

广告创作的内容要素是指在决定广告内容时要考虑的因素，它包括以下四个方面。

1. 主题

主题是广告的中心思想，是要确定向目标受众"说什么"（What）的问题，即信息的内容重点。也就是说，主题就是要确定广告创作的方向和目标。

选择正确的创作主题不是一件容易的事。广告创作是为广告目标服务的，再向前追溯，是为企业营销目标服务的，所以，主题的确定，必须综合考虑广告主、广告信息和广告受众三方面的要求，相应的要考虑广告目标和策略、信息特性和广告受众心理三方面的因素。

广告目标和策略代表着广告主的要求，不同的广告目标和策略，对广告创作的要求是不同的。例如，以促进销售为目标和以树立形象为目标在广告创作方面侧重点是不一样的。

信息特性是指待传播的信息本身的特点和性质。广告主要传播的信息是各种各样的，有商品、服务、企业形象、思想、观念等，不同的信息内容，对广告创作的要求也不一样。

广告受众心理是指广告对象的需要、动机和心理特点。广告效果是要通过广告对象接触广告之后产生广告主预期的心理反应，即接受和同意广告的观点和内容来体现的，所以主题的确定必须考虑广告受众心理。

在这三个方面中，广告受众心理是确定主题的核心，其他两个方面只是辅助因素。因为广告的目的乃至营销的目的甚至整个社会生产的目的就是为了满足消费者的需要。所以，在确定广告创作主题的时候，应该把广告受众心理放在第一位。主题的选择主要是按照消费需要的层次结构，再结合企业广告目标和策略及信息特性来考虑。例如：生存、安全、享受、舒适、健康、美丽、爱情、社交、传统、历史、便利、高效、优质等，都是广告创作常见的主题。此外，由于消费者的需要是多方面、多层次的，因此，主题选择的范围是一个很宽的区域，而不是一个点。例如：同样是皮鞋油，有一个品牌的厂家选择以优质为主题："××鞋油，使皮鞋更光亮，更柔软"；但另一个厂家却选择了以社交为主题："约会前，请擦皮鞋"。

2. 构思

构思是把广告创作主题用艺术化、形象化的形式表现出来。也就是说，要解决“怎样说”（How）的问题，即信息用什么样的方式表达出来。有的广告学家说：有时候，“怎样说”比“说什么”更重要。这一说法既表现出构思的重要性，也表现出构思的困难性。因为主题的确定是高度概括化的，而要把确定的主题转化为一个构思，则是完全具体化、形象化的过程。作为广告创作的构思，是在既定的主题下解决如何表达的问题，有人形象地用“戴着镣铐跳舞”来形容其困难程度，真是入木三分。所以，产生构思并没有一定之规，主要是要打破常规、大胆出新。如图 5—1 所示为某健齿口香糖的平面广告，该广告富有创意地通过餐盘上残缺的勺子表现了该口香糖在健齿方面功效显著的主题，让人回味无穷。

图 5—1　某健齿口香糖的平面广告

3. 概念

概念是广告意图传达给目标受众的重要观念，是信息重点的浓缩。有位广告学家说：消费者总是懒惰的，你要把一切为他预备好。我们不能期望目标受众接触广告以后都能从容阅读我们的广告，并对广告做出正确的理解，所以必须把我们希望他们接受、理解并记忆的信息内容进行浓缩和加工，也就是说，理出清晰的概念体现在广告当中。

概念的提出是要从消费者需要的角度出发，而不能只是站在卖方的立场来提出。例如由美国著名的广告人威廉·伯恩巴克（William Bernbach）1958 年为纽约奥尔巴克百货公司所写的广告标题：“带你的太太来，只要几块钱，我们将给你一位新的女人”。再如某品牌轮胎的广告语：“谁了解汽车，谁就了解黄海轮胎”。

4. 形象

形象是广告意图给目标受众留下的特殊印象，是信息情感色彩的体现。从形象的内容来说，一般包括企业形象、产品形象、品牌形象三个方面。塑造良好的形象，既需要企业在经营管理方面精益求精，也需要企业在广告宣传方面去有意地营造。通过在广告创作时有意塑造某种特定的形象（企业的、产品的、品牌的），加强广告的情感态度方面的倾向，给广告对象以较强的冲击力。例如：广东太阳神集团公司通过广告着力塑造的“当太阳升起的时候，我们的爱天长地久”的企业形象；黑五类食品集团通过广告塑造的“天然、自然、有营养”的绿色食品形象；万宝路（Marlboro）塑造的“粗犷豪迈”（见图 5—2）、健牌（Kent）塑造的“潇洒悠闲”、沙龙（Salam）塑造的“清新自然”的品牌形象等，都是很好的范例。形象带有浓厚的感情色彩，它是印象理论和定位理论在广告创作中的具体体现。

图 5—2　万宝路美国西部牛仔系列广告

（二）形式要素

广告创作的形式要素，是指表现广告内容和思想的具体材料，包括语文、图画、色彩、音响这几方面。就好像一个建筑师，无论他设计的建筑，式样是罗马式还是希腊式，风格是古典派还是现代派，体现的是唯美主义还是实用主义，但是最终还是要通过砖瓦、沙石、水泥、木材、钢筋等具体的建筑材料来体现上述建筑思想和建筑风格。广告创作也是如此，无论是主题、构思、概念、形象，都需要具体的材料去构建和表现，最后才能形成广告作品。

1. 语文

语文是指广告中使用的语言和文字。语言和文字是人类特有的用以传达信息、记录信息的符号系统，所以，它是广告创作中用来表达广告内容的最重要的工具。同时，它也适用于各种形式和目的的广告创作，是最基本的广告创作工具。在印刷类广告如报纸、杂志及海报招贴等广告创作当中，主要是文字的使用；在广播广告创作当中，主要是语言的使用；在电视广告、电影广告的创作当中，则是语言和文字综合运用；其他媒体广告创作也都离不开语言和文字的运用。

语文最重要的功能就是传递商品信息，借助于广告信息，消费者可以对品牌或企业作认知评价，以形成关于品牌或企业的印象或态度。关于什么是广告所欲传递的信息，或者说广告信息主要是指什么，著名的广告研究者雷斯尼克和斯坦恩在对广告进行广泛研究的基础上，概括出广告主要传递的 14 个方面的信息。它们分别是：

（1）时间地点：产品在哪里购买，什么时候可以购买。

（2）功能用途：产品有什么用途，与其他产品相比较，该产品的使用效果好到什么程度。

（3）质量：区别于其他竞争产品的特点，包括对工艺、技术、结构、耐久性、特殊服务、关心细节、职员等方面的客观评价。

（4）价格：产品值多少钱，满意的价格是多少。

（5）独立研究：由独立机构提供的关于产品的研究结果。

（6）担保：产品购买后有什么保证。

（7）安全：较之其他产品，该产品有何种安全特点。

（8）构成成分：产品由什么构成，包含什么成分或要素；产品内包含什么附属品目。

（9）包装或造型：产品有什么包装，这种包装应该更容易激起人们的购买欲；产品有什么样的特殊造型。

（10）特殊提供：对特定的购买可以得到什么，如买后的免费赠送。

（11）公司研究：公司把该产品与其他竞争产品作比较的资料。

（12）营养：该产品的营养内容，或与其他产品营养内容直接比较的资料。

（13）风味：产品被潜在顾客认为是较优品味的资料（广告主的意见不包括在内）。

（14）新观念：在广告中引入一种全新的概念，新概念的优点是什么。

2. 图画

图画是指广告中使用的广告摄影、图画、荧屏图像等，它既包括静态的图画（如印刷类广告当中使用的），也包括动态的图画（如电视、网络类广告当中使用的）。

图画是直观、形象地表达广告内容的工具，它不但可以作为语言、文字的说明和补充，起到突出广告的重点内容的作用，同时它也可以单独承担起表达广告内容的任务。

早期在广告创作当中使用的图画主要以手工绘画为主，表现力和真实性受到一定的限制。而自从 1880 年照相技术发明以后，摄影照片开始在广告创作中使用，从而大大拓宽了图画的表现领域。此后，电子媒体如霓虹灯、幻灯、灯箱、电影、电视、网络等相继出现，图画的运用更加广泛，而且出现了动态图画。

作为电视、电影、网络等广告创作当中的动态图画的运用，从本质上来说同静态图画是相同的，不同之处在于它是连续的动态图画，使图画在广告当中的表现力更强，形式更加多样化。

3. 色彩

色彩是指广告中使用的颜色和色光，主要是配合图画和背景来使用。色彩在广告创作当中的作用，一是可以更好地表现事物的多姿多彩面貌，增强广告的形象化效果；二是可以更好地适应广告对象的心理特点，增强广告的情感魅力。

我国心理学家通过关于颜色与心境联系方面的调查发现，在日常生活中，特定的颜色同一定的对象以及心境或情绪体验存在着很大的联系。红色同节日喜庆连在一起，另外还同火、血、危险建立起联想；橙黄引起阳光明媚、充满希望的感受；绿色使人想起春天、万象更新的景象；蓝色与天空、海洋发生天然的联系；洁白更容易与纯洁对应；灰黑则令人伤感不安（详见表 5—1）。

表 5—1　颜色与心境及联想的对象

颜色	心境或情绪体验	联想的对象
红色	振奋（兴奋、激动）、喜悦、幸福、朝气蓬勃、热烈占 69.2%；危险、不安占 8.2%	红旗、红衣服、节日、喜事、太阳、红花占 51.6%；血、火、信号灯、危险标志占 29.4%
橙色	喜悦、轻松、幸福、希望、爱慕、朝气蓬勃、温暖占 52.7%	橘子、水果占 56.7%
黄色	幸福（喜悦）、轻松（明快）、朝气蓬勃、振奋、爱慕占 35.8%	服装、丰收的田野、家具占 31.4%

续前表

颜色	心境或情绪体验	联想的对象
绿色	轻松、希望、朝气蓬勃（有生机）占49.1%	草（草原）、树叶、春天的田野、森林、植物、青山绿水占71.8%
蓝色	轻松、安静占25.9%	蓝天、海洋占83.5%
紫色	冷淡、严肃、寂寞、不安、忧郁、消沉占30%	紫花、服装占34%
白色	纯洁占45%；安静占13%	白雪、医院、白衬衣、白衣战士、白花占50.3%
灰色	消沉、失望、冷淡、忧郁、不安、伤感占61.4%	阴天、灰衣服、灰建筑物占51.9%
黑色	严肃、恐惧、悲伤、不安、伤感、寂寞、忧郁占52.7%	黑夜、黑衣服、黑纱、丧事、追悼会占80.8%

资料来源：马谋超著：《广告心理》，202页，北京，中国物价出版社，1997。

色彩在广告创作当中的运用主要表现在以下三个方面：

第一，将色彩同图画结合，使内容表现更真实。

第二，人为地突出和使用不同色彩，以产生不同的感觉。

第三，利用色彩和情感的对应，使用色彩表现不同的情感。

色彩可以在广告创作当中除了音响之外的一切材料上使用，如文字、商品、背景、环境等各个方面。

4. 音响

音响是指在广告中使用的一切声音效果，主要是在广播、电视、电影、网络等电子媒体广告的创作中使用。现实世界是有声有色的世界，音响也是传递信息的重要工具，因而也是广告创作的形式要素之一。

在广告创作中，音响的使用包括人声、音乐及音响三个方面。人声的运用主要是在语言的使用上，利用性别、年龄、声调、速度、音色、音质等的不同，增强真实感和产生特别的效果。音乐是指通过旋律和节奏来表情达意，传递信息的声音要素，如广告当中使用的广告歌、广告曲。音响是指除人声和音乐之外的各种声响，是为了塑造广告形象、体现广告主题的又一辅助手段。它包括大自然中的各种声音（如暴风雨声、海浪声），各种动物的声音（如鸟鸣、虎啸），物体运动的声音（如轮船的汽笛声、飞机的马达声）等。

在广告创作中运用音响，一是为了使广告情景更具有真实感；二是利用音响的特性表现和刺激不同的情感；三是产生某些特别的效果，以引起目标受众的注意。

由于传播的媒体不同，在广告创作中形式要素的使用需要根据具体情况选用。例如，在印刷广告的创作中，主要是文字、图画和色彩的运用；在广播广告的创作中，主要是语言、音响的运用；在电视和网络广告的创作中，则是语言、文字、图画、色彩、音响的综合运用。

二、广告创作的写作要求

（一）真实性与艺术夸张相统一

真实性是广告的生命，是广告传递信息的基本原则，但是，广告创作是用艺术形式和手段来表达信息和传递信息，因此，广告创作就要把真实性与艺术夸张统一起来。

二者的统一，是指广告创作必须在保证真实性基础上运用艺术夸张，而且艺术夸张的运用不能误导广告受众，导致对正确信息的扭曲；此外，对实质性问题，如药品的疗效、食品的营养成分、纺织品的原料构成等关键技术数据不能进行夸张。如李奥·贝纳为“绿巨人”公司创作的豌豆罐头广告（见图5—3），他

图5—3 李奥·贝纳的“绿巨人”豌豆罐头广告

首先从“绿巨人”公司的产品及其服务的特点入手，在真实的广告信息的基础上，做艺术的加工。该广告没有使用常规的“新鲜罐装”作标题来表现该产品的特点，而是用兼具新闻价值与浪漫气氛的“月光下的收成”作为标题，使消费者沉浸在一种宁静、诗意、天然的审美环境之中。人们在获得“新鲜罐装”的产品利益概念的同时，更能在虚构的艺术意境中获得更多。

（二）艺术性与商业宣传相统一

广告是一门艺术，但它是商业艺术，表现出很强的功利性和目的性。作为功利性，广告是为营销服务的一种手段和工具，只不过是通过艺术形式表现而已；作为目的性，广告是体现广告主的意志和目的，而不是体现广告创作人员的艺术目的。因此，广告创作的难度更大，广告创作人员的自由度则比较小。

纯粹艺术，是体现艺术家个人风格、观点的艺术，如油画、摄影、小说、戏剧、电影等，是消费者主动去欣赏、去观看的艺术，即引起人们有意注意的艺术；而广告是体现广告主目的和意愿的艺术，是“强迫”人注意的艺术，即引起人们无意中加以注意的艺术。所以，如果广告创作只追求商业宣传效果，缺乏艺术感染力，就不能吸引广告受众。但是，从另一方面来看，如果广告创作只追求艺术性，而忽视广告的商业效果，广告主就不会购买广告服务，广告也就失去了生存基础。所以，艺术性与商业宣传二者必须统一在广告创作之中，艺术感染力是商业效果的先导，商业效果是艺术感染力的终极目的。

（三）各种表达方式与表现技巧相统一

在纯粹艺术创作中，为了体现艺术家个人的艺术追求，往往有各种艺术流派、艺术风格和艺术形式，并且界限分明。但是，广告创作追求的是商业宣传的效果，体现的是广告主的目的和意愿，因此，可以将各种表达方式和各种表现技巧运用在同一广告的创作之中，来为达到广告目的服务。因此，有一个广告公司在其自我宣传的广告中说：“没有风格正是我们的风格”，就充分体现了广告创作的这一特点。

第二节 广告心理

德国广告大师赛费乐特曾说过，广告是一种对人们的心理施加影响的形式，它通过有意识的方法来促进人们对其本身目标的自愿接受、自我实现和传播。事实上，广告就是一种针对受众者心理进行注意、记忆与说服的行为。

一、注意与广告

按照爱达公式，注意是排在第一位的，因为如果广告不被广告受众注意，那么就不会有任何效果。所以，研究广告受众的心理，利用各种手段调动他们对广告产生注意，是至关重要的。

(一) 注意的类型

注意是指人们心理活动的指向性和集中性，是人们心理活动的先导。从注意的类型来说，分为有意注意和无意注意两种。有意注意是指不随意的、有目的的注意；无意注意是指随意的、无目的的注意。这两种类型的注意在广告中都是需要的，但是，不管哪种注意的产生都是有一定规律的，需要一定的条件，而不是随便就能产生的。

(二) 注意产生的条件

注意能否产生，受两个方面的因素影响，一方面是外部环境因素的变化程度，即外部刺激的深刻性，如声音、光线、色彩、运动等，变化越强烈，刺激强度越大，越容易引起注意；另一方面是个人本身因素的倾向性，即主体内部的意向性，被感受的事物与个人需要联系越紧密，越容易引起注意。

外部刺激主要是引起无意注意，而有意注意则主要是由主体内部的意向决定，所以，广告瞄准广告受众的心理是产生注意的根本，否则，即使采用了强烈的外部刺激，暂时引起了广告受众的无意注意，但广告内容与广告受众的需要无关，广告受众不能将无意注意转化为有意注意，广告还是不能产生效果。

(三) 广告引起注意的常用方法

1. 扩大广告的占有空间

扩大广告的占有空间有两层含义：一是对一则广告，其占有的面积与环境对比越大，越容易引起注意。如路牌广告、霓虹灯广告、报纸广告、杂志广告、橱窗广告、海报、招贴广告等，占有的面积越大，给人的刺激越强烈，就越容易引起注意。二是在广告发布的区域占有的空间总和越大，越容易引起注意。如同一内容的路牌广告，在一个城市树立的数量越多，就越容易引起注意。

但是，广告所占空间越大，广告成本也越高。广告版面的大小不同，吸引读者注意的能力以及给予读者有关广告本身和广告主的印象也不相同。在杂志上，广告的大小一般分为双页、单页、半页、四分之一页和小于四分之一页等几种。在报纸上，一般分为整版、半版、三分之一版、四分之一版以及其他一些不同尺寸的版面。有关调查研究表明，随着广告面积的增减，广告的注意率也存在着相应的增减趋势。不过，这种关系不是正比例关系（见表5—2）。因此，广告制作人员可以综合考虑成本和需要达到的预期效果来选择广告的大小。

表 5—2　　广告版面的大小与引起的注意率的关系

版面大小（cm^2）	大小比率	注意率（%）
19.25	1	9.7
38.50	2	16.5
57.75	3	23.2
77.00	4	30.0
96.22	5	36.7
115.50	6	43.4
134.75	7	50.2
154.00	8	56.9
173.25	9	63.9
192.50	10	70.4

2. 延长广告的发布时间

延长广告的发布时间包括两种类型：绝对延长和相对延长。绝对延长是指对一则广告一次发布的时间越长，越容易引起注意，例如，电视广告以每次 30 秒为多，但是，如果一次延长到 60 秒，就比 30 秒更易引起注意；相对延长是指在一定时间内该则广告发布的总时间之和。例如：某则广告打算每天播放的总时间为 300 秒，可以有如下多种选择：

300 秒×1 次=300 秒
150 秒×2 次=300 秒
100 秒×3 次=300 秒
75 秒×4 次=300 秒
60 秒×5 次=300 秒
50 秒×6 次=300 秒
30 秒×10 次=300 秒
…………

但是，绝对延长受到多种因素的制约，而且，其效果并不是与时间完全成正比例，因而，在广告活动当中，更多的是采用增加刊播次数，即采用相对延长的方法来引起注意。

3. 突出广告图画的色彩

图画是广告创作的形式要素之一，印刷类广告中的照片、插图和电子类广告中的画面都是广告图画的表现形式。图画离不开色彩和色光，通过使用鲜艳夺目的色彩，加大刺激的强度，也是广告引起注意的常用手段。

4. 增强广告的对比效果

对比也是加大刺激强度的常用手段，一件事物如果单独感知则会刺激度不够，不易引起人们的注意，但如果把它放在与其本身状态截然不同的环境中，由于与环境因素对比，突出了本身的特点，就容易引起注意。在广告中，将大与小、圆与方、彩色与黑白、直线与折线、寂静与嘈杂、静与动这些性质差异较大的事物放在一起进行对比，就容易引起注意。例如，在报纸广告当中，有的广告采用了购买一个整幅版面，但只在中心位置用小字作为广告内容，就是为了形成强烈的对比，以引起注意。此外，有的电视广告故意使画面突然短暂模糊，或是突然使声音效果停止或放大，或是突然加进噪声，也是为了形成对比，以引起注意。

5. 形成和强化广告的动态感

动态的广告比静态的广告容易引起注意，是因为动态比静态给人的刺激强度更大，所以，广告创作要尽量利用这一规律，形成和强化广告的动态感，以引起注意。例如，印刷类广告如报纸、杂志、海报、招贴等，在设计时要尽量利用编排布局的技巧，使静态的版面呈现出动态感，如通过广告图画中人物或动物的眼神、表情、动作，图画设计中点、线、面、色彩的变化，以及图画与文字的布局安排来形成动感。例如在第二次世界大战时期美国号召人们加入军队的一幅印刷广告（见图5—4），广告画面中一个老人正用手指指向读者，说“I WANT YOU FOR US ARMY（我要你加入美国军队）”。虽然是静态的广告，但其动态感极强，成为美国著名的广告。此外，霓虹灯、灯箱等将灯光和画面做成不断闪烁和变化的就比静止不动的更易引起注意。现在一些新的传播媒体如电子显示屏、电子翻转广告牌等也都是为了适应增强静态广告动感的要求而出现的。网络广告作为近年来新兴的广告传播方式，特别是Flash的出现，使得广告更具动态感。

6. 精心选择广告发布的时机与频率

广告发布的时机与引起注意也有密切的关系，要既迎合广告受众的心理，又有出奇巧妙之处。例如，电风扇、空调等商品的广告，大多数企业都选择春末夏初作为广告发布的时机，但有些企业却反其道而行，选择冬天作为广告发布的时机，形成了强烈的刺激。此外，合理编排广告发布的频率，增加广告与广告受众接触的机会，也是提高注意度的常用手段。

7. 新颖的广告创意与独特的广告设计

新颖的广告创意与独特的广告设计，是增强广告受众对广告由无意注意向有意注意转化的关键。扩大空间、延长时间、突出色彩、加强对比等属于增强外部刺激的手段，即引起广告受众的无意注意，但是广告在引起广告受众无意注意的同时，要迅速将其转化为有意注意，并使之进一步强化，转化为兴趣和欲望，这

图 5—4　第二次世界大战时期美国征兵广告

样才能使广告目的得以实现。而使广告受众对广告形成有意注意，主要是看广告内容是否与他们的需要有关，这主要是通过广告创意来实现，而不是单纯靠机械地加大刺激能做到的。例如：被广告专家称为广告史上最好的作品的金龟子汽车广告。在此之前，几乎所有的轿车广告都是千篇一律的画面：在一座富丽堂皇的庭院前，一群衣衫翩翩的家庭成员簇拥在一辆高贵豪华的轿车旁。但是金龟子汽车系列广告抛弃了传统的以豪华设施、漂亮外形、高贵气质为轿车诉求的方式，只在画面上出现单纯的金龟子汽车，通常是黑白两色。最重要的是，像"想想小的"这样的标题和文案却创造了视阅听率的最高纪录，单纯简洁的画面蕴涵着无限的说服力。它以幽默比喻的方式，化弱点为优点，使消费者认知其性能好、经济、省油的特点。但是广告创意的新颖，是要在找准广告受众需要的基础上，通过广告创作人员辛勤的创造性劳动才可以产生。

8. 位置

广告的位置是影响注意率很重要的因素。譬如在城市公交或地铁上越来越普遍的移动广告，就是充分利用了广告位置优势对受众进行强迫诉求。通常，广告的最佳位置就是目标受众注意力最可能投向或者最可能无意识会注意到的地方。

不同的媒体广告有不同的最佳位置。对于户外广告，最佳位置应当是人们注意力最容易集中的地区：如车站、交通工具上、人流量大的街区等；对于报纸杂志等平面媒体，通常版面的第一版或封面封底是注意率最高的位置，在同一版面中，上边比下边、左边比右边注意率高；对于广播媒体广告，黄金时间如早上7～9点，中午12～14点，晚上7～9点注意率较高；对于网络等新电子媒体，通常在知名的网站或首页，常用搜索引擎搜索结果前列等位置注意率都相对较高。

（四）处理好注意与其他心理反应的关系

1. 注意只是手段，不是目的

在广告受众接受广告的心理活动过程中，注意只是其中的一个环节，是引起其他心理活动的手段。虽然它是非常重要的一个环节，但它并不是广告的最终目的。所以，广告创作人员要以爱达公式为指导，在引起广告受众对广告的注意之后，迅速使注意转化为对广告的兴趣和产生购买广告商品的欲望。

2. 不能滥用刺激手段，而忽视广告的最终目的

有些广告创作人员颠倒了注意与其他心理活动过程的关系，滥用各种刺激手段而忽视了广告的最终目的。这种喧宾夺主的做法，最终使广告不能收到预期的效果。如有些电视广告，画面光怪陆离，色彩光线的变化令人眼花缭乱，音乐迷离变幻，镜头忽远忽近，令人头晕目眩，虽然引人注意，但在30秒的广告时间里，广告受众一直处在强烈的外部机械刺激中，根本无法领会广告内容，因而广告过后，对广告只留下一堆杂乱刺激的综合体，对广告的真正内容反倒没有印象。

二、记忆与广告

广告内容必须储存在人们的记忆中，才能在适当的时机和场合发挥作用，使人们产生购买行动，所以，在广告创作中要掌握记忆的规律，来增强广告受众对广告内容的记忆。

（一）加强广告重复是最有效的良方

要使事物被人们记忆，加强广告重复是非常必要的，因为重复才能使人们印象加深，也才能够使人们记住广告。加强广告重复，可以从两个方面着手：

1. 重复重点内容

需要广告受众记住的重点内容，可以在广告当中多次重复，如企业名称、品牌商标、商品名称、性能、功效、规格型号、价格、包装特征、购买地点等。

2. 重复刊播

再好的广告，只做一次也是难以让人记住的，所以，除了在一则广告当中重复广告的重点内容之外，还需要重复刊播。重复刊播既容易引起注意，又可以加深记忆。

但是，加强广告重复，不是机械的、呆板的重复，那种枯燥的重复，只会让广告受众厌烦，产生逆反心理，拒绝该广告。例如，在一项对大学生关于你最喜

欢和最讨厌的广告的调查当中，恒源祥的电视广告被列为最讨厌的广告之一。这则广告没有新颖的创意，只是由一个男人的声音说“恒源祥，绒线羊毛衫”，一小女童接着说“羊羊羊”，将这样枯燥无味的话机械地重复三遍，使广告受众听得非常厌烦。而日本雅马哈公司的一则电视广告，是一个老教师正在教授一个小男童，老教师说“雅马哈”，小男童跟着重复一句，但小男童每次都说错，说成“雅妈妈”，直到第三次才说对，广告随之结束。这则广告也是在广告当中将同样的内容重复三遍，但是由于创意新颖，不但不使人厌烦，反而使人产生很深的印象。

（二）塑造特定形象，形成条件反射

苏联著名生理学家巴甫洛夫发现了条件反射这一心理现象，而该现象同样可以应用在广告当中，通过在广告当中塑造特定形象，形成广告受众的条件反射，从而加深对广告的记忆。

1．塑造特定象征人物

某些企业通过广告塑造某一特定象征人物，并让其经常性地固定在本企业广告中出现，这样尽管广告的内容不断变换，但人们只要一看到该象征人物，就知道是该企业的广告。例如，麦当劳公司塑造了一个红鼻子的杂技小丑，并称之为麦当劳叔叔，已经在小朋友心目中成为麦当劳的标志。香港百佳超级连锁店，在电视广告中塑造了一个对商品质量铁面无私的黄老太的形象，也给人们留下了深刻的印象。此外，还有万宝路所塑造的美国西部牛仔的形象等，都是通过塑造特定形象加深广告印象的范例。

2．塑造特定标志

在广告中，将某些要素固定化，与广告同时出现，久而久之，这些标志已成为该企业广告的识别标志。例如，固定的音乐、歌曲、色彩、形式、商标徽记等，都可以作为塑造特定标志的元素。

三、说服与广告

伯恩巴克曾说：“广告的根本是说服。”那么，什么是说服？简单来说，“说服”就是“用理由充分的话使别人信服”，就是通过给予接受者一定的诉求，引导其态度和行为趋向于说服者预定的方向。如果通过大众媒体，能促进消费者对特定商品产生积极的态度和购买行为，就是广告的说服。

（一）说服广告的类型

（1）情感广告说服。这种广告诉求的特点在于能诱导消费者形成一种有利于广告产品的情感态度，促使消费者对广告产品实施购买行为。

（2）理性广告说服。在广告中，以商品功能或属性为主的诉求，即提供关于商品所固有的特性、用途和使用方法等事实性信息，从而使消费者形成一定的商

标态度。所传达的商品特性信息与受众的心理期待或理想水平越是接近，其说服力度就越大。

（二）增加广告说服力的方法

广告要增加说服力，可以从以下方面着手：

1. 选择合适的广告说服方式

广告说服方式是指广告信息的传递方式。由于广告所要推销的商品、传播渠道、所针对的对象、必须配合的整体营销形式等因素的不同，广告说服的方式必然也是多种多样的，要视具体情况而定，常见的有：以理说服方式；利害说服方式；参与说服方式；暗示说服方式。

2. 排除广告说服障碍

广告说服的过程实际上是进行传播沟通的过程，这种传播沟通并不是一帆风顺的，它往往会因传播沟通的工具运用不当、方式方法不妥、渠道不畅等原因导致传播沟通出现障碍。这些障碍不排除，将会直接影响到广告说服的效果。在广告说服过程中，主要的障碍有：消费者心理定式障碍；广告信息障碍；广告传输障碍；广告环境障碍。

3. 正确使用广告说服技巧

在长期的广告实践中，人们积累了丰富的广告说服技巧，但过分依赖广告说服技巧往往会适得其反。李奥·贝纳在其著名的十二条广告原则中警告人们要“少玩弄小技巧”。因此，使用广告说服技巧必须注意：

第一，广告说服要以消费者为中心，确定消费者关心点。广告说服的目的是改变消费者的态度，促使消费者采取预期的行动。消费者在接收到广告信息后，经过判断后认为广告信息可以信赖，就会对广告的产品产生满意的肯定态度；否则，就会产生不满意的否定态度。所以，以消费者为中心确立广告说服的重点是广告要遵循的基本原则。主要考虑这样一些因素：消费者的需求和所属群体、社会经济文化水平、产品特点等，把这些因素综合起来加以考察，便是广告说服的重点所在。

第二，尽量缩短与消费者的差距。由于消费者通常都乐于接受他们所熟悉或信任的人、群体和媒体的意见和信息，而对不信任、陌生的个人、群体和媒体的信息往往持怀疑或观望甚至排斥的态度。因此，可以采取以下方法来缩短广告与消费者的差距：利用消费者所处的社会位置最接近的媒体，利用消费者心目中信誉较高的媒体、专家、名人，尽量减少广告信息与消费者态度方面的冲突，利用消费者能够接受的语言或事例来说明所要说服的问题，确立大多数消费者愿意接纳自己广告信息的立场，根据形势需要及时适当调整广告信息。只有消除了广告与消费者的差距，广告信息才具有说服力。

第三，广告信息要真实、可靠、规范。不管消费者从哪里得来的广告信息，其态度在某种程度上是由接受的广告信息的种类和数量形成的。因此，广告信息务必真实、可靠、规范。真实是指广告信息的传达、制作要诚实、准确，这是广告活动中一条带有普遍意义的准则。广告信息的真实性愈高，广告的信赖价值就愈大，说服力也愈强。

第四，广告说服使用恐惧技法要适度。符合消费者接受信息的心理是广告说服成功的先决条件。例如，经广告实践活动证明，消费者恐惧的唤起能增加广告说服的效果。但由于消费者心理基础不一样，加上受过去经验的影响，过于强烈的恐惧易使人产生逃避、惊惶、防御和逆反的心理作用，导致对面临的问题做出回避反应。因此，使用恐惧技法时要做到：一要态度诚恳，以坦诚、恳切的态度对消费者提出忠告和建议；二要严肃慎重，不能危言耸听，造成社会不安；三要强度适宜，不能强化恐怖气氛。

第三节　广告创作

在广告创作中，需要运用各种表达方式和技巧来形成创意中的构思和各个单元，使广告创意更加形式多样和充实丰满。

一、广告创作的表现方式

（一）生活场景式

通过具体的场景来表达创意的方式，是日用品、生活用品等商品广告常用的表达方式，也称为生活式广告。例如：许多洗衣粉广告都用在生活中污浊肮脏的衣物令主妇头疼，而使用某牌子的洗衣粉之后，衣物干干净净的场面来表达创意；再如香港电讯的电视广告，以女儿在北京怀孕，妈妈在香港打电话表示关心，令女儿有恍如母亲就在身边的感觉，来表达香港电讯能连接万里，迅速传递信息的观念。

（二）历史传统式

以表现传统、叙述历史，激发怀旧情绪来表达创意的方式，也称为怀旧式广告。例如：南方黑芝麻糊的电视广告，以“小时候，一听见黑芝麻糊的叫卖声……”的画外音，配合一条古老的小巷，一盏昏黄的油灯，一个热气腾腾的黑芝麻糊挑担……富有历史气息的电视画面，激起了目标受众对儿时生活的怀念，也激起了购买欲望。

（三）亲情友情式

把创意通过家庭成员和朋友、同事之间的互相关心、互相爱护的感情来表达，也称为亲情式广告。例如：雕牌洗衣粉运用下岗女工找工作及懂事的女儿理解妈妈，帮妈妈干活的动人场景，配以“妈妈，我能为您干活了”的煽情话语，从而引起目标消费者强烈的情感共鸣；再如：丈夫加夜班工作，妻子心疼丈夫，为他送上一瓶营养口服液的创意表达。这种表达方式还可以推而广之，扩大到亲戚、朋友、同事、同学等。例如：麦氏咖啡的电视广告以一位员工受到上司的批评，工作不顺心，同事送上一杯麦氏咖啡表示关怀，表达了“滴滴香浓，意犹未尽”的情感。

（四）诙谐幽默式

以诙谐幽默，使人忍俊不禁的方式来表达创意，也称为诙谐式广告。例如：国外某交通安全广告：“阁下驾驶汽车，时速不超过 30 公里，可以欣赏本市的美丽景色；超过 60 公里，请到法院做客；超过 80 公里，请光顾本市设备最先进的医院；上了 100 公里，祝您安息吧！”

（五）现代科技式

以现代科技手段或以现代科学技术为场景来表达创意的方式，也称为科技型广告。这种表达方式或是着力表现现代科技的先进性，或是将现代科学技术作为场景来表达构思，许多高科技产品经常采用这种表达方式。例如：飞利浦的电视广告用了种种高科技制作出来的电视画面来表现飞利浦公司在现代影音电子产品方面的创新和公司开发生产的各种产品，有一个画面表现了在一个孩子的面前出现了一个电视屏幕，正在播放电视，而孩子揭开屏幕，则是电脑的线路板，以表现飞利浦公司以高科技为基础，不断创新前进的企业形象。

二、广告创作的表现技巧

（一）实证

实证是通过事物的真实表现来传达信息，说服广告受众的方法，是广告和促销当中最常使用的、最具表现力和说服力的方法。

1. 文字写实

以文字直接陈述事实的方法，如介绍商品所用的原料、成分、配方、用途、功能、质量标准、出售价格等，是印刷类广告常用的表现技巧。

2. 商品展示

在广告中直接展示商品的外观、形状、色彩、包装及内部构造等，如印刷类广告当中的广告插图、电视广告当中的画面等。

3. 效果表演

通过直接表现商品使用效果，使广告受众产生兴趣的方法，例如，时装表演、场景式家具展台、衣服穿在塑料人体模特身上、生活场景式橱窗广告等。

4. 示范实验

在广告中示范商品的使用过程，或者用实验解除广告受众对商品质量、性能等方面疑虑的表现技巧。例如，复印机操作示范，空调安装、保养示范，防水表耐水压实验，强化玻璃杯抗摔实验，沙发床垫用推土机做耐压实验等。一般多用于使用方法比较复杂，性能结构尚未被熟悉、了解的商品。再如西铁城手表原本并不畅销，为摆脱滞销局面，西铁城手表厂在报纸上发布消息称：将在某时某地从飞机上抛下若干手表，拣到者可以拥有手表。于是，人们纷纷聚集在某地等候，并发现从百米高空抛下的手表仍然可以正常工作，都惊叹不已，西铁城手表因此名声大振，销路大畅。

(二) 说明

说明是运用论证和证据证明自己观点的方法。实证虽好，但并非所有商品和所有广告都适合采用，而说明就是另一种在广告中常用的表现技巧。

1. 论证

通过逻辑推理，论证出必然结论的方法。例如，某些药品指出某些病症是由某种病菌感染而引起的，再通过介绍该药品含有能杀灭这些病菌的成分，从而得出这种药品是治疗这些病症的特效药的结论。论证常用于商品使用效果不能马上显现的产品，如药品、化妆品等。

2. 证据

提出可靠的证据，证明自己的观点。在广告中，需要为自己的观点提供证据，广告当中可以作为证据的有质量测试数据、药品疗效数据、市场调查报告和数据、销售量（市场占有率）数据、商品成分报告、评比所获得的奖牌、质量认证证书、专利证书等。

3. 权威

由权威人士或权威机构介绍和推荐产品、证明产品质量优秀的方法。在权威人士的运用方面，广告常常邀请许多在某些领域知名度很高的明星人物如体育明星、电影（电视）明星、歌唱明星等做广告模特，为自己的产品做宣传，如耐克公司请著名运动员刘翔为其运动鞋做电视广告；中国移动请台湾著名歌手周杰伦为其动感地带代言等；此外还有：李宁（体操明星，健力宝、李宁运动服），李默然（电影明星，三九胃泰），巩俐（电影明星，美的电器），章子怡（电影明星，欧莱雅化妆品），成龙（电影明星，霸王防脱洗发水），卡尔·刘易斯（美国田径明星，松下电器），姚明（运动员，中国人寿保险）等。

但是，在运用权威这种表现手法时，必须注意两个问题：一是权威与商品的匹配性。因为权威只能是在某一领域被认为是权威，而并非在所有领域都能够称为权威，所以，必须选择与该权威专业领域相同或相近的商品，例如，请著名运动员为体育用品做广告就比较合适，但如请他为儿童或者妇女用品做广告就不合适了。二是权威本身的号召力，这包括明星的人品、道德和知名度，人品、道德的评价越好，知名度越高，广告所起的效果越大，反之越小。当然，运用权威是有一定风险的，一些明星人物出了丑闻，会连累由他做广告的产品。

4. 对比

对比是指在广告中通过比较的方法来说明自己观点。俗话说："不怕不识货，就怕货比货。"在广告中运用对比的手法，是说服广告受众非常有效的方法。

(1) 功效对比。即采用商品之前与采用商品之后的效果对比。如医药产品常常表现病人生病时候的痛苦，然后表现服药之后药到病除的喜悦；机械设备常常表现在没有采用新设备之前，工作辛苦、又脏又累，采用新设备之后工作轻松、效率高等。

(2) 品质对比。通过对产品在质量方面的对比，来激发消费者购买商品的欲望。在名牌产品、优质产品的广告中经常使用这种方法。

(3) 革新对比。即通过表现产品改进革新前后在功能、质量、款式等各个方面的变化对比，来激发消费者的购买欲望。这种方法对于一些在市场上销售多年的老产品保持消费者的品牌信任和忠诚来说是非常有用的。如雷明顿刀片的一则杂志广告，以"从前，每片雷明顿刀片可刮 10 人"，"现在，每片雷明顿刀片可刮 200 人"的小标题并配以图片，表明雷明顿刀片经过不断改良和革新，刀片越来越锋利，而且耐久性也越来越好。

(4) 价格对比。即通过广告表现与同类产品比较，质量相同，但是价格更为低廉，以吸引更多的消费者加入购买队伍。如台湾的一则汽车广告："想飞，并不一定要花高代价，大发银翼 2000 可以实现你的梦想"，重点针对一些年轻人羡慕名牌跑车风驰电掣的速度，但又无法承受其高昂的价格，而宣传大发银翼 2000 型汽车具有跑车的速度和外形，但其价格却非常低廉，以吸引他们购买。

(三) 渲染

广告不能完全限于就事论事的范围，而必须扩宽其表现的空间，渲染就是一种扩宽广告表现能力的方法。

1. 想象

利用联想的原理，通过广告表现，使广告受众得到暗示，推想出必然的结论的方法。例如百事可乐的一则电视广告：在公元 3000 年，一位考古学教授带领他的一群学生乘坐"百事可乐"号帆船到某地考古，学生找到许多古董，教授均以其丰富的专业知识一一鉴别出来，但有一个学生找到一个奇怪的瓶子，教授却无法识别它是什么古董，后来带回实验室，经过用各种先进的仪器和技术分析，才认出是可口可乐的瓶子。这则广告运用想象来给广告受众暗示：到公元 3000 年，百事可乐依然存在，而可口可乐已经成为无人知晓的古董。

2. 夸张

有意识地对商品某些特点予以夸大或变形，以加强效果，引起注意。如日本的一则易拉罐啤酒电视广告，针对玻璃瓶装啤酒在开瓶时如果没有开瓶工具就很不方便，而易拉罐装啤酒具有容易开启的特点，在广告中用一个常喝啤酒的中年男人做模特，他拿起一罐易拉罐装啤酒，轻轻一拉拉环，啤酒泡沫涌了出来，然后他咧嘴一笑说："从今以后，我再也用不着用牙齿开盖了"，而当他咧开嘴笑的时候，观众看见他的两个门牙由于长期用牙齿开瓶盖都已经掉了。

3. 寓意

以含蓄、比喻的方式来表现广告内容，例如，用蜡烛摇曳表现人到风烛残年，用瀑布表现清凉，用玫瑰表现爱情等。在生活中由于人们心理上的原因，有些商品或事物不方便在广告中直接表现，例如，保险行业主要是在意外事故或灾难发生时，防止受到更大的损失，但是，如果直接表现各种各样的灾难场面，则会使广告受众产生恐惧，甚至会激发其逆反心理，拒绝接受广告。曾获得全国广告优秀奖的杭州保险公司的电视广告则用了寓意的表现技巧：在客厅里，一只小猫正卧在沙发上，一个木架上面放着一个玻璃鱼缸，里边有几条金鱼正在游动，突然，小猫扑向鱼缸，木架倒了，鱼缸碎了，水流了一地，金鱼奄奄待毙，此时，广告采用倒放的特技手法，水又流回鱼缸，金鱼又回到水里，鱼缸又回到架子上，架子又回到原处，小猫又回到了沙发，一切又回归原样，寓意意外随时可能发生，但是参加保险，就可以免受损失。

4. 威吓

表现不使用广告商品可能造成的不利后果，使广告受众形成一定的恐惧心理，从而产生购买欲望。如某防盗门的广告，广告中一个黑影在轻轻地走上楼梯，在门口用工具撬开房门，然后举着一把雪亮的匕首走向床边，女子突然惊醒，惨叫一声，一切归于静寂……接下来是介绍该厂生产的经公安部门检验并监制的安全防盗门的有关性能。这种方法常用在保安、医药、化妆品、家用电器等广告中，但是，必须使用得当，把握其程度，否则，容易引起广告受众的反感，从而拒绝广告商品。

（四）文艺

即借助于各种文艺形式来表现广告内容。

1. 故事

把广告商品以有简短情节的故事形式表现出来，以引发广告受众的兴趣。例如，国外有一则广播广告描述了一个小故事：在机场的大厅里，一位中年妇女与其他许多人正在等待飞机降落，迎接亲人归来。乘客陆续离去，但中年妇女仍然没有见到她的丈夫，最后只有一位中年男子留在大厅。中年妇女问那位男子飞机上还有没有乘客，中年男子说他是最后一个下飞机的。然后又告诉中年妇女说，他正在等候他的太太来接机。中年妇女也告诉男子，她是专程来接她的丈夫的，他出差在外已有20多天，今天归来。突然，两人好像恍然大悟，互相认出了对方。原来这是一则推销《21天减肥指南》的广告。故事表现了夫妻二人过去都过于肥胖，在丈夫出差的20多天里，夫妻二人同时采用了《21天减肥指南》的方法进行减肥，由于效果显著，以至于两人见面时，竟然都认不出对方了。

2. 散文、诗歌

用散文或诗歌形式创作的广告，语言优美凝练，意境深邃，容易引起受众的情感共鸣，从而会给受众留下深刻的记忆。例如，台湾统一企业在父亲节所作的广告《爸爸的脚步》：

爸爸的脚步，永不停止
曾经，我们携手走过千万步
逛过庙会，赶过集会
走过沙滩，涉过溪水
爸爸的脚步，陪我走过好长的路……
一面走，一面数
左脚是童话，右脚是盘古
前脚是龟兔，后脚是苏武
爸爸的脚步，是我的故事书
一面走，一面数
左脚一、三、五，右脚二、四、六
前脚是加减，后脚是乘除
爸爸的脚步，是我的算术
爸爸的脚步，是我的前途
为了孩子，为了家
爸爸的脚步，永不停止……
今天，让我们陪爸爸走一段路

3. 歌曲

以歌曲的形式创作的广告变得越来越普遍。广告歌不仅能表现商品的特性，加强广告的表现力，同时利用在情感上与人们产生共鸣和沟通，达到销售产品和建立品牌形象的目的。事实上，许多脍炙人口的广告歌经过传唱，所宣传的产品也随之深入人心，消费者潜意识中已将品牌形象和音乐紧密联系在一起。如1996年娃哈哈纯净水广告的主题曲："我说我的眼里只有你"。这则广告一经推出，广告主题曲就传遍全国，娃哈哈也瞬间成为瓶装水市场第一品牌，娃哈哈也逐渐转变为一个成熟的品牌和成年人的品牌。

4. 戏剧

采用戏曲的形式或戏剧化的方法来表现广告内容。我国地域辽阔，有许多地方戏曲，如京剧、豫剧、越剧、沪剧、粤剧、黄梅戏、二人转等，富有地方特色，在做区域性和地区性广告时，有时可以采用这种方式。

5. 其他

文艺形式众多，如小品、相声、说唱、快板等许多文艺形式，也经常被用来表现各种不同的广告内容。

练习与思考

一、单项选择题

1. （　　）是确定广告创作主题的核心。

A. 广告目标　　B. 信息特性

C. 广告受众心理　　D. 广告策略

2. “康师傅：好吃看得见”，这句广告语应用了哪种激发需要的方法？（　　）

A. 从正面激发需要　　B. 从反面激发需要

C. 逆向激发需要　　D. 制造障碍激发需要

3. 某广告采用增加刊播次数的方法来引起注意，这种方法属于（　　）。

A. 相对延长　　B. 绝对延长

C. 间断延长　　D. 连续延长

4. 某广告中描述了牙疼令人烦恼，而使用某品牌的牙膏之后，可以食用各种美食的场面，这种广告创作方式属于（　　）。

A. 历史传统式表达

B. 生活场景式表达

C. 亲情友情式表达

D. 诙谐幽默式表达

5. 某广告展示使用某品牌洗衣粉前后衣物的状况，这种广告创作表现技巧属于（　　）。

A. 文艺　　B. 渲染

C. 说明　　D. 实证

二、多项选择题

1. 广告创作的内容要素包括（　　）。

A. 主题　　B. 构思　　C. 概念

D. 信息　　E. 形象

2. 广告创作的形式要素有（　　）。

A. 语文　　B. 图画　　C. 动作

D. 色彩　　E. 音响

3. 以下哪些属于广告为增强记忆而塑造的特定形象？（　　）

A. 人物　　B. 音乐　　C. 商标

D. 色彩　　E. 形式

4. 广告创作中的实证包括（　　）。

A. 对比　　B. 示范实验　　C. 效果表演

D. 商品展示　　E. 文字写实

5. 可以用通过下列哪些手段来增强渲染效果？（　　）

A. 想象　　B. 夸张　　C. 示范实验

D. 寓意　　E. 威吓

三、填空题

1. 广告创作要注意________相统一、________相统一、________相统一。

2. 广告创作要素分为________和________两个方面。

3. 延长广告的发布时间包括两种类型：________和________。

4. ________是通过事物的真实表现来传达信息，说服广告受众的方法，是广告和促销当中最常使用的、表现力和说服力最强的方法。

5. 以含蓄、比喻的方式来表现广告内容的方法是________。

四、名词解释

1. 广告创作

2. 实证

3. 现代科技式表达

五、简答题

1. 广告创作的要素包括哪些方面？

2. 如何使广告引起广告受众的注意？

3. 广告增强记忆的方法有哪些？

4. 企业通常可以采用的广告创作的表达方式有哪些？试举例说明。

5. 广告创作常用的表现技巧有哪些？试举例说明其中一种表现技巧。

案例分析

“雪碧”明星广告创意

都说现在的广告越来越难做了，可不是，只要一打开电视机，各式各样的广告片就扑面而来。在多如牛毛的广告信息中，每个品牌都想让自己脱颖而出，于是想出了各式奇招。其中，名人推荐的广告特别受广告客户和广告公司的欢迎，占据了很大的比例。体育明星、歌手、名模、主持人……纷纷成为各个品牌的代言人。

常见的明星广告好像总有固定的模式：让明星在镜头前现身说法，演示产品怎么怎么好。但是，这种形式对于观众而言早已不新鲜了，单凭明星的个人魅力来说服观众掏腰包，越来越难了。

怎样才能让明星广告不落入俗套？由上海李奥贝纳广告有限公司推出的新一轮雪碧品牌广告在这方面做出了新的尝试。

一、从策略起步

上海李奥贝纳广告公司陈经理认为：“无论是不是用明星，品牌策略始终是第一考虑的对象。广告的创作概念、表现手法及明星选择等应该全部围绕品牌策略来展开。”

为了准确地找到品牌在广告中的角色定位，李奥贝纳广告公司在接到客户的要求后，第一步先了解市场，了解“雪碧”品牌的目标消费者：他们在想些什么，最关心什么，雪碧能为他们带来什么，把这些问题当作广告创作的出发点。

在经过深入地对目标消费者调研后，再联系到雪碧本身的特点，李奥贝纳广告公司对于产品的角色渐渐清晰起来；雪碧不仅为你带来清爽冰凉，同时焕发你的内在活力，让思绪变得清晰，更有自信。广告公司的职责就是以年轻人最感亲切、最有共鸣的方式来重塑雪碧的品牌形象。

二、借鉴流行元素

究竟采取什么样的表现形式才能和一般的明星广告拉开距离，创作人员颇动了一番脑筋。他们注意到青春偶像剧在都市青年人中很受欢迎，从最早的《东京爱情故事》到《流星花园》收视率都很高。贴近现代都市人的生活，是它们大获成功的原因。剧中的主人公无一例外都青春亮丽，个性鲜明，故事以现代都市生活为背景，离不开“爱情、友情、家庭、事业”这些最能引起年轻人共鸣的话题，而剧中人物的言行也迎合了年轻人的想法。“既然雪碧的目标消费者也同样是年轻人，为什么我们的广告不能借鉴偶像剧成功的元素呢?”青春偶像剧激发了广告人的灵感，他们从中得到了启发。“把新的雪碧广告也做成电视连续剧那样连贯的故事”这个构想渐渐成形了。

故事同时围绕着事业与爱情这两条主线展开。故事的两个主人公：发型设计师刘慧和时装设计师张帆。虽然两人的个性不完全相同，但同样自信的人生态度将两人的距离越拉越近。在最先推出的《再见篇》中，刘慧勇敢地向张帆示爱；在随后的《生日篇》中，她面对前任男友的鲜花攻势，坚定了自己的选择；到了《辞职篇》，张帆毅然拒绝了老板的挽留，决定自己创业……在每一则故事中，都会安排戏剧性的冲突，让男女主人公面临选择的境地。“而雪碧也总在这个关键时刻出现，扮演非常重要的角色，因为它的清爽清新，带给两位主角清晰的思绪，使他们能够自信地做出决定。可以说，雪碧的每一次出场都会把情节推向高潮。”李奥贝纳广告的执行创意总监李少蕙小姐介绍道。

就像真的电视连续剧一样，在系列广告正式播出前，还专门设计了《前导篇》，向观众介绍人物角色和主题曲。从策略方面考虑，广告的延续性对于塑造品牌形象也非常有利。而随着故事的展开，还会不断产生新的冲突，引入新的人物，让雪碧的广告能够不断继续下去。

三、让主题歌为创意加分

相信只要看过已经投放的雪碧广告，一定会对其中的主题曲留下深刻印象。音乐部分采用了一首英文歌“Nothing’s gonna stop us”，原曲节奏激昂，旋律高亢，与雪碧想要传达的自信积极的形象十分贴切。

广告使用主题歌本身并不新鲜，但每次变换主题歌的歌词和编曲，通过歌词来交代故事，唱出了人物当时的心情，并且推动情节发展的就不多了。这也正是雪碧广告不同以往的地方。的确，李奥贝纳的创作团队在设计广告主题歌时，就希望这首歌曲不仅旋律动听，朗朗上口，还能够起到烘托人物和气氛的作用，甚至成为广告情节中不可缺少的部分。

比如《再见篇》中刘慧在工作中与张帆互生好感，等待对方表白时，歌词唱道：“爱情就像猜谜，答案未知，等待他说一句，我喜欢你”；《生日篇》里，她在忐忑中希望男友没有忘记自己的生日，歌词就会唱：“没有蜜语甜言，没有浪漫，这个特别日子，期待他的表示”。歌词的出现，跟情节密切相关。

四、选择合适的代言人

在确定策略和表现手法后，选择品牌代言人就有了方向。代言人的名声、人气是必要条件，和品牌是否配合同样重要。由于雪碧的广告面向年青一代，因此在选择代言人时，既要求具有很高的知名度，为大众熟悉喜爱，其个性气质又要和雪碧清新活力自信的品牌形象相称。经过重重推荐筛选，最终确定了两位主角，即流行歌坛炙手可热的青春偶像萧亚轩和外形俊朗健康的实力派唱将杜德伟。

他们的歌曲在年轻人中极受欢迎，拥有非常强的号召力，而两人又都专注于演艺事业，无论在生活中还是在歌声里，都展现出自信热情的性格，由两人来为雪碧代言再合适不过了。事实证明，萧亚轩和杜德伟的表演确实为广告增色不少。

五、全方位出击

李奥贝纳广告公司和客户都希望这次的雪碧系列广告能够成为一个完整的广告活动，而不仅仅是几个电视广告片而已。所以在品牌形象广告之外，还配合其他大众媒体，推出相关的广告。中国市场很大，需要针对不同的市场，做到有的放矢。

在北京、上海、广州这样的成熟市场，雪碧早已被消费者接受，所以广告的重点就在于通过集中播放萧亚轩和杜德伟出演的品牌形象广告（Extrinsic TVC)，来加强品牌印象，巩固雪碧在竞争品牌中的优势地位。而在其他地区，除了品牌形象广告外，还会以萧亚轩为主角拍摄新的产品广告（Intrinsic TVC)，表现雪碧本身清爽通透的特质，沟通“晶晶亮，透心凉”的信息。

此外，报纸、杂志、售点、户外媒体等也会同时跟进。在平面媒体创意上，晶亮透明泛起气泡的雪碧绿色背景，从两位主角的身上透了出来，强烈的视觉效果，紧扣“透心凉”的主题。从已经投放的情况来看，组合各种媒体广告，多管齐下，起到了“1加1大于2”的广告效果。

资料来源：http://www.xici.net/b233335/d11196253.htm，略有改动。

思考题：

请结合以上案例，谈谈广告创作的要素和表现技巧。

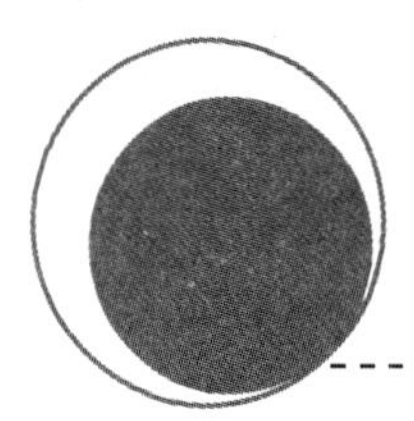

第六章 创作技巧表现形式

内容提示

广告文案是广告创作中非常重要的部分，它在传递广告信息、表现广告创意、塑造品牌和企业形象等方面发挥着不可或缺的作用。因此，广告人员必须了解和掌握基本的广告创作技巧以创作出优秀的广告作品，从而获取最佳的广告传播效果。本章首先对广告文案进行了综合的概述，包括广告文案的概念、类型和写作要求；然后详细探讨了其标题、标语、正文等主要组成部分的创作技巧。

学习目标

学完本章，你应该能够：

1. 了解广告文案的概念、类型以及构成。
2. 掌握广告标题和广告标语的概念。
3. 熟悉广告标题和广告标语的区别。

第一节 广告文案概述

一、广告文案的概念和作用

广告文案（Writing Copy），也称广告文稿，有广义与狭义两种不同的概念。

广义的广告文案，也称广告稿、广告表现，它的内容包括广告作品的全部，如广告文字、绘画、照片及其布局等。例如，报刊广告的广告文案不限于文字，也包括色彩、绘画、图片、装饰等。狭义的广告文案，仅指广告作品中的语言部分。本书所讲的广告文案，就是指狭义的广告文案，即广告文案是指用以展示广告宗旨的语言文字，不包括绘画、图片等。

广告文案是广告作品中表现广告主题、传递广告信息最主要的部分。无论采用哪种广告媒体，都离不开广告文案，而广告作品中图画、音乐的创作，往往是在语言文字的基础上进行再创作的。一则图画广告中的语言文字能够比画面等其他要素更准确、更有效地传达企业及商品信息。有资料表明，广告效果的50％～70％来自广告的语言部分，现代广告大师大卫·奥格威认为“广告是词语的设计”。广告文案在信息传播中占据着重要的作用，主要体现在以下几个方面。

（一）传达广告信息

这是广告文案最基本的作用。一则广告文案，如果不能传达任何广告信息，那么它的存在就没有丝毫的意义。广告文案通过它的各个组成部分，分别传达商品或服务的功能、特点、对消费者的价值等信息，使消费者对这种商品或服务产生认知、兴趣、好感，进而引发他们的购买行动。

（二）表达广告创意

这是广告文案的又一重要职能。广告创意是关于广告信息如何表现的基本概念。广告文案和广告画面是这一概念的物化表现。停留在广告创作人员头脑中的创意是无法对广告受众产生作用的，只有通过恰当的文案和必要的画面，才能将广告的诉求内容传达给受众。

（三）塑造品牌和企业形象

通过广告文案，可以在消费者心目中塑造区别于同类商品、服务或企业的差异化形象。广告文案通过语言文字的表达方式、表达语气、表现风格和意境等引发受众对商品、服务或企业的有益联想，来达到塑造商品、服务或企业的形象的目的。

（四）限定广告画面

必要的字幕、画外音或人物对话能对画面的内涵进行限定，否则广告所要传达的信息和受众实际接收的信息将会相差甚远。比如一则汽车电视广告，画面上只出现一辆汽车翻山越岭的画面，有的观众会认为它是一辆省油的车，有的则会认为它是一辆行驶很稳的车，有的观众会认为它是一辆乘坐舒适的车，而广告要告诉受众的则是它特别突出的“安全”性能，所以这个时候广告文案就起了限定画面内容的作用。

值得注意的是，并非所有的广告文案都能够起到上述作用。广告文案能否充分发挥作用，取决于广告文案创作人对广告文案写作的原理和技巧能否真正地理解和自如地运用。

二、广告文案的写作要求

（一）准确规范，点明主题

准确规范是广告文案最基本的要求。首先，广告文案中语言表达要规范完整，避免语法错误或表达残缺；其次，语言要准确无误，避免产生歧义或误解；再次，广告文案中的语言要尽量通俗化、大众化，避免使用生僻以及过于专业化的词语；最后，广告文案要切合主题，点明主旨，不能偏离所要传达的主题。

（二）简明精练，言简意赅

广告文案要以尽可能少的语言和文字表达出广告的精髓，实现有效的广告信息传播。言简意赅的文案有助于吸引广告受众的注意力并保留记忆。要尽量使用短句取代长句。如中文热讯网的文案：还有一个比我更火的地方？该文案简洁而从容地陈述功能，平静中格外让人体会穿透的力量（见图 6—1）。

图 6—1　中文热讯网平面广告

（三）事实为本，不失创意

广告文案的真实性特征要求创作者要以真实材料为基础，但是又要通过富有创意的表现手法来吸引受众的注意，激发兴趣。

（四）动听流畅，上口易记

广告文案不仅要突出广告定位，很好地表现广告主题和广告创意，而且也要注意语言优美、流畅和动听，易于识别、记忆和传播。同时，还要避免过分追求语言和音律，而忽视广告主题。

三、广告文案的构成

一般说来，完整的广告文案主要包括以下几个部分：

（1）标题。标题是一个广告文案的题目，它是广告文案最引人注目的部分，也是创作难度最大的部分。

（2）正文。正文是一个广告文案的主体，它是承载广告信息的主要部分，其形式多种多样。

（3）标语。广告标语，也称广告口号，是广告主长期反复使用在广告中的特定商业宣传用语，是广告文案中最富有吸引力和创造力的部分。

（4）其他。包括随文、品牌名称和标志、企业徽记、警示用语、各种图形等。

当然，不同媒体的广告文案的构成也不尽相同。如印刷广告、网络广告文案的结构一般比较完整，包括以上四个部分；电视广告和广播广告则一般没有标题；路牌广告、交通广告以图为主，文字部分非常精练，有时甚至标题、正文、标语合一，或者只有商品名称和企业名称等。

第二节　广告标题

一、广告标题的概念

广告标题就是广告文案的题目，它是广告为传达重要或最能引起受众兴趣的信息，而编排在最显著的位置，以突出的方式表现的语句。标题既是文案的题目，又是文案内容的高度浓缩和概括。好的标题往往能吸引人们的注意力，并引导受众阅读正文。而且有调查表明，阅读标题的人数是阅读正文的5倍，尤其是在信息爆炸的今天，人们每天都会接触大量广告信息，在看广告时往往只大致浏览一下标题。所以，标题的作用显得尤为重要。

二、广告标题的类型

（一）按照标题的构成划分

1. 单一标题

以单独的句子形成一个标题，在字体、位置等方面，标题的各个部分是统一的。如：“具有高质量、高精度、高清晰度的三洋投影机”，“买立邦漆刷卡中大奖”，“情浓酒更浓，野力干红”，“MJ-500，一种特别适合家庭用的彩色喷墨打印机，带给您多多乐趣”。

2. 复合标题

标题由几个不同句子形成，在内容（意思）和形式（字体、位置、大小等）方面都有变化。

一般来说，按照复合标题中各部分的性质，可分成3个层次：

(1) 引题（眉题、首题）。居于标题之首，起引出正题的作用。

(2) 正题（主标题）。任何复合标题都不能缺少正题部分，它是复合标题的核心，作用是传达主要的广告信息。

(3) 副题（尾题）。居于标题之尾，起对主标题内容的补充和转折作用。

复合标题的组合主要有三种：

第一种：“引题—正题—副题”：

今年夏天最冷的热门新闻（引题）

西泠冷气全面启动（正题）

显示豪华气派，发动强力冷气，解放今年夏天（副题）

第二种：“引题—正题”：

春兰金牌保姆始终追求最好（引题）

金牌保姆宣言（正题）

第三种：“正题—副题”：

肉（正题）

使你吸收所需的蛋白质成为一种乐趣（副题）

作为复合标题，第一不能没有正题；第二是引题、副题在字体、大小和位置上不能超越正题，要显示出主标题的中心地位。此外，还可在广告正文中的某些部分为其添加次级小标题，以引起对该部分内容的注意，突出该部分内容的重点。

(二) 按照标题的性质划分

1. 直接性标题

直接点明广告内容，看标题就知道广告要说些什么。例如：“广州需要防潮性能优越的空调机”（胜风空调广告），“叩开新一代电梯大门”（三菱电梯广告）。

2. 间接性标题

间接性标题不直接介绍商品或不直接点明广告宗旨，而是采用迂回的办法，以“不明不白”的词句吸引目标对象的注意，引其转向广告正文，待将正文阅读完毕后，方可以明白其中意味。例如“这个夏天谁最酷?”；“有比脸面更重要的吗?”等。

间接性标题在拟定时应注意间接“度”的把握，弯子绕得太大，给人以愚弄之感，反而会弄巧成拙。

（三）按照标题的写作方式划分

1. 利益型标题

利益型标题也称颂扬型标题，以突出广告产品给消费者提供的利益为主。例如："八年来，最大的好处就是从来不需要维修"（胜风空调）；"要治中风、冠心病，还是脑心通"。

2. 悬念型标题

提出一个令人感兴趣的结论，要寻找答案，就需要阅读广告正文。例如，美国的一则关于酒后行车危害的公益广告标题："我爱上一个名叫凯丝的女孩，但我却杀了她"；再如，"您不必担心忘记服药时间"（康泰克），"只有 7 个小时供您复习法语"（美国一航空公司为其飞往法国的航线所做的广告），"穿'米罗'的女孩，小心坠入爱河"（米罗衬衫广告标题），"五元变成一千元"（某银行储蓄广告）。

3. 提问型标题

以提问的语气创作标题，问题的答案需要阅读广告正文才能知道。例如："如何选择您认为最好的地毯?"（美国某地毯商广告）；"鞋上有 342 个洞，为什么还能防水"（Timberland 野外休闲鞋）；"您知道 2006 年最具超人气的电子邮箱吗?"（网易电子邮箱广告）；"乐百氏奶，今天你喝了没有?"（乐百氏广告）。

4. 叙事型标题

以直接叙述的方式创作的标题，是较常见的一种。例如："驱虫良药，肠虫清"；"空调精英，尽在申菱"。

5. 新闻型标题

以广告内容中具有新闻价值的语句做标题，以引起目标受众的注意。例如："隆重登程"（北京切诺基轿车广告）；"苹果专卖店今日开张!"等。

6. 祈使型标题

以祈求、号召、劝说、希望的语气创作的标题。例如："家里该换电话啦!"（东大话王广告）；"到海景城楼盘展示会，自己选个'家'!"；"请喝可口可乐"。这种标题必须要婉转，不能令消费者产生被强迫的感觉。

7. 情感型标题

以温馨、亲切、富有人情味的语句创作标题。例如："她就像一个孩子，你还没有就不会理解拥有的感觉"（保时捷汽车）；"静静世界，只有宝宝在和他的梦对话"（春兰空调广告）；"其实，男人更需要关怀"（丽珠得乐广告）；"人群中，你并不孤独"（复方益肝丸广告）；"有福特 TELSTAR，就有快乐的家"（福特汽车广告）。

8. 寓意型标题

以双关、比喻、暗示的方式创作标题。例如："令衰（注：广东话'坏'的意思）波士（注：广东话'老板、上司'的意思，是英语'Boss'的音意转借）蒸发，另有更好办法"（香港《东方日报》招聘广告版广告）；"聪明不必绝顶，愿你慧根长留"（台湾某生发剂广告）；"因小得大"（日本爱华微型音响组合广告，意为购买微型音响组合，体积虽小，却可获得大大的音乐享受）。

9. 解题型标题

围绕企业或商品的品牌名称或产品名称而形成的标题形式，有三种表现：把企业或商品的品牌名称拆开来进行解释；将商品的品牌名称在上下句子中反复出现，使品牌名因位置的变化而产生新的含义和新的内容；用注解的方式来表现广告主题。如163邮箱的广告标题为：E-mail名牌就是@163.net。

解题型标题可以将品牌名称用解题方式进行形象化，加深广告受众对品牌的记忆，但在运用时要注意不能牵强附会。

10. 口号型标题

用简洁而富于号召力的口号形成的广告标题。因为经常用格言形式来表现，所以也叫格言式广告标题。它大多同广告口号互转。其内容一般都有企业和品牌名称介入其中，在表现企业或商品的品牌特性等的基础上，能比一般的广告标题起到更好的传诵作用。

运用言简意赅、易记易读的口号形式时，口号所具有的令人回味的含义使其产品具有特殊意味。

11. 否定型标题

在汉语语言环境中，否定词和否定句式的运用，可在一般陈述的前提下进一步加强语气，使语言获得一种张力，体现出传播者的坚定和自信。如白兰氏鸡精的广告标题为：虽然我们肤色有别，但绝对不含人造色素。

12. 实证型标题

用证言和数字的形式进行表现的广告标题。用名人或消费者的证言、用科学而可靠的实证性数据，能获得受众的注意和信赖。

三、广告标题写作的基本原则

广告标题是吸引和引导广告受众的重要手段，美国广告大师大卫·奥格威积累几十年广告创作的经验，在《一个广告人的自白》中提出了在广告标题创作中应掌握的十大原则：

（1）标题好比商品的价码标签，用它来向你的潜在买主打招呼。若你卖的是彩色电视机，那么在标题里就要用上彩色电视机的字样。这就可以抓住希望买彩色电视机的人的目光。若是你想要做母亲的人读你的广告，那在你的标题里要用母亲这个字眼。不要在你的标题里说那种会排斥你的潜在顾客的话。

（2）每个标题都应带出产品给潜在买主自身利益的承诺。

（3）始终注意在标题中加进新的信息。因为消费者总是在寻找新产品或者老产品的新用法，或者老产品的新改进。

（4）其他会产生良好效果的字眼是：如何、突然、当今、就在此地、最新到货、重大发展、改进、惊人、轰动一时、了不起、划时代、令人叹为观止、奇迹、魔力、奉献、快捷、简易、需求、挑战、奉劝、实情、比较、廉价、从速、最后机会等。在标题中加进一些充满感情的词就可以起到加强的作用。

（5）读广告标题的人是读广告正文的人的5倍。因此至少应该告诉这些浏览者，广告宣传的是什么品牌。标题中总是应该写进品牌名称的原因就在这里。

（6）在标题中写进你的销售承诺。

（7）在标题结尾前你应该写点诱人继续往下读的东西进去。

（8）你的标题必须以电报式文体讲清你要讲的东西，文字要简洁、直截了当。不要和读者捉迷藏。

（9）调查表明在标题中写否定词是很危险的。

（10）避免使用有字无实的标题。

也可以通过下面的提问来检测广告标题是否适当：

（1）是否体现广告主题?

（2）是否表现了商品的消费者利益和销售承诺?

（3）是否运用了诱发受众好奇的表现形式?

（4）有没有诱人继续往下阅读的因素?

（5）语言是否简洁易懂?

（6）形式是否简明而有趣味?

（7）如果是长句子，广告的目标对象能轻松地明白句子的意思吗?

（8）如果运用了否定词，在体现你所想达到的风格和创新的同时，目标对象能正确理解吗?

（9）是否运用了品牌名称？运用它对广告的效果是否能产生正向的作用?

（10）是否使用了新颖的、有感召力的词汇?

第三节　广告标语

一、广告标语的概念

广告标语，也叫广告口号，是广告主长期反复使用在广告中的特定的商业宣传用语，它起源于战争时期用来鼓舞斗志、振奋人心的宣传口号。现在，广告标语已成为企业品牌形象、产品特色、价值观念等的体现，越来越广泛用于广告宣传中，并成为广告文案创作的一个重要组成部分。

二、广告标语的功能

（一）突出产品特点

如恒基伟业的商务通广告标语“这个电脑能手写”，戴比尔斯的“钻石恒久远，一颗永流传”，都是着重强调商品与众不同的特点，创造独具个性的商品形象。

（二）突出企业的经营特点

如海尔集团的“真诚到永远”，诺基亚的“科技以人为本”，泸州老窖的“让您品味428年的历史”等。这些广告口号以企业的历史、传统、未来、经营思想等为主题，着重塑造独具个性的企业形象。

（三）号召消费者采取购买行动

如太极集团的“减肥请用曲美”，修正药业的“胃痛、胃酸、胃胀，请用斯达舒”。这些广告口号都是运用鼓动性的语句，动员消费者购买广告中的商品或服务。

三、广告标语的内容

广告标语的内容一般涉及下述三个方面。

（一）企业层面

这类广告标语反映了企业的核心理念、战略目标、企业形象和文化等。例如：“让我们做得更好！”（飞利浦），“科技以人为本”（诺基亚），“为了更美好的明天”（杜邦），反映了企业的核心理念；“四十年风尘岁月，中华在我心中”（中华牙膏），是从企业的历史着手；“合力智慧，创新无限”（华为3COM），表现的是企业的优势。

（二）商品层面

这类广告标语着重表现商品的质量、性能优势、技术水平、商品利益等实体化信息。例如：“当天牛奶当天到，三元牛奶新鲜屋”（三元鲜牛奶），“清新爽洁不紧绷”（碧柔洗面乳），表现商品的性能优势；“纯天然——江中制药”（江中集团），表现的是材质优势；“要想皮肤好，早晚用大宝”（大宝护肤品），“巧妇用巧手，清洁是好手”（巧手洗衣粉），表现的是商品给消费者的利益保障。

（三）促销活动和公共关系活动层面

这类广告标语以各种商务促销活动、公共关系活动的主题、项目方案特别是利益项目（如抽奖、赠送等）为核心内容，具有明显的鼓动性特点，能够有效地刺激顾客的购买欲望。例如：“130越打越灵，售完为止快快快！”（电信）；“灵广大厦，慧眼人岂可坐失良机”（某房地产）；“多买多中，火速行动”（可口可乐）。

四、广告标语的撰写原则

（一）简短易记

广告标语要求简短、押韵、容易理解、容易记忆，这样才能使消费者留下深刻印象，也才能形成和树立某种特定的观念。例如："七喜，非可乐"（七喜饮料），"两片"（肠虫清驱虫药）。

（二）突出利益

要把企业（产品、服务等）能够提供给消费者的利益通过广告标语突出表现出来，使其在想起标语的同时，可以激发他的购买欲望，即广告标语能够成为刺激需要的诱因。例如："头屑去无踪，秀发更出众"（海飞丝洗发水）；"飞利浦过后，一尘不染"（飞利浦吸尘器）；"柯达，留住美好一刻"（柯达胶卷）。

（三）强调牌名

为使目标受众在记住广告标语的同时，也记住企业、产品、品牌的名称，从而可以认牌购物，就要求在创作广告标语时，尽可能把企业名称或者商品品牌名称巧妙地加在标语之中。例如："农夫山泉有点甜"；"新飞广告做得好，不如新飞冰箱好"；"人头马一开，好事自然来"；"CLUB，男人至醒的心得"。

（四）长期使用

广告标语需要能够长期反复使用在各类广告当中才能收到功效。因此，在创作时要从企业长远利益出发，体现企业或者产品比较稳定或特殊的性质。有些好的广告标语，甚至连续使用达数十年，例如："只溶于口，不溶于手"（M&M巧克力）从1954年一直使用到现在；还有"庄生，护你健康，给你信心"（约翰兄弟公司），"金利来——男人的世界"（金利来男装）等广告标语也都是使用多年而长盛不衰。

（五）有鼓动和号召性

广告标语要充分运用鼓动性的语句，以号召消费者购买广告中的商品或服务。例如："不要让孩子输在起跑线上"（某口服液广告）；"送礼就送脑白金"（脑白金）。

五、广告标语与标题的异同

广告标语与广告标题在表现形式和写作要求上有许多共同之处。两者都是对广告主主要信息的浓缩，都是为了吸引消费者的注意力，达到促销的目的，但两者又存在明显的区别。

(1) 标题是广告内容的概括或提示，与正文文案相联系或照应；标语则不然，它独立于正文之外，可以是标题的内容，也可以是与正文毫不相干的一句警句，甚至还可以是使用者、消费者的一句客观评价或颂扬之词。

(2) 标题在广告中的位置是固定的，一般是放在广告中最醒目的地方，而且通常与照片、插图等有机地结合在一起；而广告标语在广告版面中的位置十分灵活，它可以单独使用，也可以放在广告中上、下、左、右的任何地方，不过通常多出现在结尾部分。

(3) 标题可随正文内容的变动而变动；而一个企业的广告标语，一经确定，往往在很长一段时间内不变，可在不同形式和不同传播媒体的广告中反复使用，从而加深公众印象。

第四节　广告正文

一、广告正文的结构与类型

广告正文是广告文案的主要部分，是对标题的具体解释和补充。

(一) 广告正文的结构

1. 引言

引言是广告标题与广告正文的衔接段，是广告正文的开头部分。广告正文的引言担负着承上启下的使命，因而必须以高度的概括和精练的笔触，迅速生动地点明标题原因并引出下文，以吸引读者继续阅读。

如飞利浦等离子超薄平面电视机的广告：

现代杰作的展示（标题）

飞利浦“等离子超薄平面电视机”视觉的艺术（引言）

2. 主体

主体是阐述广告主题或提供论据的主要部分，是广告文案的中心。引言之后，主体部分要及时点出目标对象关心的价值利益和广告商品的优势特点，以及这些特点与目标消费者的关系，阐明目标消费者可以得到的利益，说明这些利益点的依据是什么，对消费者的保证措施等，以此来说服消费者进行购买。仍以飞利浦等离子超薄平面电视机广告为例，其广告主体为：

飞利浦等离子超薄平面电视机，外表别具匠心，它拥有宽大的106厘米屏幕，却只有11厘米厚度。超薄的它，挂在墙上，带来无限惊喜，令人惊叹不已！它拥有革命性的等离子平面显示屏，配以数码清晰画面技术，使图像轮廓更为清晰，色彩分外明艳！

3. 结尾

结尾是广告正文的结束部分。它的主要目的在于用最恰当的语言敦促目标对象及时采取行动。一般结尾较短，但意义重大，具有肯定语气和煽动性的结尾与广告标题相呼应，可极大地提高广告效果。飞利浦等离子超薄平面电视机广告的结尾为：

飞利浦超平面电视机，尊贵享受，尽在其中！生活自然愈来愈好！

（二）广告正文的类型

1. 描述性正文（Descriptive Copy）

以客观、正面地描述商品、服务的特点为主的正文，尤其是生产资料商品广告较常用。请看下面一段广告正文：

“美国超奥扬声器，采用独特的连贯音元式设计，低音丰满自然，中高音华丽清晰，加上无形辐射式低音单元，令整体重播效果更上一层楼。超奥扬声器，全世界获奖最多的喇叭。”

这就是一段比较典型的描述性正文。

2. 解释性正文（Reason-why Copy）

以有针对性地提出问题，然后提出解决办法，即对问题进行解释的正文。请看这样一段广告：

“要是你商行里的一位重要雇员恰好遇上了一次严重事故，医生对你说，这位为你经营销售、检查账目和担任其他重要职务的雇员将住院数月。你就必须另聘一位雇员来接替他的工作，是吗？并且，你还得付给这位新雇员与那位受伤的雇员相等的薪金。

于是，你就面临着为一项工作而付出双倍薪金的被动局面，因为你终究不能停发受伤雇员的工资吧。

要防止这种非生产性的额外工资负担，你可以为你的重要雇员购买‘出差旅行事故保险’。

一旦你的重要雇员……（以下略）”

这是美国旅游者保险公司向企业家宣传“出差旅行事故保险”的广告正文，是比较典型的解释性正文。

3. 证书性正文（Testimonial Copy）

以权威性的证据和权威机构、权威人士的证言为主的正文。例如，香港一家叫爱碧身国际（EXPRESSIONS）的健美中心在其杂志广告中以香港电视女主持人林建明的证言作为广告正文：

“我一直都不相信减肥可以不用运动，不用节食。本着一贯‘凡事要看真切’的精神，在朋友介绍下我亲自尝试这个爱碧身健美旅程。

未参加爱碧身健美旅程之前，我的体重是120磅。经过第一阶段的3天清毒疗程，便轻易地减去6磅，这令我对这个健美旅程更有信心。……（以下略）”

但需要注意的是，作为团体、组织和个人在广告中推荐产品或服务，应该真实，并要为自己的证言承担相应的责任。《中华人民共和国广告法》第38条规定：社会团体或者其他组织，在虚假广告中向消费者推荐商品或者服务，使消费者的合法权益受到损害的，应当依法承担连带责任。

4. 对话性正文（Dialogue Copy）

以二人或多人对话的方式创作的正文。请看下面一段广播广告文稿正文：

母亲：佳佳，快！去帮我到楼下副食店里买一包盐。

女儿：来了，妈妈！

母亲：记住，要买平衡健身盐！

女儿：盐，不都是一样吗？

母亲：不一样，平衡健身盐采用科学配方，对人体内的各种元素有平衡保健作用。哎，快去买回来再说。记住：看清楚是翠竹牌平衡健身盐。

女儿：放心吧，妈妈！我一定把翠竹牌平衡健身盐买回来。

5. 故事体正文（Monologue Copy）

以叙述故事的形式作为正文主体。请看由著名广告大师威廉·伯恩巴赫为纽约奥尔巴克百货公司所写的一则广告文案：

标题：我寻出了“琼”的底细

正文：

以她谈吐的方式，你会认为她是被列入名人大字典中的一位。好了，我可寻出她的底细来了。她的丈夫拥有一家银行吗？我的“甜心”，他连银行户头也没有。那也就是为什么他们住的华厦家徒四壁，典当一空的原因。那么，那辆汽车呢？爱人，那是“马力”而不是赚钱的力量。他们是抽奖得来的！你能想象得到吗？

而那些服装！当然，她的服装非常考究。但是说真的……貂皮的长围巾，巴黎的套装，以及全部那些服装……是靠他的收入吗？好！我的爱人，我也查出来了。我刚刚在路上碰见她，我看到“琼”从“奥尔巴克百货公司”走出来！

广告标语：做千百万的生意，赚几分钱的利润！

6. 幽默体正文（Gimmick Copy）

以诙谐、幽默的口气创作的正文。请看菲律宾的一则旅游广告正文：

“十大危险！小心购物太多，因为这里的货物便宜；小心吃得过饱，因为这里的食品物美价廉；这里的阳光充足，小心被晒黑；小心潜入海底太久，记住勤出水换气；因为名胜古迹太多，小心胶卷不够用；上山下山要小心，因为这里山光云影常使人不顾脚下；小心爱上了友好的菲律宾人；菲律宾的姑娘热情美丽，小心坠入爱河；小心被亚洲最好的酒店餐馆宠坏；小心对菲律宾着了迷而舍不得离去。”

以正话反说的形式幽默地表现了菲律宾旅游的好处，实在是一个绝妙的广告。

7. 诗歌体正文

以诗歌的形式创作的正文。例如，台湾太一广告公司的广告：

主标题：拿捏得准

副标题：熟了，就吃掉它，过早与太迟都是消耗

正文：

广告运作，
捏准时机，
比预算大小
更重要，
这就是为什么
速食面常在晚上10点以后露脸，
软片总在周末假日亮相，
你的广告，
是否集中火力在最恰当的时机，
错过了，
就再也追讨不回，
就像释迦（编者注：一种热带水果），
吃它的要诀：熟得刚好！

8. 自述体正文

以自述的语气撰写的正文。例如绿卡牌中华鳖精广播广告文稿：

“绿卡鳖精是广东虎门金山健康食品厂以自产鲜活的中华鳖为主料，配以枸杞、银耳、桂圆等名贵食材制成。我以纯正的品质和消除疲劳的功能赢得了消费者的信赖。但是，假冒伪劣鳖精泛滥，使消费者真假难辨，对所有鳖精一概不信，给我造成巨大损失……”（痛哭失声）

二、广告正文的写作要求

（一）重点突出、逻辑清楚

由于广告是在有限的时间和空间内传播信息，目标受众对信息的注意和理解、记忆等受到一定的限制，因此，在广告正文的写作当中，必须突出重点、逻辑清楚，方便理解和记忆。一般来说，在一则广告当中，不宜放入过多的重点，以3～5个重点为上限，超出则是无效和浪费。那种宣传产品十大特点、八大优势之类的正文，是违背目标受众接受广告的心理规律的。

（二）直截了当、避免套话

广告正文同一般的抒情文不同，它要求开门见山，直截了当，有时在不影响理解其意思的情况下，甚至省略句子中的某些成分，以提高效率。这种情形在广告标题和广告标语的创作中尤其多见。但是，直截了当并不意味着那些“品质优良”、“原料上乘”、“工艺精湛”、“服务一流”等没有实质内容的套话就应该是广

告正文的标准语言，相反，根据对消费者的研究，这些套话使消费者反感广告，甚至停止阅读广告。因为这些套话没有任何情报价值，它提供的都是模糊概念，消费者是不会将这些模糊概念作为制定购买决策的依据的。

（三）生动有趣、引诱阅读

广告正文要写得生动有趣，才能引诱目标受众阅读下去。而要生动有趣，一是内容要和目标受众心理需要相联系，二是内容要新奇，写作手法要别致，使目标受众在阅读时有欲罢不能的感觉，必须读完全文方能一释悬疑。

（四）提出忠告、表明承诺

广告正文的结尾若能对受众者提出有益的忠告或表明相关的承诺，并且与广告标题相呼应，强化广告主题，则会给广告受众留下更深刻的印象，从而达到良好的广告效果。

三、广告正文的写作原则

广告大师大卫·奥格威根据多年从业经验，总结出广告正文的写作原则，这几条基本原则至今仍备受广告人员的推崇：

（1）直截了当地用准确的语言来写作；

（2）不要用最高级的形容词、一般化字眼和陈词滥调，要讲事实且把事实讲得引人入胜；

（3）要经常运用用户经验谈广告信息；

（4）向读者提供有用的咨询或者服务而不仅是单纯地讲产品本身；

（5）文学派的广告无聊；

（6）避免唱高调；

（7）用消费者的通俗语言写作文案；

（8）不要贪图写作获奖广告文案；

（9）衡量优秀广告文案人员的标准是看他们使多少新产品在市场上腾飞而不是用文字娱乐读者。

四、广告文案的其他部分

除标题、标语和正文外，广告文案还包括一些其他的部分，如随文、警示语等，以对广告文案中的某些部分起到补充和突出的作用。

（一）随文

广告随文是广告文案中的附属文字部分，是对广告内容必要的交代和进一步的说明。它一般包括企业名称和商标、商品名称、商标名称、企业地址、电话、电子邮箱、权威机构证明等。

广告随文是广告文案的组成部分，具有重要的推销作用。一则广告一般不会将上述内容全部列出，应根据广告目标、媒体选择等有所取舍。

（二）警示语

这是指起警告、提示、指示、强调等作用的字句。例如：新、脆、靓、平、鲜、注意、不含化学物质、不含糖等。

练习与思考

一、单项选择题

1. 电视广告文案属于（　　）。

A. 视觉广告文案　　B. 听觉广告文案

C. 视听广告文案　　D. 都不是

2. “车到山前必有路，有路必有丰田车”属于（　　）。

A. 教育式广告文案　　B. 情感式广告文案

C. 标题式广告文案　　D. 提醒式广告文案

3. 某空调广告的标题“今年夏天最冷的热门新闻”属于（　　）。

A. 利益型标题　　B. 悬念型标题　　C. 情感型标题　　D. 命令型标题

4. 某广告标题为“芬必得止头疼，一天都轻松”，此标题的作用主要是（　　）。

A. 吸引注意　　B. 诱读正文　　C. 表达概念　　D. 承诺利益

5. 以下哪部分不属于广告的正文？（　　）

A. 开头　　B. 中心　　C. 标识　　D. 结尾

二、多项选择题

1. 下列哪些属于复合标题？（　　）

A. 正题—副题　　B. 引题—正题　　C. 引题—副题

D. 引题—正题—副题　　E. 副题—引题

2. 广告标语与广告标题的主要区别有（　　）。

A. 性质不同　　B. 功能不同　　C. 精心构思

D. 使用不同　　E. 体现企业或产品特色

3. 按照写作方式不同，标题可划分为（　　）。

A. 利益型标题　　B. 悬念型标题　　C. 提问型标题

D. 叙事型标题　　E. 新闻型标题

4. 广告标语的撰写原则有（　　）。

A. 简短易记　　B. 强调牌名　　C. 突出利益

D. 长期使用　　E. 文字写实

5. 广告正文的类型有（　　）。

A. 幽默体正文　B. 对话性正文　C. 证书性正文
D. 解释性正文　E. 描述性正文

三、填空题

1. 按照构成不同，标题可划分为________和________。
2. 按广告文案的写作体例分，广告文案包括________和________。
3. 以纯粹的语言和文字或是以语言和文字为主、图画等其他要素为辅的文案设计是________。
4. 以客观、正面地描述商品、服务的特点为主的正文是________。

四、名词解释

1. 广告文案
2. 广告标题
3. 广告标语
4. 广告正文

五、简答题

1. 一个完整的文案一般由哪几部分构成？
2. 广告的标题按照写作方式的不同一般可分为哪些？举例说明其中一个。
3. 试为某品牌的咖啡写一个简短的广告正文。

案例分析

伯恩巴克为奥尔巴克百货公司做的“换太太”文案

标题：慷慨的以旧换新

副标题：带你的太太来，只要几块钱，我们将给你一位新的太太

正文：

为什么你硬是要欺骗自己，认为你买不起最新与最好的东西？在奥尔巴克百货公司，你不必为买美丽的东西而付高价。有无数种衣物供你选择——一切全新，一切使你兴奋。

现在就把你的太太带给我们，我们会把她换成可爱的新女人——仅花几块钱而已。这将是你有生以来最轻松愉快的付款。

奥尔巴克　纽约

标语：做千百万的生意，赚几分钱的利润！

资料来源：张金海著：《世界经典广告案例评析》，172～173页，武汉，武汉大学出版社，

2000。此处略有改动。

思考题：

结合上述案例，分析广告文案的写作技巧。

小资料

中国20年流行广告语

年份	广告语	品牌
1979	可口可乐添欢笑	可口可乐
	将以卓越的电子技术，对中日友好做贡献	SONY
	为社会各领域提供准确计时	精工表
	让我们来充分掌握能多快好省地运输货物的拖车头吧	五十铃汽车
1980	味道好极了	雀巢咖啡
	滴滴香浓，意犹未尽	麦氏咖啡
1981	戴雷达，闯天下	雷达表
1982	就是可口可乐	可口可乐
	车到山前必有路，有路必有丰田车	丰田汽车
	质量第一，用户第一	金星电视
1983	燕舞，燕舞，一支歌来一片情	燕舞收录机
	一切为用户着想，一切为用户负责	海信电视
1984	百事，新一代的选择	百事可乐
	质量至上有夏普	夏普
	上海大众永远和您在一起	上海大众
	威力洗衣机，献给母亲的爱	威力洗衣机
1985	大宝，天天见	大宝
	优质的联想——夏普	夏普
1986	万家乐，乐万家	万家乐电器
	飞利浦——尖端科技的标志	飞利浦
	精美耐用，全球推崇	西铁城表
	上海桑塔纳，汽车新潮流	桑塔纳
1987	当太阳升起的时候，我们的爱天长地久	太阳神
	最适合中国民航客运的机种——波音757客机	美国波音
	第一流的产品，为足下争光	上海鞋油
	质高款新寰宇颂，国际名表西铁城	西铁城
1988	精心创造，精心服务	金星电视
	汽车工业新一代	广州标志
1989	挡不住的感觉	可口可乐
	中原之行哪里去？郑州亚细亚	亚细亚商场
	今年二十，明年十八	白丽美容香皂
	东方航空，飞向世界	东方航空
	容声，容声，质量的保证	容声冰箱
1990	嘉士伯，可能是世界上最好的啤酒	嘉士伯啤酒

续前表

年份	广告语	品牌
	只溶在口，不溶在手	M&M巧克力
	城乡路万千，路路有航天	航天汽车
	高高兴兴上班去，平平安安回家来	公益广告
	她工作，您休息	凯歌全自动洗衣机
	妥帖保护，伸缩自如	邦迪创可贴
	用了都说好	达克宁露
	领先一步，申花电器	申花电器
	要开一流车，江西五十铃	江西五十铃
1991	喝了娃哈哈，吃饭就是香	娃哈哈
	一股浓香，一缕温暖	南方黑芝麻糊
	喝贝克，听自己的	贝克啤酒
	人头马一开，好事自然来	人头马酒
1992	新飞广告做得好，不如新飞冰箱好	新飞冰箱
	康师傅方便面，好吃看得见	康师傅
	岁岁平安，三九胃泰的承诺	三九胃泰
	何以解忧，唯有杜康	杜康酒
	太空时代的饮品	果珍
	拥有健康，当然亮泽	潘婷洗发水
	让生命尽显健康本色	太阳神口服液
	专业保健，至精至诚	太阳神口服液
	美在妇女	上海妇女用品商店
	有多少南方摩托车，就有多少动人的故事	南方摩托
1993	明天将发生什么	联想集团
	今年夏天最冷的热门新闻	西泠冰箱
	一呼天下应	润讯通讯
	青春宝，使你永葆青春	青春宝
	燕京啤酒，清爽宜人	燕京啤酒
	不要太潇洒	杉杉西服
	走富康路，坐富康车	富康车
	好马配好鞍，好车配风帆	风帆汽车蓄电池
	中国名车，嘉陵摩托	嘉陵摩托
	赢家的风采	切诺基轿车
1994	羊羊羊，发羊财	恒源祥
	喝孔府宴酒，做天下文章	孔府宴酒
	今天你喝了没有？	乐百氏
	海尔，真诚到永远	海尔电器
	牡丹虽好，还要爱人喜欢	牡丹电视机
	望子成龙，小霸王学习机	小霸王电脑学习机
	柔美皮肤，从旁氏开始	旁氏护肤品

续前表

年份	广告语	品牌
	省优，部优，葛优？	双汇火腿肠
	汽车要加油，我要喝红牛	红牛饮料
	走中国道路，乘一汽奥迪	一汽
	踏上轻骑，马到成功	轻骑摩托
	共创美的前程，共度美的人生	美的电器
	健康是金，金施尔康	金施尔康含片
	让一亿人先聪明起来	巨人脑黄金
1995	领先一步，申花电器	申花洗衣机
	荣事达，时代潮	荣事达洗衣机
	让我们做得更好	飞利浦
	孔府家酒，叫人想家	孔府家酒
	生活中离不开这口子	口子酒
	款款“神州”，万家追求	神州热水器
	要想皮肤好，早晚用大宝	大宝
	鄂尔多斯羊绒衫，温暖全世界	鄂尔多斯羊绒衫
	正宗椰树牌椰汁，白白嫩嫩	椰树牌椰汁
	东奔西走，要喝宋河好酒	宋河酒
	拥有桑塔纳，走遍天下都不怕	桑塔纳
	我们为你想的更多	格力空调
	做女人真好	太太口服液
1996	维维豆奶，欢乐开怀	维维豆奶
	太阳更红，长虹更新	长虹电视
	长城永不倒，国货当自强	奥妮皂角洗发膏
	其实，男人更需要关怀	丽珠得乐
	一切尽在掌握	爱立信
	科技以人为本	诺基亚
	飞跃无限	摩托罗拉
	长城烽火，传信万里	西门子
	每一年，每一天，我们都在进步	联想电脑
	荣事达，时代潮	荣事达电器
	东西南北中，好酒在张弓	张弓酒
	永远的绿色，永远的秦池	秦池酒
	坐红旗车，走中国路	红旗轿车
1997	我们一直在努力	爱多电器
	中国人的生活，中国人的美菱	美菱冰箱

续前表

年份	广告语	品牌
	没有最好，只有更好	澳柯玛冰柜
	好空调，格力造	格力空调
	牙好，胃口就好，身体倍儿棒，吃饭更香	蓝天六必治
	轻松爽洁，不紧绷	碧柔洗面奶
	中华永在我心中	中华牙膏
	保护嗓子，请用金嗓子喉宝	金嗓子喉宝
	补钙新观念，吸收是关键	龙牡壮骨冲剂
	喝汇源果汁，走健康之路	汇源果汁
	苦苦的追求，甜甜的享受	伊利雪糕
	华龙面，天天见	华龙方便面
	食华丰，路路通	华丰方便面
	我的眼里只有你	娃哈哈纯净水
1998	新春新意新鲜新趣，可喜可贺可口可乐	可口可乐
	真金不怕火炼	金正 VCD
	福气多多，满意多多	福满多方便面
	非常可乐，非常选择	非常可乐
	农夫山泉有点甜	农夫山泉
	清清爽爽每一天	娇爽卫生护垫
	海尔，中国造	海尔
	从更大到更好	长虹电器
	清凉舒爽，全家共享	六神沐浴露
	27 层净化	乐百氏纯净水
1999	飘柔，就是这么自信	飘柔
	知识改变命运	公益广告
	科技让你更轻松	商务通
	没什么大不了	丰韵丹
	晶晶亮，透心凉	雪碧
	治肾虚，请用汇仁肾宝	汇仁肾宝
2000	住得好，一切都好	瑞虹新城
	呼机，手机，商务通，一个都不能少	商务通
	谁让我心动?	FM365 网站
2001	健康成就未来	海王
	送礼就送脑白金	脑白金
	喜欢上海的理由	力波啤酒
	有点野哦	生力啤酒

资料来源：《中国广告年鉴》，2002。

媒体业务篇

广　告　实　务

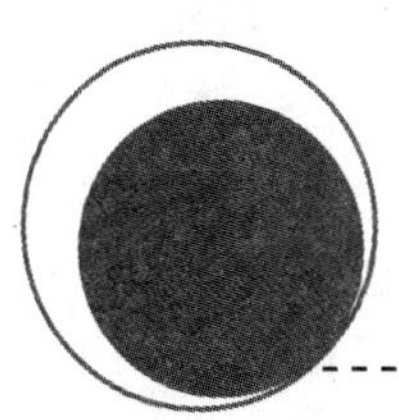

第七章
广告媒体的功能与分类

内容提示

广告媒体是广告信息的重要载体，是联结广告主与广告对象之间的重要桥梁。它具有承载信息、传达信息、吸引公众、满足受众多种需求等方面的重要功能。本章主要介绍了广告媒体的概念、功能、类型以及媒体的发展情况。广告主要想取得成功的广告效果，就必须了解媒体的详细情况以及新时代新媒体的发展情况。

学习目标

学完本章，你应该能够：

1. 了解广告媒体的功能。
2. 熟悉广告的基本分类体系。
3. 掌握新媒体的概念。
4. 理解新媒体的特点。

第一节　广告媒体的定义与功能

一、广告媒体的定义

广告媒体（Media），又称广告媒介，是指广告活动中把广告信息传播给目标受众的物质技术手段。即在现代广告传播中，凡是能负载广告信息、在广告信息传播中起中介作用，并能连接广告主与目标受众的物质都可以称为广告媒体。

信息不是物质，它的传递必须通过某种信息载体才能进行。广告信息也是一样，必须要借助于某种外在的、可以用来把广告信息传播给目标受众的信息载体，例如报纸、杂志、广播等传统媒体，以及数字电视、网络电视、手机等新媒体来传播广告信息。也可以说，没有广告媒体，广告内容与诉求就无法传递给广告对象，也就无法达到传播信息的目的。实践证明，广告媒体与广告的发展息息相关，是相互促进、相互发展的关系。广告媒体随着我国科学技术的发展也不断推陈出新，日新月异，朝着现代化、电子化、网络化方向发展。广告媒体的传播已经在技术上和经济上与文化的传播逐渐融合了，全国各省市甚至区县的多家电视台和广播电台的节目内容和形式不断创新，在获得广告收入、达到媒体诉求的同时，它的形象传播也是一种文化的生产和传播。这也是媒体本身在形式、内容及技术层面不断创新、进步的结果。

媒体具有空间特性，任何一种媒体都是流动空间无限性和有限性的统一。如全国性的报纸在全国范围内发行，它的流通空间为整个国家；而地方性报纸由于其内容及相关管理政策等方面的原因，它只能在某一限定区域发行。此外，互联网的优势之一就是全球传播，几乎没有空间限制，但互联网也具有一定的限制性特征。如内部人士可以通过账户和密码浏览更多的信息，享受更多的服务，而外部人士只能浏览和享受被指定的信息和服务。不同媒体空间的有限性有时是不同的，各媒体都有自己的空间特点。如报纸携带方便，阅读的自由性较大，但查阅不便，流动空间小；广播的接收性较好，也易打破空间的限制，但无法保存，自由阅读性很差；电视媒体能有效打破空间的限制，并且形象生动，但携带不便，阅读的自由性较差；网络信息也是流动性较差，但信息量大，具有较大的阅读自由性。

二、广告媒体的功能

（一）承载信息，传达信息

即广告媒体可以承载广告信息，并且可以把它传达给目标受众。当然，不同的媒体承载的广告信息在数量、内容等方面是有差异的，同时，在传播的速度、范围等方面也是有差别的。

（二）吸引公众，接触公众

即广告媒体可以吸引不同的公众，使他们接触媒体，进而接受媒体传播的信息。各种广告媒体都拥有一定数量的接触者，如报纸、杂志的读者；电视的观众；电台的听众等，但是在吸引能力方面各种媒体也是有差别的。

（三）适应广告主传达信息的不同要求

即广告媒体可以适应满足不同广告主在利用广告媒体传播广告信息时的不同目的和要求。例如，传播时间的要求、信息容量的要求、信息表达方式的要求等。当然，不同媒体适应要求的能力也是有差别的。

（四）满足不同目标受众的多样化、个性化需求

根据马斯洛的需求层次理论，人的需求由低到高依次为生理需求、安全需

求、社会需求、受尊重的需求及自我实现的需求。人购买行为的产生，主要取决于三方面的因素：人的需要、欲望和需求。同时，人们对某种产品产生需求，也会受多种因素的影响，进而产生个性化、多样化的需求。广告媒体正是根据广告主的不同要求，以满足目标受众的多种需求为目标向其传递信息，促使目标受众产生购买欲望，采取购买行动。

（五）充当广告主与目标受众的中介

即广告媒体是广告主与广告受众之间的桥梁，所起的作用只是通过这一桥梁，把广告信息由广告主一方传递到广告受众一方，一旦信息到达广告受众，它的使命即告完成。广告媒体不是广告信息本身，媒体（媒介）的字面含义就充分表现了这一点，所以，它不能取代广告活动的其他任务和环节。

（六）引领时尚

广告媒体在传播信息、刺激消费的同时，也传播消费观念。它不但引导消费者怎么想，还引导消费者怎么做。企业在其所做的广告中提倡的价值观念、推出的商品引起众多公众注意及关注，并影响到社会其他公众，在各个群体中相互影响，迅速普及，形成一种具有代表性的生活方式时，便形成了该种商品或品牌的生活时尚。广告媒体一方面充分体现广告主的意愿，另一方面也要满足目标受众的需求，刺激消费，传递文化观念，引导消费观念和消费行为，引领时尚。

由上面对广告媒体作用的分析可以看出，各个媒体在发挥承载信息与传达信息、吸引公众与接触公众、适应广告主传达信息的不同要求、满足目标受众的不同需求等作用方面有着一定的差别，因此，要使广告信息能够按照广告目标的要求通过广告媒体传达给广告受众，广告媒体的选择就成为广告策划中的重要问题。

第二节　广告媒体的分类

一、按媒体的所有者分类

（一）自用媒体

自用媒体是指广告主自己所拥有的媒体，如销售场所、橱窗、柜台、货架、商品包装等。对自用媒体，广告主可以按照自己的要求自主使用，但传播面比较狭窄。

（二）租用媒体

租用媒体是指非广告主所拥有的，需要付费租用的媒体，如报纸、杂志、电台、电视、公共交通工具等。租用媒体多属大众传播媒体，以报纸、杂志、电台、电视为主，所以，也称这四种媒体为四大媒体。租用媒体在使用时需要付出租金，且有一定的限制，但是传播面比自用媒体要大。

二、按媒体传播广告的专门程度分类

（一）混合媒体

混合媒体传播的信息既包括广告信息，也包括非广告信息，例如四大媒体。混合媒体由于广告信息与非广告信息互相交织在一起，所以在广告信息的接受方面，会受到非广告信息的干扰；但是，由于混合媒体基本上都是大众传播媒体，因此在吸引大众方面能力强，信息传播面广，传播速度快。

（二）专用媒体

专用媒体只传播广告信息，没有非广告内容，例如霓虹灯、招牌、公共交通工具、路牌等。专用媒体不受非广告信息的干扰，但是传播面窄，选择广告受众能力差。

三、按媒体选择受众的能力分类

（一）综合媒体

综合媒体接触对象庞杂，选择受众能力弱，如电视、电台、一般性报纸等。综合媒体的媒体接触者数量众多，所以广告信息能够传播给较多的广告受众；但是不能把广告信息传播给特定的广告受众。因此，一般适合于普遍使用、需求面广的商品广告，以及塑造形象（企业形象、品牌形象等）的广告等。

（二）专业媒体

专业媒体的接触者属于特定对象，选择受众能力较强，如某些专业性杂志、专业性报纸等。专业媒体选择对象能力较强，但媒体接触者数量较少，传播面窄，一般适合于目标消费者与媒体接触者重合或相近的情况。例如，音响产品可以选择《视听世界》杂志刊登广告；汽车及汽车配件产品可以在《车天车地》杂志刊登广告。

四、按媒体使用时间的长短分类

（一）长用媒体

即一次可以长时间使用的媒体，如霓虹灯、路牌、过街天桥、公共交通工具、灯箱等广告媒体。

（二）暂用媒体

即每次只可以短期或瞬时使用的媒体，如四大媒体。暂用媒体要延长使用时间，只能通过增加使用次数的办法。

五、按媒体传播范围大小分类

（一）跨国性媒体

跨国性媒体的传播范围跨越国界，拥有不同国家的媒体接触者，例如卫星电视、某些短波和超短波电台、某些杂志等。

（二）全国性媒体

全国性媒体的信息覆盖全国，接触面广泛，如中央电视台、中央人民广播电台、人民日报等媒体。

（三）地方性媒体

地方性媒体是指以本地公众作为媒体主要受众，信息内容侧重地方新闻的媒体，如地方性报纸、地方性电视台、地方性电台、户外类媒体等。

六、按媒体自然属性分类

（一）印刷类媒体

包括报纸、杂志、包装、书籍、海报、宣传小册子、电话号码本（黄页广告）、商品标签、年历、挂历等。

（二）电器类媒体

包括电视、电台、电脑网络、电视幕墙、电子显示屏等。

（三）户外类媒体

包括霓虹灯、灯箱、路牌、过街天桥、建筑物等。

（四）直接邮递媒体

借助于邮政系统，直接向选定的目标受众寄送广告。

（五）公共交通工具

包括城市公共汽车、出租汽车、卡车、轮船、火车、飞行器等。

（六）销售点媒体

包括销售场所的内外部的空间及各种设施（如橱窗、柜台、货架等）。

（七）其他

没有或者不能列入上述类别的媒体。例如，公共厕所现在也被开发出来作为传播一些特殊内容广告的媒体，在国内外都有报道；活人媒体的应用在西方屡见不鲜；某些特殊事物的命名权现在也成为传播广告信息的渠道，如地名、街道名、列车名、竞赛名、建筑物名、公交车站名等。随着科学技术的发展，还会有更多的形式和手段可以用来传播广告。

七、按技术支撑体系及传播的思维方式分类

（一）传统媒体

传统媒体包括报纸、杂志、广播、电视、出版物、电影等。传统媒体具有感性特征，如报纸、杂志是拿在手里面可以感觉到的，并且传统媒体有易携带、阅读或收听方便、成本低廉的优势。传统媒体因为受技术和政策的制约，内容相对来说较少。但是较少的内容资源恰恰成了传统媒体有力的竞争“武器”。此外，传统媒体目前大多是国有的，因此，传统媒体面对的市场竞争较小。传统媒体发展至今，已经有非常清晰的管理机制。传统媒体清晰的管理机制确保了传统媒体

的公信力，也使传统媒体更加规范与严谨。

（二）新媒体

新媒体是以互联网为代表的第四媒体以及以手机为代表的第五媒体等。所谓新媒体，就是利用数字电视技术、网络技术，通过互联网、无线通信网和卫星等渠道，以电视、电脑和手机为终端，向用户提供视频、音频、语音数据服务、远程教育等集成信息和娱乐服务的一种新的传播形式。它一般包括 IPTV（交互网络电视）、移动电视、博客、播客、搜索引擎、手机媒体等。新媒体至少要符合三个条件：一是大众传播媒体；二是电子媒体；三是能够传输音像信息内容的新型电视媒体。

新媒体是不断发展变化的，虽然新媒体这个概念是不变的，但它的内涵是在不断发生变化的。科学技术是促使其发展变化中的一个主要因素。目前的媒体实际上呈现的是一种并存、互补、融合、创新的发展趋势，这种情况是由多方面原因造成的，新媒体的发展就是在这样一种环境中出现的。

第三节　广告媒体的发展

一、广告媒体发展概况

（一）媒体与广告的关系

近代的广告媒体与近代广告是同时产生的。15 世纪中期以后，随着中国的印刷术传入德国等西方国家，很快就出现了第一批近代报纸和杂志，最早的一批用以宣传宗教书籍的广告就刊登在了这些报纸、杂志上。到了 20 世纪 20 年代，随着无线电通信技术的发明和广泛应用，广播电台诞生了，从此，它就成为广告全新的舞台。后来，在 1936 年，出现了第一家商业电视台，电视广告成为电视内容的一部分，备受各大广告主的青睐。由此可见，没有现代大众传媒就没有现代广告产业，二者是相互联系、彼此促进的。媒体与广告的关系主要包括以下几方面：

1. 现代媒体是现代广告最重要的载体

广告主都要通过广告媒体来发布广告，进而把自己的产品和经营理念传达给目标受众。广告媒体决定着广告的形式和内容。此外，世界上大多国家的广告总收入的 80%左右都是来自于传统的报纸、杂志、广播和电视四大媒体，而具体了解一个国家的广告产业的情况，主要是看该国的这四大媒体。没有广告媒体，广告信息传达到目标受众的这一行为无从谈起。广告业也是随着现代媒体的不断发展、升级而逐步得到发展的。

2. 广告是大众传播媒体的重要组成部分

各个国家绝大部分的新闻媒体都是由四个部分组成的，即：新闻（消息、通讯、专访等)、言论（评论员文章、短评、杂文、随笔等)、副刊（专栏、专题节目等）以及广告，可以说，广告是绝大多数新闻媒体内容不可或缺的有机组成部分。当然，一些由国家或个人资助的报刊、电台也可能不包括广告这部分内容。近年来，随着新媒体的不断涌现以及广告业的不断发展，各种形式及内容的广告层出不穷，广告信息通过各种各样的媒体向目标受众传递。

3. 广告收入是新闻媒体最主要的经济来源

从营销的角度来讲，随着产品的同质化和服务的日益相似化，企业个体越来越认识到品牌和企业形象的重要性，只有不断地塑造自己的品牌，并将其做大做强，形成强大的品牌力，不断提高企业的形象，才能形成可持续的竞争力。因此，企业个体不断地进行品牌传播，将自己的理念和诉求传递给目标群体。广告很快就成为他们实现品牌营销的重要手段。随着广告主投放的广告日益增多，广告的价格也日益增高，广告媒体的收入也就相应增加。据悉，现代普通报纸50%～75%的收入依靠广告，广播电台和电视台几乎90%以上的收入都依靠广告，只有杂志相对来说对广告的依赖比较小。此外，对于以互联网为技术支持的一些新媒体，其80%左右的收入也依赖于广告。

总之，如果没有广告，当今大多数新闻媒体是无法生存的；如果没有新闻媒体，广告也无法起作用，广告业也不复存在。二者相互依存，谁也离不开谁。

（二）媒体广告组织发展概况

关于在新闻媒体的广告组织里是否要设立一个完善的广告机构，一直是一个颇受争议的问题。

在我国，20世纪80年代初期，由于人们对广告以及广告与媒体的关系认识不足，以及当时的新闻单位的经济收入主要来自于政府拨款和发行收入，因此国内大多数的新闻单位里只有一个广告部，并且分工也不明确。带有计划经济色彩的广告部直接与企业个体打交道，在处理业务时自然比较粗糙，在进行简单的设计、制作和处理之后即可发行。80年代中后期，市场的意识开始逐渐形成，人们也逐渐认识到了广告的重要性，新闻媒体组织纷纷把广告工作放到了重要地位，但是仍然没有多少人真正理解广告的特性和意义。国内的一些报社、电台及电视台等的广告部门盲目扩充，很多新闻单位将广告代理公司当做其竞争对手并建立一套完善但工作效率低下的广告机构，新闻媒体的广告组织甚至将其自身完全与广告公司合二为一，完全抹杀了作为媒体自身应有的特性和功能，自然也就不能将媒体的作用完全发挥，致使机构庞大、人员涣散、工作效率严重低下。

直到20世纪90年代中期以后，我国的新闻媒体才逐渐明白自己的定位，逐步认识到了自己是整个广告活动的最终发行终端，而自身与广告公司是合作关系并非是竞争关系。因此，国内的一些媒体纷纷做出机构调整，“媒体垄断”和广告市场的强势也逐渐削弱，取而代之的是分工协作，合作共赢。

随着媒体自身的发展以及广告产业的日益兴盛，各广告媒体适应潮流与形势不断做出调整。国内外因发展情况不同、国情不同等原因，媒体的广告组织形式也不一样。国外一般杂志媒体的广告组织形式如图 7—1 所示，国内一般广播媒体的广告组织形式如图 7—2 所示。

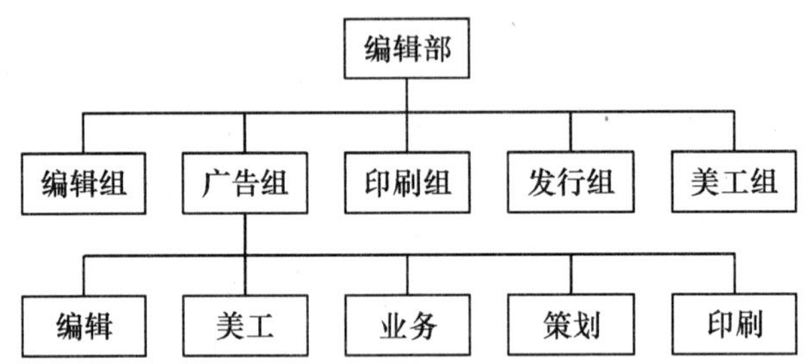

图 7—1　国外一般杂志媒体的广告组织形式

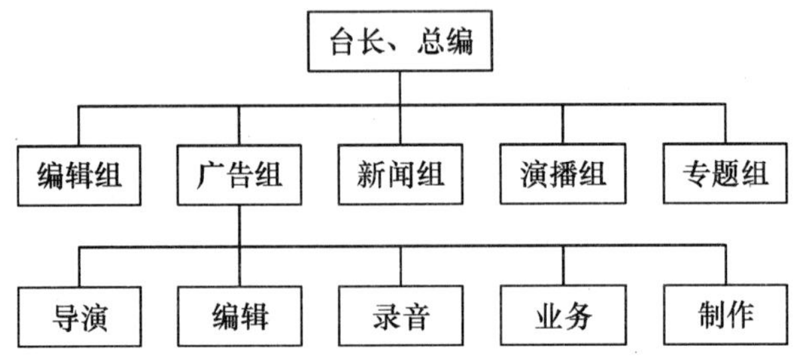

图 7—2　国内一般广播媒体的广告组织形式

随着媒体广告部门的不断发展，它的主要职能包括：及时、准确地发布广告；承揽广告业务，拓展广告渠道，充分发挥媒体自身优势；反馈广告反应并向客户提供有关服务信息；协助媒体的编辑部门以及其他的经营部门。媒体的广告部门发挥其职能，促进了媒体的积极发展和广告业的兴旺，因此，媒体广告组织设立的意义包括以下几点：首先，确保媒体广告的经营有序进行，提高媒体经营的经济效益。媒体经营的关键就是广告经营，媒体设立专门的机构对广告业务进行统一负责和规划，确保广告经营顺利进行。此外，它也能不断提高广告服务的质量，吸引更多的广告商，进而增加广告收入，提高媒体的经济效益。其次，提高广告经营水平，促进广告产业的迅猛发展。媒体成立专门的广告部门，能独立地与公司进行业务往来，使媒体广告活动更加专业，更加规范，切实践行广告代理制度，进一步推动我国广告业的迅猛发展。最后，提高媒体职能的区分度，促进媒体的发展。媒体成立专门的广告部门，有利于媒体的各部门各司其职，保证新闻活动的公正、客观，同时也使得广告业务经营良好。这样既保证了新闻的质量，也促进了媒体广告的良性发展。

（三）传统媒体走向新媒体的融合发展

从15世纪中期以后，世界上逐步出现了报纸、杂志、广播和电视四种传统媒体形式。报纸是平面印刷媒体，也是历史最悠久的广告媒体。在新的媒体相继出现以后，报纸虽然受到一定的影响，但由于自身所具有的独特优势，它在世界各国的广告媒体中仍然占有重要地位。据相关资料显示，至2009年我国已有报纸广告经营单位近3000家，广告年营业额为200多亿元，并且呈逐年上升趋势。杂志同报纸一样也是平面印刷媒体，也是视觉媒体中较为重要的媒体。杂志具有较强的针对性，目标群体明确，这就为广告主有针对性地选择媒体，向目标群体有效地传达产品信息以及品牌理念提供了很好的平台。广播是最普通、最大众化的广告媒体之一，在电子媒体发展的早期，广播是家庭获取信息和娱乐的主要媒体，如今这一功能逐渐被电视所替代，广播逐渐演化为个人化媒体。电视是一个融视觉、听觉、时间和空间为一体的综合性媒体，具有很强的发展潜力和市场竞争力。自从英国广播公司于1936年建立世界上第一家电视台以来，这种视听结合的传播工具得到了迅猛的发展。随着电视技术手段的不断发展和完善，电视广告的表现手法也日趋多样化，越来越受到广告主和广告从业人员的重视。

随着社会的进步和科技的发展，互联网迅速兴起并得到广泛的应用，通信技术手段也不断创新，网络媒体、手机媒体迅速发展，在媒体市场掀起了前所未有的惊涛骇浪。由中国社会科学院发布的“2006传媒产业蓝皮书”指出，如今的新媒体在刷新人们的媒体接触习惯和生活方式的同时，已经影响到传媒业的发展方向，它将在未来传媒市场上占据主流地位，新媒体浪潮正在使传媒业的整体格局发生变化，传统媒体的发展已经进入了微利时代。而来自美国的消息更悲观，北卡来罗纳州的一位大学教授更大胆放言：美国的报纸将在21世纪40年代消亡。无论是传统媒体的出路还是新媒体的未来，普通人或者说广大的媒体阅听者对此并无太大的兴趣，他们只是根据自己的喜好选择合适的媒体获取资讯或者娱乐，然而这却是媒体研究者值得深入研究的课题。但是，当前从人们对各种媒体的选择来看，传统媒体仍占优势地位。2005年的一项调查表明，电视仍然是强势媒体，普及率达到97%，其次是报纸86%，书籍56%，杂志53%。这些数据表明，新媒体的发展虽然还不足以撼动传统媒体的地位，但它已经开始对传统媒体发起了挑战。目前新媒体的力量虽然相对孱弱，但其背后的技术使其能够直接掌握受众，这里面已经蕴藏了巨大的商业价值。随着技术成本的降低，新媒体的市场需求将会以几何级的速度扩大，因此改造传统媒体形式不过是个时间问题而已。

新媒体一般包括交互网络电视、移动电视、博客、手机媒体等形式。随着时代的发展，新媒体在引领移动通信、因特网、有线电视三大网络融合的同时，也完成了一个新旧媒体叠加的过程。这种新的尝试丰富了新媒体的内容和方式，改变了传统媒体以广告时间与价格为定位的盈利方式，这就意味着传统媒体要应付多方面利益的竞争，促使其不断去适应新媒体的口味，而新媒体在环境与政策的架构下，还要对传统媒体具有依赖性，这双重的挑战造成了两者的融合趋势。

二、新媒体

（一）新媒体概述

关于新媒体的定义，美国《连线》杂志的定义较为经典，它将新媒体定义为“由所有人面向所有人进行的传播”。按照这一标准，新媒体与传统媒体的区别在于：传统媒体是“一点对多点”的传播，而新媒体是“多点对多点”的传播。同时，新媒体也是科学技术和通信技术手段发展的必然结果，它是一个相对的概念，是报纸、杂志、广播、电视等传统媒体之外的新型媒体。目前新媒体较流行的定义是，新媒体（New Media）是利用数字技术、网络技术，通过互联网、宽带局域网、无线通信网、卫星等渠道，以电脑、手机、数字电视等为终端，向用户提供信息和服务的传播形态。新媒体是信息技术和媒体产品的紧密结合，是媒体市场新的发展趋势和方向。

科学技术在发展，媒体形态也在发展，不难想象，不久的将来我们又会去关注数字媒体之后的新媒体形态。新媒体形式多种多样，但是它们都有一个共同点，即使用者经过和作品之间的直接互动，参与改变了作品的影像、造型甚至意义。可以说，人与媒体间的互动是新媒体与传统媒体的本质区别。它们以不同的方式来引发作品的转化、触摸、空间移动、发声等。不论与作品之间的接口为键盘、鼠标、灯光或声音感应器，抑或是其他更复杂精密、甚至是看不见的“板机”，人与媒体之间的关系主要还是互动。联结性乃是超越时空的藩篱，将全球各地的人联系在一起。在这些网络空间中，使用者可以随时扮演各种不同的身份，搜寻远方的数据库、信息档案，了解异国文化、产生新的社群。

（二）新媒体的特征

新媒体的总体特征是数字+IP。数字技术是构成新媒体应用的主要技术，近几年来，数字技术的高速发展和广泛应用极大地促进了传统媒体向新媒体的转化。数字技术能使人们更好地利用资源，创造更多的业务模式。MP3、AAC等技术的出现，才有便携式数字音乐播放器和网络下载音乐的流行；MPEG-4等数字视频压缩技术的发展，使人们能通过互联网、手机收看视频流媒体节目。IP是互联网协议（Internet Protocol）的缩写，代表了一种将数据打包后通过网络传输的协议标准。在各种与网络、通信相关的行业当中，IP可以说无处不在，如 IP 电话、互联网、宽带网、手机电视等都把 IP 作为传输的核心架构。

新媒体的特征具体表现为以下几个方面：

（1）数字化——利用数字压缩和传输技术，确保传输的高效和优质；

（2）网络化——通过各种网络实现、固定网络、移动网络、卫星等构成全面覆盖；

（3）信息化——人们可以在各种各样的信息终端上消费，如电视机、个人电脑、手机、个人媒体终端等；

（4）多媒体化——将文字、图片、动画、视频、音频等各种媒体形式的交织综合起来，使用户效用最大化。

总之，相对于传统媒体，新媒体的第一个特点就是它能打破传统媒体间的边界，消除国家之间、民族之间、社群之间、产业之间等的边界。此外，新媒体可以与受众互动、沟通，真正与受众建立联系，同时，它还具有交互性和跨时空的特点。新媒体给媒体产业带来了许多新的理念和运作模式，促进了媒体产业的良性发展。新媒体的信息发布费用近乎为零，并且对受众多为免费，这就大大降低了广告主广告信息发布的成本，并对传统媒体的新闻产品制作的成本形成了挑战。

（三）新媒体的种类

1. 数字电视

作为一种新兴媒体，数字电视的发展是人们所始料未及的，国家广电总局正式把 2004 年定为数字电视年。国家的政策鼓励和指导为数字媒体这种新型媒体的发展提供了条件，同时也促进了媒体产业的优化升级。此外，快速增长的数字媒体用户和数字电视产业政策也为数字电视媒体企业的发展提供了平台。数字电视作为数字媒体的一种，在日常的生活中，它所具有的优越性能使用户得到更多便利。

2. 交互网络电视

交互网络电视是主要通过互联网、宽带局域网传播视频节目的一种服务形式。它具有互动性的最大特点，用户可以根据自己的特殊需要选择节目内容。交互网络电视是集合电视传输影视节目的传统优势和网络交互传播新型优势的一种媒体，它的发展极大地创新了电视的传播方式，真正地打破了传播媒体作为传输者的定位，以及受众作为接受者的定位。交互网络电视的互动传播，使传播者和接受者之间的位置不再是固定的或事先规定的，而是不断在互相共享、移动的。交互网络电视的发展还使学者的研究重心转移到了信息使用者身上。

3. 博客

博客（Blog 或 Weblog）是目前发展最迅速的新媒介形式之一，它具有网络媒体双向互动的特性，同时又具有传播的即时性与历史性、个人性与开放性、原创性与链接性等特点。人们可以将自己的思想精华、亲身见闻等信息通过文字、图片、声音、影像等方式及时记录和发布，萃取并链接网络中最有价值的信息与资源，使信息和知识传播更加迅速、直接、高效。有学者认为，博客的即时性、自主性、开放性和互动性为人们提供一定程度的言语自由，但博客世界里的许多东西也带有负面色彩，需要网民有自律意识。

4. 播客

播客是近年来新闻传播界出现的一个崭新的名词，它通常指那些把自我录制的影音资料或广播节目通过互联网发布的人。

播客实现了文字传播向音频、视频的转化，满足了人们自我表达多样化的需求，同时还增加了媒体汇流与互动。博客好比新一代的报纸，那么播客就是以互联网为技术基础的新一代广播，它一方面使人们参与信息的发布，可以按自己的意愿，灵活地设置发布信息的内容；另一方面人们通过它也可以积极互动。

5. 手机媒体

当前社会新媒体日益崛起，手机已不再是单一的通信工具了，它也具有“媒体”作用。人们一般利用 GPRS 等技术，在支持流媒体格式播放的手机上观看直播电视以及视频、音频等节目。

根据手机行业的市场调查，手机用户们都希望自己的手机有更多的增值服务功能，能集广播、电视、报刊、书籍、电影、音乐、摄影摄像、地理交通、上网聊天、管理家用电器和控制汽车等为一体的多功能商品。消费者这样描绘自己心目中理想的手机形象：可移动的、多功能、智能化与传统媒体相结合，同时又是可升级和便于携带的。手机新媒体除在硬件上精益求精外，还提供了更多的软件平台和服务内容，如建立音乐商店，甚至创建自己的原创音乐，成立手机广播部门等。此外，手机新媒体传播的内容可以任意存储、转发。因此如何保护传统媒体的著作权、版权等知识产权问题，引起全社会的高度关注，而我国在这方面的法律法规还不健全。

6. 搜索引擎

搜索引擎是指 google. com，baidu. com，yahoo. com 等，通过网络搜索把客户要求的广告信息自动投放到与其内容相匹配的网络文章周围，并且根据用户浏览者的个性、浏览习惯进行投放。作为一种新型的网络广告形式，它备受广告主的青睐，它能够精准有效地直接命中目标顾客。

7. 户外新媒体

户外新媒体正在依靠资本的力量对消费者时间和空间中的注意力资源不断地进行开采。一般广告投放者把广告信息投放到机场侧、路牌、灯箱、报刊亭、售货亭、地铁车厢、公交车体等户外地方，它们的共同特征是通过大幅的生动图片和花样文字来吸引人们的注意力，以较高的公众出现率来吸引受众的视线，达到宣传和促销的目的。户外新媒体传递的广告信息注重企业文化和整体气势，制作精美，可以长期展示，并且可以随时更新。随着企业对品牌越来越重视，机场、车站、地铁、公交车等公共场所的广告投放已经成为各大企业广告战略的重要组成部分。

8. 移动电视

移动电视一般以交通工具为载体，在家庭以外播放数字视频信息，如公交电视，人们在等候电梯时电梯口播放的视频，以及大商场、购物中心内部不停播放的视频信息。移动电视在任何场所不管受众愿不愿意，都在不停地给受众灌输广告信息，以达到宣传的目的。

因此，“强迫传输信息”是移动电视这种新媒体形式的最大特点。它覆盖面广、反应迅速、移动性强。有学者认为，公交移动电视的强制传播使受众无法选择频道，不能根据自己的需求进行有效的选择，这样会降低公交移动电视的收视率。也有人认为，公交移动电视的这种传输信息的特点能给受众以愉悦和消遣，同时，公交移动电视播放的新闻、资讯、娱乐等信息也能使受众有所收获并受益。它的这种特点对受众进行了强制性地俘获，并对受众进行了反复的强化，这有时要比预设好的内容效果更好。

练习与思考

一、填空题

1. 广告媒体按其选择受众的能力可以分为________和________两大类。

2. 各个国家绝大部分的新闻媒体都是由四个部分组成的，即：________、________、________和________。

3. 新媒体的特征具体表现为以下几个方面：________、________、________和________。

4. 移动电视这种新媒体形式的最大特点是________。

二、多项选择题

1. 下列哪些属于报纸媒体的特点？（　　）

A. 携带方便　　B. 阅读的自由性较大

C. 查阅不便，流动空间小　　D. 生动形象

2. 广告媒体按其所有者可以分为（　　）。

A. 综合媒体　　B. 专用媒体　　C. 自用媒体　　D. 租用媒体

3. 下列媒体形态属于传统媒体的是（　　）。

A. 报纸　　B. 广播　　C. 手机　　D. 数字电视

4. 下列哪些属于传统媒体与新媒体的区别？（　　）

A. 传统媒体是“一点对多点”的传播

B. 新媒体是“多点对多点”的传播

C. 传统媒体具有空间特性

D. 新媒体内容权威，信息量大

5. 新媒体必须具备的条件是（　　）。

A. 是大众传播媒体

B. 是电子媒体

C. 能够传输音像信息内容的新型电视媒体

D. 具有强迫传输信息的功能

三、名词解释

1. 媒体

2. 新媒体

3. 交互网络电视

四、简答题

1. 广告媒体的定义及功能是什么？

2. 简述媒体与广告的关系。

3. 媒体广告组织的主要职能及设立的意义是什么？

案例分析

广东电信“爱宽动”广告

2006年2月10日的《羊城晚报》C7版上刊登了广东电信“爱宽动”的广告，全文如下：

“绿色上网，健康成长。

这个假期，和孩子们一起上网！

怎样让孩子度过一个快乐的假期？您关心的就是广东电信关注的。我们特别推出为学生量身定做的‘假期宽带套餐’。

宽带每逢寒暑假即可不限时包月，其余时间灵活计费；套餐还提供了绿色上网功能，过滤不良信息；更有名师云集的同步课堂。宽松又安全的网络，使学生能够畅享网络乐趣又不影响学生学业。

孩子开心您放心，就用假期宽带！”

同时，该则广告也通过互联网媒体进行了发布，并取得了良好效果。

资料来源：http://bbs.lqcn.cn/thread-35805-1-1.html。

思考题：

1. 广东电信的这则广告为何选择报纸发布信息？
2. 结合现代广告业的发展情况，谈谈新媒体的发展情况。

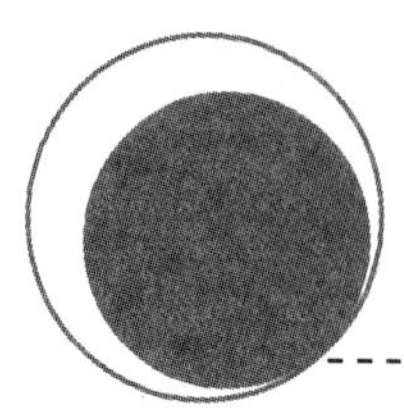

第八章 广告媒体选择策略

内容提示

现代广告媒体多种多样，不同的广告媒体具有不同的优越性和局限性。因此，广告主在进行媒体选择时，必须根据广告的目标，充分考虑媒体选择的影响因素，运用恰当合理的选择方法，选择合适的媒体进行合理的配置，以及采用传统媒体与新媒体组合的策略等，这样，企业才能以最少的广告费用达到最佳的广告效果。

学习目标

学完本章，你应该能够：

1. 了解广告媒体的评价指标及影响广告媒体选择的因素。
2. 掌握主要广告媒体的特点。
3. 熟悉广告媒体的选择方法。
4. 明确如何进行广告媒体组合。

第一节　广告媒体的选择

在规划发展广告策略的同时，企业还必须对具体的媒体对象进行选择，这是媒体计划中至关重要的最后一步。媒体策划人员的任务就是要选择最有利的环境、最有利的地区、最合适的时间、最合适的媒体对象、最合适的媒体材料、最合适的目标受众，使广告信息不仅能够有效地到达和展露，而且能够引起注意，刺激他们（她们）中的一部分人采取购买行动。只有做好媒体的选择，媒体目标（如信息到达率、信息频度等）才能实现，媒体成本也才能发挥出它的效益。

一、广告媒体的评价指标

在进行广告媒体的选择之前，应首先确定广告媒体的评价指标。根据当前媒体产业中出现的一些新型媒体，并结合传统的四大媒体，常用的评价广告媒体的指标主要有以下几种。

（一）视听率/阅读率

视听率/阅读率（Rating）是指在某一特定时间内，某一媒体的某一节目的特定群体占总视听人数/总阅读人数的百分比。视听率/阅读率是评价广播电视和报刊媒体最重要的数量指标，广告主和广告公司可以根据这项指标来购买广播节目和电视节目以及报刊版面，以判断其信息能到达多少受众。同时，媒体也将视听率/阅读率作为广告信息刊登费用的判断标准之一。视听率最初作为广播、电视的重要术语，后来被广泛运用到广告媒体上。视频率/阅读率的计算如表8—1所示。

表8—1　视听率计算表　　单位：万人

媒体	收视总人数	某一特定群体	视听率（%）
××电视台××节目	200	50	25
××报纸	100	15	15

（二）毛评点

毛评点（Gross Rating Points），是指某一广告的安排表上各个媒体所送达的视听率的总和。它既是同一个媒体多次接受之和，也是多种媒体接受比例之和。毛评点既反映了广告媒体发布广告的总效果，也反映了媒体计划的总强度和总压力。毛评点的计算公式如下：

$$毛评点 = \sum(广告信息发布的次数 \times 视听率)$$

例如，某一电视媒体的某一节目的收视率为10%，广告发布次数为5，则毛评点为50%。如果在同一媒体的不同节目中发布广告，毛评点需要分别计算，然后相加，如表8—2所示。

表8—2　同一媒体的不同节目的毛评点计算

	视听率（%）	发布次数	毛评点（%）
节目1	15	3	45
节目2	20	2	40
节目3	10	4	40
合计			125

（三）开机率

开机率是指一天中拥有电视机的家庭开机收看节目的户数占拥有电视机总户数的百分比。经研究表明，开机率的高低主要受季节、一天中的时段、地理区域等因素的影响，从这些因素中可以看出目标受众的生活习惯和工作状况。一般来说，人们白天大部分都在工作，电视的开机率比较低；傍晚人们下班回家，电视的开机率比较高。周一到周五，电视的开机率比较低；周末电视的开机率比较高。

（四）节目视听众占有率

节目视听众占有率是指在一定的时段内，收看某一特定节目的家庭数目占总开机家庭数目的比例。它并不表示拥有电视机的户数或开机的户数，而指在这一特定时间内收看特定节目的家庭数目所占开机户数的百分比。视听率、开机率与节目视听众占有率三者的关系如下：

节目视听众占有率＝视听率/开机率

可以说，节目视听众占有率主要受节目播放时间、节目间竞争情况、所播放节目的内容及发展情节等因素的影响。

（五）信息到达率

信息到达率（Reach）是指特定群体在特定时间内看到某一广告信息的人数占群体总人数的比例，也可以理解为在广告活动或一次广告期间，广告信息至少有一次到达目标受众的人数或户数。它可以用百分比表示，但不能大于100；也可以用目标受众数量表示，但不能超过媒体接触者总数。它也是衡量媒体的重要指标之一。例如：假设广州电视台、广东电视珠江台、广东商业电视台的观众总数为300万，某企业×牌商品在一个月期间利用这三家电视台做广告，在300万观众中有80％的人至少有一次看到×牌商品的广告，那么，信息到达率就是80％或240（万人）。

信息到达率是针对传播范围内的总人数而言的，并非只对有可能接触到广告媒体的人数而言。信息到达率主要受以下两方面因素的影响：

（1）媒体普及程度和媒体使用状况。在某一区域，某一媒体的普及程度极高，达到了90％，那么，该区域的信息到达率也最高为90％。

（2）群体的媒体接触情况。不同的目标群体由于生活、工作情况的不同，对不同媒体的接触情况也不同，自然信息到达率也不同。有些人由于工作的需要，接触互联网等新型媒体比较多，获得的相应信息到达率较高，而同时他们又由于工作忙碌，对电视媒体的接触较少，相应信息到达率较低；家庭主妇或退休人员则相反，对电视媒体的接触较多，自然有较高的信息到达率。

（六）信息频度

信息频度（Frequency）是指同一信息被目标受众接收到的次数，一般以平均信息频度来表示。例如：至少有一次看过珠江啤酒广告的 240 万人中，有 120 万人看过 4 次，80 万人看过 3 次，40 万人看过 2 次，那么，平均信息频度就是：

[(120 万×4 次)+(80 万×3 次)+(40 万×2 次)]÷240 万
=800 万÷240 万≈3.33 次

许多广告主认为，要提高广告投放的效果，就必须增加广告的信息频度，并且越多越好。其实，这是一个误区，因为广告效果除了受到广告的信息频度影响之外，还受到营销手段、广告创新、媒体本身特性等的影响。因此，广告主应该根据广告媒体的计划正确把握广告的信息频度。

（七）视听众暴露度

视听众暴露度（Impressions）是指在某一特定时期内收听、观看某一媒体或其特定节目的人数的总和，它实际上是毛评点的绝对值。它的计算公式为：

视听众暴露度＝视听众总数×视听率×刊播次数

例如，某电视媒体的某一特定节目的观看人群总数为 20 万人，视听率为 50%，一天的插播次数为 2 次，即它的视听众暴露度为：

20×50%×2＝20

二、广告媒体选择的影响因素

广告主或广告公司在选择广告媒体时，除了要考虑以上媒体的评价指标外，还必须考虑许多相关联的因素，必须根据目标市场和产品，以最少的广告费用达到最佳的广告效果。因为广告费用预算的 80%都将用于广告媒体的投放。广告媒体的选择直接关系到广告效果的好坏，因此，广告主或广告公司在进行广告媒体的选择时，还要考虑下述因素。

（一）广告目标和策略

选择媒体对象的第一步，就是对广告目标和策略做全面的分析和评价，以便按照广告目标和广告策略的要求，选择最合适的媒体对象。广告目标的不同影响着具体媒体对象的选择。例如，如果企业的营销目标和广告目标着眼于产品广泛的分销，那么，媒体的选择就要考虑到能对消费者和经销商都产生影响的媒体；如果广告目标是要在国内不同的地区市场扩大分销和促进销售的增长，那么，就需要既选择全国性媒体，同时还要选择地方性媒体；如果企业的目标在于提升企业形象或者品牌形象，那么，就要选择能与其形象、地位相匹配的媒体；如果企业的目标在于能够直接促使消费者采取购买行动，就要考虑能达到此目的的媒体。

同时，企业营销策略的不同也影响着媒体的选择。例如，低价渗透策略往往需要选择接触人数众多、传播面广的媒体；以声望定价的产品，往往需要在高品位的媒体上发布，以支持其高价位的品牌形象。所以，策划人员对企业的营销目标、营销策略和广告目标了解得越多，媒体选择就会越准确。

（二）媒体接触者

1. 媒体的实际接触能力

当我们说“媒体接触者”的时候，通常是指接触某个媒体的总人数（如发行份数、观/听众人数等）。但是，策划人员在选择媒体的时候，不但要知道某个媒体接触者的总人数，还要知道有多少人能够实际接触到这一媒体，以便对该媒体潜在能力作出估价。

2. 媒体接触者的结构

媒体接触者的结构包括两个方面：一是某一媒体的接触者由哪些人构成，如年龄、性别、收入、职业、受教育程度等；二是该媒体的不同材料（如报纸的不同版面、电台电视的不同节目、杂志的不同栏目等）主要是哪些媒体接触者感兴趣。

3. 媒体的实际到达能力

由于媒体接触者的结构不同，因此，就形成了媒体实际到达能力的不同。例如：A 媒体的接触总人数为 300 万人，B 媒体的接触总人数为 200 万人。但 A 媒体的接触者中，属于目标受众的比例为 50%，即 150 万人；而 B 媒体的接触者中，属于目标受众的比例为 80%，即 160 万人。很显然，B 媒体的实际到达能力要比 A 媒体强。

（三）媒体的性质和产品的特征

传播媒体的时间、地域等因素都会直接影响到广告的效果。如在选择媒体的时候，不但要选择具体的媒体对象，而且还要选择媒体的具体材料，即某一媒体内承载广告信息的部分。

1. 报纸

时间：分为早报、日报、晚报等。

周期：分为日报、双日报、周报等。

版次：分为头版（第一版）、其他版面等。

位置：分为主版、报眼、中缝、通栏等。

面积：分为全版、1/2 版、1/4 版、1/8 版、分类小广告等。

色彩：分为黑白、套红、彩色等。

版面：分为时事版、体育版、文娱版、生活版等。

2. 杂志

周期：分为周刊、旬刊、半月刊、月刊、双月刊、季刊、半年刊、年刊等。

版次：分为封面、封底、封面内页、封底内页、扉页、正中内页、插页等。

面积：分为全页、1/2 页、1/4 页、折页（两折、三折、多折）、多页等。

色彩：分为黑白、彩色。

类型：分为专业类、技术类、生活类等。

3. 电台、电视

电台、电视播放时间一般以 30 秒/次为多见，但由于收费昂贵（尤其是电视），因此有越来越短的趋势。目前电视广告有 15 秒/次的广告，甚至还有 5 秒/次的广告。

刊播在同一媒体的不同时段和版面位置的广告信息，其效果也不尽相同。不同的广告媒体有不同的特点和局限性，都会影响到广告目标受众的人数，影响到广告的宣传。此外，由于企业的各种产品的性能、特点和使用价值等都不同，广告宣传的要求也不同。因此广告主必须根据产品的属性，采取不同的广告诉求形式。如耐用消费品的广告，需要向受众提供详尽的文字说明，使其有全面、深刻的理性认识，因而选择报纸、杂志等媒体比较合适。

（四）媒体的声望价值

不同的媒体在消费者和公众心目当中的评价是有差别的，而这一点则往往不是通过其接触人数的多少能够反映出来的。例如：某些花边小报和杂志的阅读者可能要多于一些严肃的报纸和杂志，但在公众心目中的评价很低，在这些媒体刊登广告其效果可想而知。所以，对媒体声望价值的评估主要依赖于策划人员的经验和判断，数据则起着参考作用。

（五）媒体市场竞争状况和广告费用支出

广告媒体是企业之间开展竞争的重要手段。现代市场竞争除了产品质量竞争、服务竞争、技术竞争之外，还扩展到了信誉的竞争。因此，企业应根据市场竞争的性质、规模、特点及生产能力变化的情况等来分析竞争者的广告策略，包括竞争对手的广告成本费用和广告媒体的选择。

总之，广告主或广告公司应根据市场竞争情况、自身特点以及竞争对手的情况，选择适合自己的最佳媒体，以达到最佳的广告效果。

（六）媒体表达能力

媒体表达能力主要取决于要传播的广告信息的要求。策划人员要对各类媒体特点做具体分析，并结合待发布的广告信息的性质，对具体的媒体对象进行评价，在此基础上选择媒体。例如：如果是一幅以彩色照片为主表现商品高贵典雅的外形与款式的手表广告，那么就适合于选择《精品世界》这样的杂志做广告，而不太适合选择《广州日报》做广告。

（七）媒体广告成本

不同的媒体广告收费不同，同时，由于媒体接触者人数不同，因此，在比较媒体广告成本时主要是采用“千人成本法”（Cost-per-thousand）来计算的。千人成本法是指在同类媒体上将同样数量的信息传播到一千个人所花费的成本。计算公式如下：

千人成本＝(该媒体广告收费÷该媒体接触者总人数)×1 000

由于各类媒体广告收费的计价方式不同，具体计算也有所不同。例如报纸、杂志通常以广告面积大小收费，而电台、电视通常以广告播放时间长短和次数收费，在运用时应该将公式稍作修正。

例如，A 报纸第一版 48×35 厘米（全版）套红广告收费为 50 000 元，订户为 100 000 户；B 报纸第一版 48×35 厘米（全版）套红广告收费为 70 000 元，订户为 200 000 户。按千人成本法计算：

A 报纸广告千人成本＝(50 000÷100 000)×1 000＝500（元/千人）

B 报纸广告千人成本＝(70 000÷200 000)×1 000＝350（元/千人）

经过计算可以看到，尽管 A 报纸广告收费比 B 报纸便宜，但实际的千人成本要比 B 报纸高。

第二节　主要广告媒体的特点和选择方法

一、主要广告媒体的特点分析

报纸、杂志、广播、电视是四大传统媒体，也是主要的广告媒体。随着社会科技的发展，大量的新媒体形式不断涌现，如互联网等也成为主要的广告媒体。

（一）报纸媒体的特点

1. 报纸媒体的优越性

(1) 传播面较广，传播速度较快。报纸登载的消息多种多样，深受大众喜爱，而且可以多人传看，转读率高，所以传播面较广；在传播速度上虽然比不上电视和广播，但是，由于绝大多数报纸都是日报，当天的消息可以见报，同时，交通运输条件的改善，以及激光照排、微波传输等新技术的应用都使报纸的传播速度大大提高了。

(2) 包容信息量大，适应性强。报纸由于可以从容阅读，因而可以包容大量的文字和图形、照片等信息；报纸的版面众多，内容多种多样，可以适应广告主各种不同内容的广告。

（3）设计制作容易，灵活性大。报纸版面可大可小，广告设计以文字、图画为主，设计制作技术成熟，容易掌握，编排、修改广告稿件容易，灵活性大，可以满足广告主的不同要求。

2. 报纸媒体的局限性

（1）广告图画质量差。由于报纸受成本和售价的制约，主要用新闻纸印刷，因此，一些高质量的广告图片在印刷中就不能达到原有的效果，特别是色彩和分辨率效果都大大降低，使广告效果受到一定影响。

（2）选择对象能力差。由于报纸的对象庞杂，而且转读率高，不容易将信息传达给特定的广告受众，因此，在选择对象能力上不如杂志。为了提高选择对象能力，报纸行业主要从两个方面采取措施：一是发行各类专业性报纸，如财经类报纸（《金融时报》、《中国证券报》、《股市评论》、《广州商报》等）、体育类报纸（《羊城体育》、《足球》等）、教育类报纸（《中国教育报》等）等；二是在报纸内开设各类不同版面，如时事版、国际版、文娱版、体育版、生活版等。这些措施在一定程度上提高了报纸选择对象的能力。

（3）时效短。报纸是以及时报道各类新闻为主的媒体，非常强调时效性，而且文章比较简短，以介绍事件为主，缺乏一定的深度，保存性差，时间一过，报纸就失去了吸引力，阅读价值降低。因此，登载在报纸上的广告时效很短。

（二）杂志媒体的特点

1. 杂志媒体的优越性

（1）印刷精美，图文并茂。杂志的纸张质量比报纸要好得多，适合印刷彩色照片、图形。香水、唇膏等化妆品，以及服装、鞋帽、玻璃器皿、手表等产品，往往需要突出强调和表现其外形、款式、色彩等，杂志是比较适合的媒体。

（2）选择对象能力较强。杂志多以某些专门性的知识介绍为内容或专门以某些群体为对象，前者如《个人电脑》、《视听世界》、《军事知识》、《软件世界》、《健与美》、《养生》、《摄影》等，后者如《老人天地》、《少年文艺》、《中国妇女》、《男子汉》等。与报纸、广播、电视比较起来，杂志选择目标对象的能力较强。

（3）可以反复阅读和长久保存。报纸是以报道时事新闻为主，新闻的时效性一过，报纸就失去了价值。但是杂志不同，它登载的多是知识性较强的文章，而且篇幅也较长，有的还附有图片，并且印刷精美，所以可以反复阅读，且有长期保存的价值。在反复阅读杂志的文章和图片的同时，杂志所登载的广告也得到了重复阅读的机会。

2. 杂志媒体的局限性

（1）出版周期长，时效性差。杂志的时效性不强，不是每天出版，以月刊为最常见，其他短的有周刊、旬刊、半月刊，长的有双月刊、季刊、半年刊、年刊等，出版周期比较长。因此，只适合于那些时效性要求不强的广告，如企业形象广告、长期性销售广告等。

（2）版面狭小，信息容量小，广告受众少。杂志的开本通常不是很大，以16开、大16开的为常见，其他尚有32开、大32开、8开等开本。由于版面面积有限，广告容纳的信息不能太多，从而影响了杂志广告的注意程度。为了解决这一问题，杂志广告采取了多页、折页、跨页等增加版面面积的办法，以求广告能够容纳更多的文字和图片信息。此外，杂志往往都有特定的读者群体，虽然增强了广告的选择性，但是也限制了广告受众的数量。

（三）广播媒体的特点

1. 广播媒体的优越性

（1）传播速度快，传播面广。无线广播是以电磁波作为传播介质，而电磁波的传播速度是每秒30万公里，传播速度是诸种媒体中最快的。同时，无线电波是借助于大气层中的电离层来传播的，可以传播到世界的任何地方，传播面也是相当广泛的。

（2）接收容易，不受限制。无线广播接收简单，只需要一部半导体收音机和干电池就可以了，而收音机和干电池的价格相当低廉，收入水平低的消费者也负担得起，并且室内、野外不同环境条件下都可接收，不受限制。

（3）声音效果好，感染力强。电台广告是以声音、音乐组织编排在一起，通过电磁波发射传播。电台广告真实感强，形象生动，感情表现力强，它可以根据广告目标的要求，模拟实际场景，通过人物的对话、腔调、背景音乐和风声、雨声等环境声音的组合编排来传达信息，感染广告受众。

（4）设计制作容易，编排灵活。电台广告的设计制作以录音为主，从技术性上来说简单方便，成本低廉。而且电台广告可以根据需要，安排在各个时间段播出，也可以与特定节目结合在一起播出，还可以随时插入、撤换、修改，编排方式特别灵活。

2. 广播媒体的局限性

（1）有声无形，无视觉效果。电台广告是纯粹以声音表现情感和形象的，没有任何视觉效果，而人们的心理对信息的感受能力是视觉大于听觉的。对于听觉效果，没有视觉效果作为配合，则主要借助想象来填补，所以广告效果就会受到一定影响。

(2) 形式单调，受一定限制。由于只能采取声音作为表达手段，电台广告的形式比较单调呆板，从而在适应性方面受到一定限制，特别在介绍新产品，以及表现以形状、款式、色彩为主要特征的产品如家具、时装、工艺品、装饰品等方面，就不能收到好的效果。

（四）电视媒体的特点

1. 电视媒体的优越性

(1) 表现力最强，适用面最广。电视是视觉、听觉效果俱佳的媒体，它集美术、摄影、音乐、表演于一体，是目前表现力最强的媒体。由于电视的表现力最强，表现形式和手段众多，所以，它可以适用于各种目的和产品的广告，是适用面最广的媒体。

(2) 最受欢迎，广告受众最广泛。由于电视形式多样，表现手段活泼，男女老幼喜闻乐见，传播的信息不但数量多，而且内容面广，新闻、戏剧、电影、体育、音乐等都可以借助于电视传播，使它已经成为人们生活中不可缺少的文化娱乐方式。有人称电视是 20 世纪最伟大的发明之一，更有人说它改变了人们的生活方式，从这些评价我们可以看到电视在当今社会生活当中的重要性。正因为以上所说的种种原因，电视是目前最受人们欢迎、广告受众也最为广泛的一种媒体。

2. 电视媒体的局限性

(1) 设计制作技术复杂，广告费用昂贵。电视的设计制作牵涉美术、摄影、音乐、表演以及编辑、录音、合成等多个方面，技术复杂，设计制作费用高，而且播放的费用也比较高，因此广告费用昂贵，一般中小企业是难以承担的。

(2) 时间短暂，干扰性强。电视广告是以时间长短作为计价单位的，而且受到费用和广告受众心理接受的限制，不能播放时间太长的广告，所以，其播放的时间短暂。同时，由于电视节目内容多样，广告受到的干扰较多，注意度受到一定影响。

(3) 广告受众庞杂，选择对象能力差。电视的表现形式和手段众多，而且直观性强，所以观众众多，男女老少都非常喜欢。但是，“此长即彼短”，由于广告受众庞杂，所以选择广告受众的能力就会受到影响。为了解决这一问题，电视除了增加一些特别内容的频道之外，如体育频道、音乐频道、戏曲频道、电影频道等，还专门将电视的内容分成不同板块，如少儿节目、时事新闻、体育消息、电视剧、歌舞表演、时装荟萃、动画片、卫生与健康等，以增强选择对象的能力。

（五）互联网媒体的特点

1. 互联网媒体的优越性

(1) 具有很强的互动性。互联网最具有优势的地方是反馈的即时性，广告到达效果具有很强的可测性。

(2) 传播主体的多元性和信息的广泛性。互联网的这一功能为所有人提供了一个商业平台，使得所有的互联网用户既是广告主又是目标市场，互联网尤其为交易的便利快捷提供了方便。

(3) 庞大的数据库，容量的无限性。据统计测算，互联网上可检索的网页大约有 8 亿个，包含了约 15 万亿 bit 的数据信息，以及近 2 亿张图片。这些庞大的数据库，为市场信息的检测，品牌的市场销售，提供了一个评估广告及广告促销效果的最佳工具。

(4) 广告与网络营销相融合。互联网日益成为广告主或广告公司投放广告的最佳选择，使得互联网的商务利用率非常高，其基本运作包括：网页设计、搜索引擎、电子邮件、网址曝光和网络活动等。

2. 互联网媒体的局限性

由于互联网的虚拟性，信息传播者可以传播虚假信息，或进行网络欺骗，因而使得网络传播的真实性和安全性大打折扣，网络广告和网络营销对此都必须警惕。

（六）焦点广告媒体（现场广告）的特点

它是指以卖场的装饰性现场布置为传播媒体，在产品的终端现场，起着直接促成购买行为的作用。从营销层面上看，市场生动化对营销网络和品牌的支持，可以促进企业产品销售环节的良性循环。

焦点广告能够营造良好的现场销售气氛，引起消费者的注意，进而调动消费者的购买兴趣，促使其产生购买行为。对于销售商和生产商而言，现场广告可以使促销手段多样化，及时将最新的产品信息传达给目标消费者，使他们对该企业的品牌产生亲近感。

焦点广告媒体的种类很多，如：店头、垂面、地面、柜台、墙面、陈列等类型，可开发出一百多种广告形式。

（七）户外媒体的特点

1. 户外媒体的优越性

(1) 形象注目，容易引人注意。户外媒体又被称为继报纸、杂志、广播、电视四大媒体之后的“第五大媒体”，其理由是“大形象，远远就看得见”。由于户外媒体的面积一般比较大，形象注目，而且位置又多选择在市中心、商业繁华地区或交通要道，所以容易引人注意。

（2）形式多样，信息保留时间长。户外媒体有霓虹灯、路牌、交通运输工具、建筑物、过街天桥等，可供选择的形式是多样化的，而且户外媒体一次设计制作好的信息可以保留相当长的时间，如霓虹灯广告、过街天桥广告等。相对于报纸、杂志、广播、电视这些媒体来说，可以起到反复强化的作用。

（3）费用适中，企业能够承担。电视、报纸、杂志、广播这些大众传播媒体广告的设计、制作费用虽然差异比较大，但发布费用都比较高，一些中小型企业难以承担。户外媒体广告无论是从设计、制作费用，还是发布费用，相对于四大媒体来说都是比较便宜的，也是大部分中小型企业都能够承担得起的。

2. 户外媒体的局限性

（1）影响面小，无法选择广告受众。户外媒体一般都是固定的、单一的信息传播源，只能在局部地区发挥作用，属于地区性媒体，其影响面小。同时，户外媒体属于被动媒体，无法选择广告受众。

（2）表现力简单，信息容量小。户外媒体形式虽然众多，但是在广告表现力方面则比较简单，信息容量相对较小。这一方面是由于户外媒体以大为主，对细部的刻画就只能忽略，而以表现大轮廓、粗线条为主；另一方面是由于广告受众对户外广告往往一瞥而过，所以必须要突出重点信息，着重于大的方面。

（3）灵活性差，干扰因素多。户外媒体由于固定设置，长期使用，所以灵活性较差。同时，由于户外媒体设置在繁华商业中心、车站、机场、码头、街道、道路两旁，受到来往的车辆、行人和嘈杂环境的影响，干扰因素多，使广告的注意度降低。

此外，户外媒体不会有意识地被受众所关注，一般都是远距离地一看而过。因此，媒体的关注度低，受众的媒体接触情况不佳，这使得这类媒体在传播功能上偏重于产品提醒，而不适于详细的资讯传达。

二、广告媒体的选择方法

（一）经验法

经验法，又称尝试法，即先对各种媒体做小规模和短期的试验，评价其传播效果，然后做出选择。但在实践中更多的是根据过去使用各种媒体的经验和对其效果的评价来选择广告媒体。这种方法由于基于实际测试或过去的经验，所以在选择媒体效果方面还是很不错的，但测试需要时间和费用，所以，使这种方法受到了一定的限制。

（二）顺序探索法

顺序探索法，是指根据广告媒体有效暴露频次的大小顺序来依次选择广告媒体的一种方法。在一年的第一周，从所有的媒体中选择最好的一个投放广告，然后对其余可供选择的媒体根据媒体受众和媒体费用情况重新予以评估。如果这一周所达到的暴露频次低于原定的有效暴露频次的最佳水平，则在下一周再做选择时，要取代第一次所做的选择。这样的操作程序不断持续下去，直到达到最佳的有效暴露频次为止。

（三）分析法

分析法，又称剔除法，是将企业在该次广告活动中对媒体选择的要求一一列出，然后对各媒体进行整体评价，选择出符合要求或评价较高的媒体。通常采用表格分析和打分的方法，以 10 分制或 5 分制为最常见，某项满分代表该项最符合要求，最后计算总分，并结合各个单项的表现选择合适的媒体。

这种方法费时短，不用花费成本，但是理论与实际总是有一定距离的，而且对各个媒体在不同项目的评分也多半是基于主观估计，所以有一定的局限性。

（四）线性规划法

线性规划法是指在一定的限制条件下，通过实现媒体的组合以使广告有效暴露频次最大化的方法。该方法可以用于同时满足几个限制条件的问题。一般比较常见的限制条件包括：某特定媒体及其最大或最小的使用限制、广告预算规模等。广告主或广告公司一般通过组合的方式进行媒体购买，在总广告预算规模一定的前提下，广告主或广告公司可以得到最佳有效暴露频次的媒体组合。

但是，这种方法也存在一定的局限性。首先，它的前提假设是重复暴露的边际效果保持不变；其次，它假定媒体的成本是固定不变的；最后，这种方法无法安排广告的具体刊播时间表。

（五）按目标市场选择法

企业的产品都有自己的目标市场，因此，广告媒体的选择都必须针对这个目标市场，使产品的销售范围和广告的传播范围保持一致。如果某种产品以全国范围为目标市场，就应在全国范围内展开广告宣传，因此，它的广告媒体的选择应寻求覆盖范围广、影响面大的传播媒体，一般以全国性的电台、电视台、报纸、杂志及交通媒体为最佳。如果某种产品准备进军某一特定的细分市场，则应考虑哪一种媒体能够覆盖这一细分市场，并引起这一细分市场的注意，一般选择具有影响力的地方性报刊、电台、电视台及户外广告为宜。

（六）按产品特性选择法

在竞争日益激烈的市场中，产品种类繁多，服务形式也多种多样。不同的企业产品类型适合于不同的广告媒体。一般来说，印刷类媒体适用于规格繁多、结构复杂的产品；色彩鲜艳并需要进行技术展示的产品类型最好运用电视媒体、互联网媒体等媒体形式。工业品属于理想型购买品，如果其技术含量高、价格昂贵、用户较少，通常选择专业类杂志、专业报纸及展销现场媒体；如果其技术含量一般，价格适中，用户较多，也可以选择电视和一般报刊。生活消费品一般属于情感型购买品，广告主通常选择电视、杂志等媒体。

（七）按广告预算选择法

各个企业在广告方面的预算是不同的，有的可能高达百万元甚至千万元，有的可能仅几千元，这就决定了广告主必须根据自己的广告预算来合理地选择媒体，以达到最佳的广告效果。对于广告主而言，广告是一项既有益又昂贵的投资，广告主对广告媒体的选择要量力而行，量体裁衣。这就要求广告主在广告投放之前，必须对要选择的媒体的价格合理性进行精确的测算。如果广告的价格高于广告投放后企业所取得的经济效益，则不应选择此类媒体。

第三节　广告媒体的组合

由于媒体的多样化趋势和受众对媒体的多种选择，现代广告运作在媒体选择上往往不再局限于单一媒体，而常常采用媒体组合的方式，不管是单媒体策略还是多媒体策略，如果将企业自用媒体包括在内，都要做好媒体组合运用，这样，才能发挥出最好的广告效果。我们把同一广告活动中，采用两个或两个以上的媒体进行广告信息传播的方式称为媒体组合。媒体组合通过将经过选择的媒体进行合理的时间、空间的配置，增加广告传播的广度和深度，更好地起到广告宣传的目的。

一、广告媒体组合的优越性

广告主在媒体组合的选择过程中，采用媒体组合要比采用单一媒体更能提高企业品牌知名度和市场占有率，收到理想的广告宣传效果。广告媒体组合的优越性具体有以下几点。

（一）有利于扩大受众群体，弥补单一媒体覆盖范围的不足

现在，随着媒体产业的快速发展及新媒体形式的不断涌现，媒体组合的必要性日益凸显，并且每一个媒体都有自身的受众范围。因此，广告主在发布广告信息时，不可能要求单一媒体覆盖所有的目标市场，企业的其他诉求对象就需要通过其他媒体来实现。基于此，广告主选择的广告媒体必须具有一定的互补性，即媒体组合必须能覆盖企业诉求的所有目标群体，弥补单一广告媒体在受众接触范围上的不足。

（二）有利于弥补单一媒体传播频度的不足

媒体中有长期起效用的媒体，也有短期起效用的媒体，这都会影响每个目标

受众的接触频次，当传播频次不够时，就会直接影响传播的效果，进而影响企业的经济效益。当企业没有足够的资金，支撑电视类短效媒体多次反复播出时，就要考虑以长效媒体作为补充，或使用广播等廉价媒体反复播出，以加深受众对广告信息的印象。

（三）有利于广告信息的重复发布，加强广告记忆，刺激广告联想

在一定的时期内，受众对广告信息所产生的印象会逐渐淡化，对同一广告媒体的广告的注意在达到一定程度后也会逐渐降低。通过不同特性媒体之间的组合，一方面，可以延长受众对广告信息的注意时间，增加广告信息到达受众的次数；另一方面，不同媒体所进行的同一广告信息的发布往往具有相辅相成的协同效应，使消费者以不同的形式接收产品广告信息，产生不同的印象，有利于消费者增加对广告信息的深刻理解。

（四）有利于各媒体优势互补，产生合力的作用

科学的媒体组合，不是将各媒体简单地相加，而是各个媒体将其传播优势互补，形成合力，提高广告媒体的整体传播效果。因而在广告主广告资金有限的情况下，不必将广告费的大部分放在花费较高的单一媒体上，而是组合能最直接产生广告效果的媒体，积极配合销售终端的促销活动，降低广告的投入，以取得良好的广告效果。

（五）有利于媒体效用的最大化

所谓效用最大化，就是尽可能地以较少的广告投入，获得最佳的广告宣传效果。在进行媒体组合时，通过对各种媒体上发布的广告的规格和频次进行合理的优化组合，并且突出主要媒体的有效到达程度，可以达到事半功倍的最佳广告费用效果。

二、广告媒体的组合策略

广告媒体的组合策略是指在广告策划和投放的过程中，广告主所采用的媒体的搭配方式，其组合策略主要有下述几个方面。

（一）不同媒体类别之间进行组合

由于不同类型媒体的特点不一样，各自具有不同的优越性和局限性，其媒体传播的差异性也较大。在广告运作当中，跨媒体的组合方式往往可以收到很好的广告效果。一般可以采取视觉媒体和听觉媒体的组合、瞬间媒体与长效媒体的组合、大众媒体和促销媒体的组合。不同媒体类型的组合方式，一般以一种媒体为主，其他媒体为辅，传达多层次的信息，从而达到最佳的广告效果。如一家手机厂商推出了一款新型手机产品，在进行广告宣传时，充分考虑到了各媒体的特点，采用了不同类别的媒体组合方式，如图 8—1 所示。

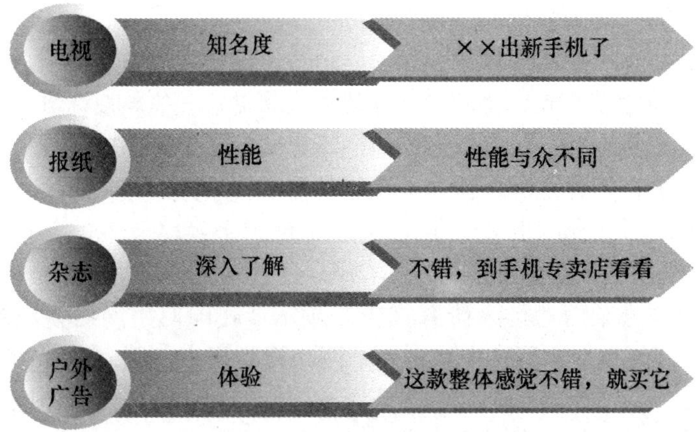

图 8—1 不同媒体类别组合示例图

（二）同类媒体不同信息载体进行组合

同一类的媒体有很多不同的载体，如电视媒体就有中央电视台和省、市电视台等。具体媒体间的组合策略有：全国性电视台、报纸和地方性电视台、报纸的组合等。

（三）不同媒体的单元或部分之间进行组合

不同的媒体包括不同的单元，例如，电视媒体有黄金时段和非黄金时段之分，栏目也有收视率高低之分，电视广告时间也有长短之分。因此要考虑时段、栏目和广告时长的组合。而报纸媒体就要采用位置和版面的组合策略。

（四）根据媒体的其他条件进行组合

媒体的其他条件，如企业产品所处的生命周期、环境条件、广告主的广告预算、环境政策条件等也制约着媒体组合的策略。因此，可以根据广告主的广告诉求，以及这些媒体的限制性条件，因时制宜，进行不同的媒体组合。

（五）主要媒体和辅助媒体进行组合

在企业所选择的几种媒体之中，应该有所分工，确定哪些是主要媒体，哪些是辅助媒体，在预算分配上应有所侧重，在广告发布的时间和频率上也要合理安排。特别是在内容表达上要结合各种媒体的特点，发挥它们各自的优势，以取得最大的协同效果。例如，电视的表现力丰富，适合表现商品的外形、款式、内部结构及使用效果，但在文字表现方面就稍逊一筹；而报纸可以容纳较多的文字信息，而且能够从容阅读，适合于对商品的有关性能、用途等进行详细的解释和说明。但如果刚好将表达重点倒过来，让电视进行文字说明，用报纸刊登商品的照片，那就不能够发挥这一媒体组合的效果。

三、传统媒体与新媒体的组合

随着网络媒体、手机媒体迅速发展，传统媒体遭遇了前所未有的冲击，传统媒体的主流地位撼动，新媒体的发展优势越来越突显。但新媒体并不能完全取代传统媒体而独立存在，传统媒体可以借用新媒体的渠道拓展其媒体空间，做跨媒体传播，创建新旧媒体之间的伙伴关系，从而实现共赢。

新媒体还有一个最突出的特点，就是实现了多媒体业务的共享。2008 年 6 月 17 日，中国互联网络信息中心（CNNIC）正式对外发布的《2008 年中国网络视频市场及网民视频消费行为研究报告》显示，我国使用网络视频的网民高达 1.6 亿，相当于每 1.3 个网民中就有一个网络视频用户。同时，我国网络视频行业，先后吸引了近 3 亿美元的风险投资，我国网络视频行业的竞争激烈但前景良好，正朝着多样化、融合化的方向发展。

因此，在当前新媒体迅速崛起的媒体市场中，广告主或广告公司仅仅依靠以报纸、杂志、广播和电视为代表的传统媒体是不行的，很多新媒体的功能、技术等，传统媒体是无法取代的。当前，广告主要想使广告效果达到最佳，提高自身的经济效益，将传统媒体与新媒体优势互补，在融合中实现共赢已是时代发展的必然趋势，也是媒体产业优化升级的必然要求。

（一）传统媒体与新媒体的融合情况

新媒体的发展给传统媒体的发展造成了前所未有的冲击，但是新媒体并不能完全取代传统媒体而独立存在。传统媒体具有成熟的行业规范、行业准则以及运营机制，占据不可估量的内容价值优势。新媒体需要成熟的传统媒体为其提供内容，而传统媒体可以借用新媒体的渠道拓展其媒体空间，利用传统媒体的品牌做跨媒体传播。

传统的报纸媒体首开先河，与门户网站、搜索引擎等展开合作，建立新媒体、跨媒体平台，无疑为报纸媒体转型注入了一针强有力的兴奋剂。2006 年 1 月 12 日，南方报业集团重拳出击，投资上亿元的新媒体项目“奥一网”（oeeee.com）正式上线测试。据称，这是国内 39 个报业集团中最大的新媒体布局项目。这家新兴媒体，聚敛了其集团自身的强势新闻资源，同时又购买了全国各地主流媒体的海量信息资讯；利用网络改组纸质媒体传统单一的采编模式，建构网络基础上的全国性报料平台，极大地提高了自身的影响力和知名度，在新媒体领域分得一杯羹。此外，报纸媒体还积极与手机运营商合作，成为手机媒体的内容提供商，联手开发手机报业务，挖掘手机媒体这一新兴市场，积极寻找创建共赢的运作模式。

电视媒体也在积极与网络媒体加强合作，如上海文广集团的上海东方卫视与新浪网在 2006 年达成战略合作伙伴关系，其着眼点就是看中了新浪网在全国范围内拥有超过2.3亿注册用户的庞大受众群。

同时，新媒体也积极寻找机会与传统媒体合作，创造媒体效果的最优化。在国内，不论是新浪、腾讯等门户网站，还是如视频直播类网站PPStream（网络电视）等，也都在积极与上海文广、凤凰卫视等内容提供商建立合作关系，从而实现增值增效，经济效益得到迅速提升。

（二）传统媒体和新媒体的媒体组合

随着新媒体与传统媒体的日益融合，并在融合中寻求二者的合作关系，达到合作共赢，广告主在制定广告策略时就会日益倾向于采用二者的组合策略。传统媒体与新媒体在内容和形式上实现优势互补。传统媒体利用其发展几十年所拥有的稳定的收视群体或目标群体，以及内容方面的权威性、专业性；互联网的发展仅仅十年左右，但其内容的时效性更强，信息容量更大、互动性更强以及形式的多样性，这些都要优于传统媒体。因此，二者的结合能够使广告主的广告宣传效果发挥得淋漓尽致，使广告主的目标群体得到更多的信息接触，促使其产生购买欲望，进而提高企业的经济效益。

选择二者的结合，是符合时代发展要求的，特别是数字新媒体与传统媒体的结合。2006年5月17日，《广州日报》和广东移动联合推出多媒体手机报纸——手机“炫报”，并发布免费体验版，以图文并茂的方式反映最新新闻，并融入音频、动漫、视频等表现手段。这是《广州日报》探索多媒体手机报纸的有益尝试。同时，推出专题性、个性化的手机报纸专版，为读者提供个性化的资讯服务。

四、广告媒体组合的运用

在广告活动中，广告主之所以要采用媒体组合来发布广告信息，根本原因在于要扩大目标市场的媒体接触次数，加深产品和企业品牌在受众心目中的形象，激发其联想，促成消费者的购买行为。采用最佳的媒体组合，使发布的广告信息能传达到所有的目标消费者。在媒体组合的运用时应注意下述几点。

（一）尽可能覆盖所有的目标消费者

企业广告主可将所选的广告媒体的覆盖区域加在一起，看该区域是否能覆盖该企业所有的目标消费者，此外，还要看广告的目标受众是否都可以接收到广告信息。如果这两种方法的组合不能达到，则需要根据没有覆盖到的那部分目标消费者，再选择合理的媒体形式与原先的媒体进行组合，以达到广告效果的最佳。

（二）选取媒体效果影响力重叠的集中点

多种媒体进行组合，就会出现两种或两种以上的媒体效果的影响力重叠的情况，如果该重叠处位于企业所针对的重点的目标群体上，那么企业在媒体的购买上所花的费用就很划算；但如果媒体效果的影响力没有重叠在企业所针对的重点的目标群体，那么企业所花的广告费用就不划算。因此，企业广告主在进行媒体组合时，一定要根据各自媒体的具体情况合理安排广告预算。应考虑在那些能对重点目标对象具有较强影响力的媒体上增加广告投入，而对于那些对企业的重点目标消费者具有较弱的影响力的媒体，企业应当削减广告投入。

（三）企业媒体组合运用的技巧

这里所说的技巧是指企业发布的广告通过媒体推出所采用的具体形式和技能。常见的媒体运用技巧包括：重点推出法、波浪式推出法、周期式推出法、渐弱式推出法等。

不同类型的商品或服务广告，具有不同的媒体组合技巧。如汽车广告可以组合运用报纸、杂志、电视以及户外广告、车展等多种媒体表现形式；生产资料的广告，可以组合运用报纸、广播、展销会、操作表演、户外等媒体形式。总之，广告媒体的组合运用，应有主有次、有先有后；每一种媒体运用技巧，都只适用于一定条件下的广告活动需要。此外，企业也应当在广告活动的实践中，根据实际情况，灵活运用各种技巧形式，并在使用过程中不断地总结经验，发展创新。

（四）做好自用媒体和租用媒体的运用

在利用大众传媒广泛传播广告信息的同时，还要做好企业自用媒体的配合工作。因为企业自用媒体自主性强，机动灵活，可以弥补租用媒体的不足，提高广告效果。例如，企业在大众传媒发布展销活动的广告，在销售现场就要充分利用销售点媒体布置各类销售点广告，如彩旗、海报、柜台展示等。如果没有做好销售点广告的配合，消费者看到大众传媒广告，兴冲冲赶到销售现场，却毫无展销气氛，消费者就会大失所望，从而产生对企业的不满情绪。

练习与思考

一、填空题

1. 媒体接触者的结构包括两个部分：________和________。

2. 媒体策划人员的任务就是要选择最有利的环境、最有利的地区、最合适的时间、最合适的________、最合适的媒体具体材料、最合适的________。

3. 报纸媒体的局限性是：________、________和________。

4. 节目视听众占有率是指在一定的时段内，________占________的比例。

二、多项选择题

1. 以下哪些属于杂志媒体的优越性？（　　）

A. 印刷精美，图文并茂　　　　B. 选择对象能力较强

C. 可以反复阅读和长久保存　　D. 最受欢迎，广告受众最广泛

2. 互联网媒体的优越性包括（　　）。

A. 具有很强的互动性

B. 传播主体的多元性和信息的广泛性

C. 庞大的数据库，容量的无限性

D. 广告与网络营销相融合

3. 广告目标市场策略主要包括（　　）。

A. 广告目标市场定位策略　　B. 广告促销策略

C. 广告心理策略　　D. 广告实施策略

4. 广告媒体的常用选择方法主要有（　　）。

A. 顺序探索法　　B. 经验法

C. 线性规划法　　D. 按广告预算选择法

5. 户外媒体的局限性主要包括（　　）。

A. 影响面小，无法选择广告受众　　B. 表现力简单，信息容量小

C. 灵活性差，干扰因素多　　D. 不会有意识地被受众所关注

三、名词解释

1. 信息到达率

2. 视听众暴露度

3. 广告媒体组合

四、简答题

1. 广告媒体的评价指标及媒体选择的影响因素是什么？

2. 广告媒体组合的优越性是什么？

3. 简述传统媒体与新媒体的融合情况，并举例说明。

案例分析

脑白金广告策略分析

在很多人看来，脑白金广告一无是处，更有业内人士骂其毫无创意、“土得令人恶心”。有趣的是，靠着这在网上被传为“第一恶俗”的广告，脑白金创下了几十亿元的销售额，在2001年，更是每月平均销售额高达两亿，“巨人”史玉柱也翻了身，再次踌躇满志地重出江湖。“土广告”打下大市场，不是用偶然性能解释的。对其广告策略进行剖析，我们一定能有不少启示。

1. 定位礼品 VS“曲线救国”

20 世纪 70 年代，A. 莱斯和 J. 屈特提出了奠定他们作为营销大师地位的广告定位论。他们认为，广告应该在消费者心智上下工夫，力争创造一个独有的位置，特别是“第一说法、第一事件、第一位置”等，创造第一，才能在消费者心中造成难以忘记的、不易混淆的优势效果。而“今年过节不收礼，收礼只收脑白金”的广告语就抢占了这么一个独一无二的定位——既有与传统送烟酒等“不健康礼品”一分高下之意，又把目标市场定位在具有保健效果的其他保健品中突显出来！正是这充满霸气地同礼品画上的等号，塑造出脑白金与众不同的形象，使得消费者想到礼品，不由得就想到脑白金。在我们这样一个礼仪之邦，礼品市场有多大？这个等号的价值又有多大呢？其实，脑白金敢于画等号也只是洞悉了一个简单事实：由于我国经济水平的限制，保健品本就存在“买的不用，用的不买”的购买者与使用者分离的现象，保健品需求变成购买力在很大程度上是间接的。至于功效颇有争议的脑白金，走直接道路更加困难，所以礼品定位真是不得不走的“曲线救国”之路。

2. 感性路线 VS 理性路线

因为是保健品的缘故，按法律规定，脑白金不能在广告中宣传治疗功效。所以，脑白金除了在软广告中打打擦边球以外，其他广告对功用的宣传力度都很小。作为不可避免的结果，脑白金购买者对其信任的态度仅为 6.2%。也就是说，大部分消费者怀疑其功效却还趋之若鹜。态度与行动背离的这种现象用传统的“广告——认知——态度——购买行为”的消费行为学模型是无法解释的。是消费者不理性？非也！美国营销学家米盖尔·L·雷认为，某些产品，消费者没有获取其信息的动机或缺少分析产品信息的能力，在这种消费者低参与度的情况下，广告就能超越态度改变而直接诱发购买行为，即“广告——认知——行为”。用于礼品的脑白金，购买者往往关心的是其档次、蕴涵的祝福，甚至包装等，对其功效反而不太关心了，这很容易理解，俗话说礼到情意到，礼品送出去就发挥了对购买者的价值了，至于到了最终使用者那里效果如何，就是厂家的责任了。况且，对于这些保健品，普通老百姓也确实没有能力参详透彻。所以脑白金作为消费者低参与度产品，出现态度与行为的分离也就不奇怪了。

3. 集中诉求 VS 升华卖点

广告之父大卫·奥格威一直告诫广告人，广告一定要谨守单一诉求。可惜许多广告人总是置其忠告于不顾，只恨不得把商品的一切卖点都罗列于广告之上。经验证明，成功的广告总是只向消费者承诺一个利益点，因为消费者从一个广告里只能记住一个强烈的概念。如英国政治家丘吉尔所言：说得越多，领悟得越少。少说些、锁定焦点，才能带来较高的广告效果。脑白金广告虽然简单，却也谨守了这一金科玉律，只通过姜昆、大山以及后来的老头、老太太等的表演，形象地传递出以脑白金为礼物可达到收礼者开心的效果。想想看，如果脑白金广告中不仅宣传自己是送礼首选，还孜孜不倦地讲解自己有改善睡眠、润滑肠道的好处，消费者恐怕也难以清晰地记得“收礼只收脑白金”了。

4. 频频亮相 VS 有效展露

重复是记忆之母。刘易斯·卡罗尔的《猎鲨》中有这么一句：“我已经说过三遍了，无论什么，只要我说过三遍，就是真的!”这用来描述广告的投放效果似乎也很合适。广告专家艾尔文·阿肯保姆曾在 1977 年提出了有效展示（Effective Exposure）的概念，指出广告展示存在一个下限，低于这个下限，广告信息与消费者就无法建立牢固的联系，广告就会浪费。研究同时发现，同样的广告播放多次会增加 20%～200%的记忆率。尤其是消费者低参与度的产品，广告展示的频次需要更高才能达到诱发购买的目标。脑白金绝对是认识到了这一点，极有魄力地一年就在广告上甩出了几十亿元。显然，没有媒体上的高投入、高投放，其广告也达不到满意的效果。但是重复也要注意时机和次数的适当。据研究，广告展示的频次增加到一定程度，很可能引发消费者的负面心理，反而会拖产品销售的后腿。

5. 阳春白雪 VS 下里巴人

常有商贩以“洋气”来形容自己卖的衣服设计超凡脱俗、卓尔不群。这也是许多广告人追求的目标，“土气”则成了大忌。在消费者被浩如烟海的信息包围的今天，平庸单调的广告是很难引起消费者的注意、达到广告效果的。故而有些广告人就沉溺于别出心裁、哗众取宠的效果，结果往往是消费者记住了广告，却忽视了是什么产品的广告，广告创意人的声誉提高了，产品的销售却不升反降。以世界级的 CLLO 大奖为例，历届大奖作品的广告主中，近一半在获奖后破产或是更换了广告人，因为设计太过阳春白雪的广告并没有帮助销售。还是奥格威说得好：“商品为什么一定要广告呢？如果能卖出东西，我希望消费者记住广告中的产品而不是广告本身。”创意必须与广告受众的欣赏水平、审美观、消费心理等相适应，即必须有度，否则就会让广告受众不知所云，就只能孤芳自赏了。按“黑猫白猫，能抓住老鼠就是好猫”的说法，我们也可以说，“洋广告土广告，能促进销售就是好广告”。衡量创意好坏得用市场说话，千万别用专家的眼光替消费者做判断，毕竟广告是服务于产品的。脑白金的广告片，无论是“大山版”，还是“老头版”，都是直白、土气，但却很有生活气息，易于理解，成为促进销售的最好力量。因而从广告服务产品的角度来说，脑白金广告是成功的。当然，若由主张处理方式同广告内容等同重要的广告大师威廉·伯恩巴赫评判，恐怕他还会要求脑白金广告在创意上多下点工夫，以取得更好的效果。

脑白金的广告并不完美，应该说存在一定缺陷。在几年的市场开拓中，没有注意培养品牌的内涵价值，知名度高而美誉度不高，导致缺少忠诚消费者。如今市场上出现愈来愈多企图在礼品市场瓜分蛋糕的公司，脑白金的定位优势已经大大减弱。如海王金博在春节前喊出了“不送礼品送心意”的口号、某 PDA 厂家叫着“送礼就送××短讯王”等，无疑是针锋相对地向脑白金叫板。海王金博们或许正击在脑白金的软肋上，因为礼品市场崇尚时尚性，总是喜新厌旧的。在众多新品的冲击下，脑白金还能凭借它的土广告坚守住阵地吗？

资料来源：http：emkt. com. cn/article/82/8230. html。

思考题：

1. 试结合本章知识评析脑白金广告策略的优越性和局限性。
2. 企业如何根据实际情况选择合适的广告媒体？

策划业务篇

广 告 实 务

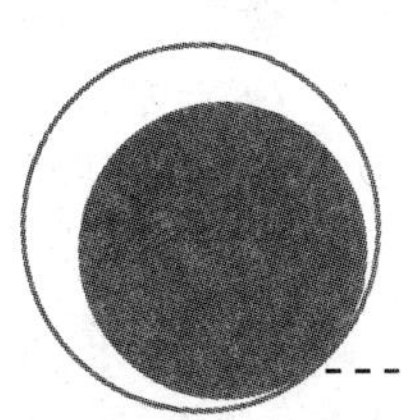

第九章 广告策划的流程与内容

内容提示

策划是人类在科学研究和分析的基础上对未来要进行的活动进行的创造性的整体计划，而广告作为一种营销传播活动，它的价值也在于营销价值的实现。广告策划要遵循一定的规律，按照一定的流程和具体内容进行。同时，广告人员在对策划的每一环节分析和评估之后，制订出相应的实施计划，最后形成一个纲领式文件，即广告策划书。

学习目标

学完本章，你应该能够：

1. 了解广告策划的概念和作用。
2. 熟悉广告策划的基本流程。
3. 掌握广告策划的基本内容。
4. 掌握广告策划书的编制。

第一节　广告策划的流程

一、广告策划及其作用

（一）广告策划的概念

广告策划的概念最早是由英国广告专家斯坦利·波特于20世纪60年代首次提出的，广告策划的理论本身处于不断地发展和完善过程中。因此，关于广告策划的概念也是说法不一，以下是比较权威的相关观点。

美国哈佛企业管理丛书编撰委员会认为：策划是一种程序，其本质上是一种运用脑力的理性行为，也就是说，策划是针对未来要发生的事情做当前的决策。

广告策划是根据广告主的营销计划和广告目标，在广告调查的基础上，制定出一个与市场情况、产品情况及消费者群体相适应的经济有效的广告策划方案。广告策划是一项动态的活动，包括一系列的决策，其将广告目标具体化、数量化，确定广告对象、广告战略、广告策略、广告主题、广告媒体选择、广告评估等，它是决定广告活动成败的关键措施。广告策划有两层意思，一是对未来广告活动预先计划安排；二是要确定广告活动具体的战略和策略。“策划”一词本身就带有出谋划策和计划安排两层含义。兵法有云：凡事预则立，不预则废。这里的“预”就是事先计划的意思。《孙子兵法》谋攻篇中有“故上兵伐谋，其次伐交，其次伐兵，其下攻城”之语，意思是说，用兵的上策是以谋略取胜，其次是以外交取胜，再次是消灭敌军，下策是攻打城池。所以，广告策划的好坏，尤其是广告战略和策略的制定，直接关系到未来广告活动的成败。

广告策划是现代商品经济的必然产物，也是现代媒体产业发展的结果，是广告活动科学化、规范化的标志之一。一般来说，广告运作由广告调查、广告策划、广告表现、媒体发布及效果测定五个部分组成。可见，广告策划对于整个广告活动来说，处于核心地位，是广告运作的中心环节，其他环节都必须服从于策划。同时，广告策划需要各个部门的通力合作，涉及面最广，广告策划是广告活动的灵魂。

广告策划从企业的营销策划开始，服从并服务于营销策划。企业的营销策划决定着广告策划的方向、方法、内涵和外延；广告策划对于实现企业的营销计划起着先导、辅助、促进的作用。总之，广告策划源于营销策划。在企业实现营销目标的过程中，最先开始的是企业的营销策划，而不是广告策划，没有企业的营销策划，广告策划也就失去了目标和依据。广告策划是企业最重要的营销沟通策划。沟通使得现代营销活动的各个环节保持顺畅，在这种状态下，企业担负着一个沟通者的角色。而广告作为一种传播活动，其通过各种传播的技巧和方法，对营销的各种要素进行推广，以确保营销目标的实现。

（二）广告策划的类型

1. 按照时间长短划分

按照时间长短划分，广告策划可分为长期广告策划、年度广告策划和短期广告策划。

长期广告策划：一般是指 1 年以上、5 年以下的广告策划。长期广告策划多为战略性计划，距离目前时间越远，由于各种不稳定因素和不可控制因素的影响，策划的内容就越简单，主要是从战略目标的制定上面考虑。

年度广告策划：一般以一个自然年度为周期来制定，也称为常规广告策划。

短期广告策划：多指在 1 年以内某一时间段的广告活动策划。一般多用在临时性广告活动、季节性商品的广告活动、新产品推介期广告活动等方面的广告策划，也称为辅助性计划。

一般来说，策划的广告活动周期越短，内容越详细具体；而周期越长，内容越简单。

2. 按照策划内容划分

按照策划内容划分，广告策划可分为整体广告策划和专项广告策划。

整体广告策划：是对企业某一时期的总体广告活动做全面系统的运筹规划。

专项广告策划：是对企业内部某项单一的广告活动进行的策划。专项广告策划可以根据产品类别、销售地区、媒体种类、时间区段等进行策划。

（三）广告策划的构成要素

在现代广告策划活动中，广告策划是由广告策划的主体、广告策划的对象、广告策划的依据、广告策划的方案及广告策划的效果五个要素组成。

1. 广告策划的主体

顾名思义，广告策划的主体就是广告的策划者。可以说，广告策划的主体包括广告主和广告公司。其一，广告策划是由广告公司代理广告主而做的，广告公司内部再组建广告策划小组来具体操作执行，广告公司是广告策划者。其二，广告主在广告策划过程中与广告公司积极配合，为其提供资料和信息，提出意见和建议，并最终决定广告策划是否能够通过审核。因此，广告主也是广告策划者。

2. 广告策划的对象

广告策划的对象是指广告主或广告公司进行规划的广告项目和广告活动。广告主或广告公司在广告策划过程中要为广告对象制定目标，确定广告战略和策略，进行广告创意，拟定广告预算和测定广告效果。

3. 广告策划的依据

广告策划的依据是指广告主或广告公司在进行策划时所拥有的相关资料和信息，主要来源于两个方面：一是广告主的营销战略和策略；二是目标市场、企业产品、竞争者状况及广告环境等信息。

4. 广告策划的方案

广告策划的方案是指广告主或广告公司为实现广告策划的目标，针对广告策划对象而制作的一整套富有创意的策略、方法和操作流程的组合。因此，策划方案必须具有指导性、创造性、可行性和实际操作性，才能保证营销战略目标和广告宣传效果的实现。

5. 广告策划的效果

顾名思义，广告策划的效果是指广告的经济效益。广告策划者根据所有的信息和资料对广告活动进行设计策划，并实施广告策划方案，而后对广告的效果进行评估和判断，如果此评估得出广告效果明显，即此次广告策划获得成功；反之，则广告策划失败。

总之，广告策划的五大要素相互影响、相互联系、相互制约，构成了一个完整、系统的有机整体，五大要素缺一不可。因此，广告主或广告公司在进行广告策划时，必须对广告策划的每一个因素进行统筹，注意彼此的制约和联系。

（四）广告策划的作用

广告策划在整个广告活动当中处于中心环节，起着关键的纽带作用。广告策划在广告调查的基础之上，经过广告策划者的精心创意，围绕广告目标、营销战略和策略得出一系列的方案、方法和操作步骤。广告主根据这一系列的方案制订广告计划，进行广告制作以及做广告效果测评等。因此，广告策划协调着广告调查、广告计划、广告制作、广告效果测评等环节，使其成为一个统一的有机整体。广告策划的作用具体表现为以下几个方面：

第一，广告策划能够促进企业产品的销售，扩大市场占有率。

企业通过精心制作的富有创意的广告策划发布产品广告信息，在市场上树立崭新的企业品牌形象，向目标消费者传达一种新的产品或服务信息，或以一种崭新的广告形式或内容来吸引消费者的注意，引起消费者的兴趣，激发消费者的购买欲望，促成消费者的购买行为。企业的产品销售额在此基础上会不断增加，市场占有率日益增大。一方面，企业在此基础上还会通过富有创意的广告宣传不断地开辟新市场，推出新产品，扩大生产规模；另一方面，随着企业市场规模的不断增大，它能够获取更多及时的市场信息，从而更好地指导企业从事生产和经营，不断缩短产品的销售周期，加快资金运转和循环，降低生产成本，使经营利润持续增加。

第二，广告策划能够促进企业生产经营各部门加强协调合作，改善经营管理方法，提高整体竞争力。

一个优秀的富有创意的广告策划需要企业各部门协调合作，积极提供策划所需要的相关信息和资料，以达到广告宣传的效果。同时，在广告策划的实施过程中，企业的各部门也必须积极配合，严把产品质量关，始终将消费者放在第一位，处理好顾客的意见和建议并进行信息反馈，努力提高整体服务水平。企业的生产部门加强生产管理，不断改进生产管理方法，节约成本，提高工作效率；企业的销售部门也应该积极寻找销售渠道，不断细分市场，使产品适销对路，并运用多种营销手段提高销售水平和销售服务质量，确保广告宣传活动的良好效果；企业的行政管理部门需使各级管理层信息沟通顺畅，及时根据灵活的市场信息做出准确的经营决策，并提高办事效率。

第三，广告策划促使广告活动在市场中更加规范化、科学化。

广告策划作为广告运作过程的一个关键环节，它是根据广告主的营销计划和广告宣传目的，在市场调查的基础上，制定出一套与市场情况、企业产品情况、目标群体相适应的、经济有效的广告计划方案，并加以实施，进行效果测评，从而为广告主的整体经营活动提供良好的服务与指导。广告策划自身具有一定的规律性和一套完整的运作流程，它能使市场中的广告活动更加明晰化、规范化。因此，企业主制定了广告策划，能使其在市场中的广告活动具有很强的目的性和可操作性，使广告活动成为一整套客观、系统、科学、有序的运作流程。

同时，广告活动日益规范化、科学化的运作，也使得广告信息的传播效率得以提高，传播效果更加令人满意。广告策划增强了广告的竞争力，使广告成为市场营销活动中对各种沟通要素进行整合的工具，成为市场中各企业之间激烈竞争的强有力武器。可以说，广告策划在增强广告活动经济效益的同时，也增强了广告活动的社会效益和心理效益。

第四，广告策划能够提升广告产业的整体服务水平。

广告策划已经成为广告活动的核心内容，也是衡量广告公司业务水平的标志性指标之一。在市场竞争日益激烈的今天，广告策划的主体针对广告策划的对象制定出一整套广告策划方案。该方案的实施不仅实现了企业的目标，强化了广告策划的市场作用，同时也提升了广告产业的整体服务水平。具体表现为以下两点：

(1) 广告策划将企业广告主与广告公司紧密联系在一起。广告主寻找广告公司做广告策划，发布广告信息，同时也为广告公司提供必要的产品和企业信息；广告公司作为代理广告主从事广告活动的专门机构，紧紧围绕广告主的营销目标和广告目标展开广告策划，使广告活动与广告主的营销活动协调一致。此外，广告是从企业的经营活动中分离出来的，从广告调查到最终的广告策划，每一步都对广告公司内部分工的细化和专业化有着更高的要求，即广告策划大大提高了广告公司服务的专业化水平。由此可见，广告公司的整体服务与企业广告主的营销活动紧密相连。

(2) 广告策划提高了对广告公司人员的选择和配置，以及相应的组织机构配置的要求。广告公司要想在竞争激烈的广告产业中占据一席之位，获得企业广告主的青睐，为其制作广告策划，就必须做到以下两个方面：一方面，广告策划能力包括广告调查能力、决策思维能力、创新能力、经营管理能力等，因此，广告公司需要选择和配备具有高水平广告策划能力的人才，以做出出色的、迎合市场信息的、符合广告主各种特殊需求的广告策划文案，帮助企业广告主在营销活动中形成以广告策划为核心的广告运作模式；另一方面，在组织机构的设置方面，广告公司应遵循一个指导性的原则，即设置以广告策划职能为核心的组织机构，以迎合其所形成的广告运作模式。

二、广告策划的基本原则

总的来说，广告策划是一个富含创造性的思维活动过程，也是一个富有变化的系统工程，它自身有一定的特性和运行规律。因此，广告策划在具体的执行和实施过程中应遵循一些基本原则和标准。

（一）目的性原则

企业从事任何活动都具有一定的目的性，广告策划也不例外。企业通过广告活动达到促进产品销售的目的，获取经济效益，同时扩大企业的品牌形象、知名度和美誉度；企业围绕营销目的和广告目标进行广告策划，使产品和服务信息更好地传达给目标受众，促进消费者购买，最终获得良好的广告宣传效果，扩大销售额，增加企业利润。

确定了广告策划的目的，其实就等于明确了广告活动的中心内容，进而把广告活动的各个环节有机地联系在一起。在广告策划过程中，市场调查必须要针对企业特定的产品性能、特定的市场环境、特定的消费者群体而进行；广告策略的制定也应该切实依据企业的市场定位以及竞争者状况而定；广告策划方案应紧紧围绕企业的营销目的和广告目标的实现而制定；广告媒体的选择也应根据各媒体形式的具体特点和优越性而定；广告策划效果的测评也应该以广告目标的实现、产品销售的促进、企业公共形象的树立等指标为依据。因此，广告策划的目标性或目的性很重要，明确正确的目标，以确保广告策划的各个环节都能顺利进行。

（二）整体综合性原则

广告策划的整体综合性，要求广告公司在进行广告策划时，必须将广告策划活动看成一个系统性、综合性的整体，其各个环节有机地联系在一起。从系统的整体与部分之间相互依赖、相互制约的关系可知，广告和产品是一个大系统中的两个小系统，二者相互协调，互为一致。广告的制定和实施，必须保持与企业产品的一致性，紧紧围绕产品的真实性能和质量，否则就会造成广告的虚假性，损害企业的公众形象和经济效益。

此外，广告策划的内容和形式应该和谐统一。内容是表现形式的根本，任何内容都需要一定的表现形式，而任何广告的表现形式又必须服从于广告内容，实现内容和形式的有机结合。同时，广告策划与企业的内部环境和外部环境之间也构成了一个整体的系统，广告公司在进行策划时必须利用内部环境中的有利因素，并积极根据企业的外部环境做出相应的调整，使广告策划具有极强的灵活性和市场适用性。

因此，在广告策划活动过程中，必须统筹好各个环节，并在统一的策划指导下进行广告运作。在媒体之间、策略之间，不能出现相互矛盾、相互抵触的情况，任何一个环节出现问题，都会直接影响整个广告活动的效果；要善于运用系统的综合性原理，注意每一个变量的变化可能引起的其他量的变化及其产生的影响，对整体目标进行综合分析，以最小的消耗获取最大的经济效益，实现广告策划活动的最优化。

（三）创新性原则

广告策划的实质是根据当前的条件对未来的事情做出决策，未来的不确定性和可变性就要求广告策划必须要创新，才能使广告主的广告宣传效果不同凡响，在激烈的市场竞争中占据一席之位。广告策划的创新要求主要体现为以下三点。

1. 广告活动的整体策划要具有创新性

广告公司应该根据广告主的要求，制定出具有战略创新性的广告活动的策划方案。运用全新的手段和方法进行市场调查，掌握大量先进的市场信息、行业信息及竞争者信息，再结合企业本身的实际情况，制定出既符合企业自身特点及定位，又能在广告全局规划和各个环节上突显特色的广告策划。

2. 广告策划的内容要别出心裁，富有创意

广告公司通过内部专业人士的构思，创造意境以充分表达广告主题。其一，广告策划的内容要切实依据企业的文化、管理风格、经营理念、产品和服务特色等，能准确地表达企业的品牌诉求；其二，广告策划的内容要富有创意，具有一定的独特性、新奇性和哲理性，使消费者接触到广告信息之后产生深刻的印象，达到广告宣传的效果。广告内容创意的好坏直接影响到广告宣传的效果和营销的成败。

3. 广告策划的表现形式要独特新颖，别具一格

广告策划的表现手法多种多样，但广告公司要寻找一种适合广告内容的表现形式，给人以崭新的视觉或听觉享受，并将我国传统的艺术形式和西方的表现手法相结合。总之，广告文案、广告画面及广告的版面设计等都要富含新的艺术构思，力求新意，力求新颖。

（四）可操作性原则

即使广告策划内容富有新意，表现形式新颖独特，但如果不具有很强的可操作性，那么广告策划最终也会失败。因此，广告活动策划自始至终都应贯彻可操作性这一原则，使策划的每一个环节都能够在市场经营中灵活运用。

随着企业的竞争日益激烈，市场的变化让人难以捉摸，广告活动的策划者一定要在选择广告计划之前，结合最新的市场信息，及时地对策划目标的达成性、可靠性、价值性和效益性等做出全面、综合的分析和评估，制定出具有一定弹性的广告活动的策划案。

（五）连续性原则

顾名思义，广告策划的连续性原则即策划的前后一致，不但应着眼于现实，还应着眼于未来。广告主的营销活动本身就是一个连续的过程，在一次次的广告活动之后，广告主应该采用以前广告策略中的合理性因素，摒弃不合理的因素，在以往广告的基础之上不断地发展和修订，在消费者心中树立统一的企业品牌形象。此外，策划要不断放眼未来，针对市场的可变性做出科学的市场分析和预测，不断地发现、满足和创造目标消费者的需求和欲望。

（六）效益性原则

毋庸置疑，广告策划的最终目的还是企业的产出大于投入，以最小的成本获得最大的效益。但企业在追求经济效益和经济利润的同时也应该兼顾社会效益，做到二者的统一。

毕竟，广告活动是一种经济活动，提高广告的经济效益是广告策划的首要目的。也就是说，广告公司在进行广告策划时，要同时兼顾广告主和目标消费者两方面的利益，争取以较少的广告费用去获得较大的广告宣传效果。广告公司要对广告预算实行严格的管理，选择最优的广告预算方案，做到不但能创造消费者的需求，扩大产品销售，树立企业的品牌形象和市场影响力，还能减少产品的流通费用以及其他环节的费用，节约成本。

三、广告策划的工作流程

广告策划是一项有组织、有目的的活动，也是一门集科学与策略于一体的艺术。广告策划人员须在科学的策划谋略和策划意识的指导下，严格按照现代广告操作的基本程序，遵循一定的科学方法和步骤进行策划，才能保证广告策划的成功。

作为企业整体营销活动的重要组成部分，广告策划的过程由不同的阶段组成。由于广告策划各个阶段的工作对象、内容和工作目标均有所不同，这就决定了各个阶段不同方面各有其特殊性。因此，一个规范的、科学的广告策划工作流程包括市场调查与分析、战略规划、制订计划、文本编写、实施与效果测评五个阶段。

（一）市场调查与分析阶段

一般来说，广告公司首先要组织策划组，规定任务，针对所要制作的广告策划进行整体的安排和规划，这是对策划前期工作的落实。随后进行的市场调查和分析阶段是该策划任务的开始阶段，该阶段的主要任务就是运用科学的方法和程序进行市场调查和相应的分析研究。市场调查为广告策划提供客观的信息和资料；同时，市场调查与分析的成果又为广告策划所用，所以它又要根据广告策划的要求来进行。根据广告调查和市场营销中的相关知识，市场调查与分析一般包括以下几个方面：

1. 广告产品调查分析

广告公司首先就要对其所做广告的对象进行深入的了解，以向目标消费者传达更多更准确的企业产品信息。通常，广告产品的调查主要是围绕产品生命周期、产品特征、产品品牌形象和产品定位四个方面展开的。广告公司通过将企业的产品与其竞争者的产品进行比较，找出产品的性能、质量、品质等方面的突出特点，找出该产品整体概念中无形产品层面的特点。

2. 广告主经营管理状况调查分析

广告主经营管理状况是指广告主的经营历史、当前的管理状况、行业竞争能力、企业知名度和美誉度等。对广告主经营管理状况的调查，一般是选取一些经营管理状况要素，制定调查表，通过发放问卷，设计出广告主的经营管理状况要素评分表，然后邀请社会公众和企业内部公众评分，进而综合了解企业的现实经营状况。调查表中一般含有管理水平、经济效益、人员素质、产品质量、服务质量等要素，广告主经营管理状况调查表如表 9—1 所示。

表 9—1　　广告主经营管理状况调查表

要素指标	最高得分	实际得分	备注
经济效益			
管理水平			
人员素质			
产品质量			
设施与技术水平			
服务质量			
新产品开发			
公关能力			
营销环境			
……			
合计			

通过对调查表的汇总分析，广告公司可以了解企业的优势和劣势，以便做到对广告主的经营现状心中有数，更好地进行整体广告战略的制定。

3. 竞争状况调查分析

随着市场竞争的日趋激烈，产品和服务同质化越来越严重。因此，广告公司在进行策划时必须对市场的竞争状况进行调查，进而了解企业产品的优势、企业的市场地位、企业所扮演的市场角色以及企业品牌形象等。一般来说，对企业竞争状况的调查包括两方面：其一，竞争对手的整体营销情况，主要包括主要竞争对手的营销手段及销售渠道的分布，竞争对手的市场占有率，竞争对手的经营状况和品牌形象等；其二，竞争对手的广告情况，主要包括竞争对手的广告目标、选择的主要广告媒体、广告预算、广告策略、广告的数量和规模等。

4. 媒体受众情况调查分析

一般而言，在广告策划过程中，对媒体受众的调查分析主要是指对媒体受众市场情况的资料和信息进行收集、整理及汇总。其实，也就是对企业的目标消费者的相关信息进行调查和分析，它主要包括两方面：其一，调查分析受众的人口状况因素，主要是了解受众的性别、年龄、民族、文化程度、职业、收入、家庭状况等情况，为对目标群体进行细分打好基础，有利于广告目标市场的选择和定位。其二，调查分析受众的消费行为和消费心理。其中，顾客参与和消费者产品或品牌关系的认知这两个概念对消费者行为的影响很大，可以作为课题进行研究。

（二）战略规划阶段

该阶段是广告策划的核心部分，也是广告策划的主体。在市场调查和分析的基础上，广告策划者对调查分析的结果做出选择，提出广告策划的战略战术。战略规划是指以策划人员为中心，结合相关资料确定广告目标，并进而得出广告的创意和表现策略，再根据企业产品、市场情况及广告特征等提出媒体策略。

1. 确定广告目标

广告策划者应根据市场调查和分析的结果，并结合企业所处的时期和阶段以及产品的生命周期，确定广告活动的具体目标。如：扩大产品销售、树立企业品牌形象等。

2. 确立广告主题

在策划者确定广告活动的目标之后，广告主题作为广告所要表达的中心思想就显得尤为重要。策划人员应结合企业的产品信息、市场情况以及目标消费者情况全面考虑广告主题，并赋予创意去表达广告主题。

3. 进行广告预算

广告预算是一个在广告计划期内广告活动的开展可以具体开支的资金数额和具体分配方案。它也是在广告目标确立之后尤为重要的实际工作，需要广告策划者与营销部门、财务部门一起商讨广告预算方案的制定。

4. 制定并选择广告策略

顾名思义，广告策略即广告信息的传播策略，是在广告信息传播活动中所采用的方法和方式。广告策划者必须明确广告的诉求、广告信息的表达形式、广告的目标，才能制定出广告策略。企业为了将广告主题付诸于实践，就必须对各种媒体的特性、表现方式、优劣性、地区等指标进行综合考虑，从而选择最合适的广告媒体或媒体组合、广告信息的传播方式、广告范围及合适的广告时机等。

（三）制订计划阶段

该阶段的主要任务就是制订广告计划，把战略规划具体化、系统化，使之具有现实的可操作性。广告计划确保广告策略的具体执行，同时也完善了策略规划的不足之处。此外，计划制订的主要工作就是确定广告运作的时间和空间范围，确定广告的费用预算，还包括选择怎样的媒体组合，如何确定广告的频率等。

同时，计划制订的本身也是对广告策划活动的一种监督和管理，它规定了活动中每一个环节的具体内容，为广告运作过程提供了参照标准。

（四）文本编写阶段

一般而言，在完成战略规划和计划制订之后，就需要用一个文本来描述整个广告策划，这种文本称为广告策划书。广告策划书主要包括：执行摘要、背景分析、营销目标、广告的目标市场、广告目标、广告策略、促销活动、具体实施计划、结论与评估等几部分内容。本章第三节将会对此内容作详细的阐述。

编写广告策划书有利于客户全面认知以及对策划结果进行调整，并与客户进行进一步的沟通和交流，对策划阐释说明，最后就策划方案达成一致意见。因此，广告策划书不仅是策划成果的集中体现，也是策划人员向客户阐释说明并争取更多广告业务的实质性依据，必须经过多次反复的修改、补充和审核之后才能完成。

（五）实施与效果测评阶段

在广告策划的方案形成之后，并且策划人员与广告主也达成了一致意见，最后广告策划进入了实施阶段。在此过程中，策划人员要进行创作、设计、媒体发布，并对整个实施过程进行监控和必要的调节。

在广告策划的整体运作结束之后，企业应该按照既定的广告目标进行广告效果的测评，看通过广告信息的发布是否达到了预期的宣传效果，是否达到了预期的企业营销目标和广告目标，并对整个广告运作活动进行总结。

第二节　广告策划的核心内容

广告策划是一项综合工程，其运作步骤多，内容丰富，涉及很多方面的工作，具体包括以下几方面。

一、广告调查

（一）广告调查的重要性

无论是哪种类型的广告策划，都必须首先进行广告调查。国家工商行政管理局于 1993 年颁布的《关于进行广告代理制试点工作的若干规定（试行）》中第三条规定："广告公司为广告客户代理广告业务，要为广告客户提供市场调查服务及广告活动全面策划方案，提供、落实媒介计划。"把提供市场调查服务作为广告公司从事广告经营的一个必不可少的前提条件，由此可以看出广告调查的重要性。

广告调查的重要性可以从两个方面来分析：

1. 广告与营销的关系

广告是营销组合中推广组合的手段之一，所以，要使广告手段与其他营销手段做好配合，充分发挥出广告在营销中所起的作用，在广告策划时就必须先进行广告调查，了解市场环境及企业营销的具体情况，才能使广告策划符合实际。而且，广告策划与企业营销不是一个被动关系，它需要对企业营销进行全面的评价，要对企业营销组合中不正确的地方提出改进意见，这样，广告才能正确发挥作用。否则，如果企业营销活动中部分策略不正确，广告也无法发挥其应有的作用。例如，企业生产的产品质次价高，无法与竞争产品抗衡，而要求广告能够改变这一局面是不现实的，必须首先从产品策略和价格策略方面进行调整，广告才能够重塑产品形象。但是，要对企业营销活动做出评价，首先必须进行市场调查，在掌握大量数据和资料的基础上，才能够提出改进意见。

2. 广告调查与广告策略制定的关系

广告策划的过程是一个系统工程，是对提出决策、实施决策、检验决策的全过程作预先的考虑和设想，而各种广告策略的制定，首先要建立在掌握大量情报的基础上，也就是说建立在广告调查的基础上。作为广告调查，它为广告策划提供客观依据，为广告创作提供设计素材，为广告效果测定提供检查手段，所以，广告策划不能缺少广告调查。

（二）广告调查的具体内容

广告调查，又称广告运作活动中的市场调查，是围绕着广告活动而展开的所有调查工作，它是市场调查的重要组成部分。广告调查具体包括以下几方面的内容：

1. 广告环境调查

广告环境是指策划的广告活动所处的总体环境。由于广告发布的环境对广告活动有直接或间接的影响和作用，所以，必须对市场环境进行调查，包括政治环境、经济环境、社会文化环境、自然环境、企业所处的竞争环境等。对广告环境的调查是开展广告活动的必要条件。

2. 广告市场调查

这里主要是指对与广告活动有密切关系的相关市场情况进行的调查，包括市场总体需求规模、需求变化趋势、产品销售渠道、市场占有率等方面的调查。

3. 广告产品调查

策划过程中对企业产品的调查主要包括产品的生产过程、原材料、生产技术、产品的质量情况、产品的外观、产品的价格、产品的体系等。只有掌握了广告产品的全面信息，才能准确无误地将产品信息通过媒体形式传递给目标受众，达到广告宣传的效果。

4. 广告对象调查

这里所指的广告对象其实就是企业的目标消费者或广告的媒体受众。前面内容也已有所介绍，通过对消费者进行调查，策划者主要是要了解消费者的一般情况和消费行为、消费心理情况。

5. 广告媒体调查

广告媒体调查就是对广告媒体的功能、特点、资费标准、实际状况所做的调查，以帮助确定媒体策略。它主要包括：

（1）媒体种类：可供发布广告的媒体种类。

（2）媒体数目：各类媒体的具体数目。

（3）媒体声誉：各媒体在公众中的影响和评价。

（4）媒体受众：各媒体的主要接触对象。

（5）媒体价格：各媒体的广告收费标准。

6. 广告效果调查

在广告信息发布以后，运用科学的方法研究广告活动的效果是否达到广告的预期目标。这种调查是对广告效果的一种测评，它一般包括前期、中期、后期测评三个阶段。

（三）广告调查的方法和技术

广告调查的方法和技术是指广告调查人员在调查过程中了解情况、收集信息和资料所采用的具体方法和技术。广告调查的方法和技术多种多样，每一种方法都有优点和缺点，但在实际的调查过程中，方法和技术的合理性主要取决于广告调查的具体目的和内容，并且广告调查人员在实际操作中一般将几种方法综合起来使用。

广告调查如果按资料来源进行划分，可分为文献调查和实地调查两大类，其中实地调查中常用的方法有三种：观察法、实验法和问卷调查法。广告调查从所属的关系来说，仍是市场调查的范围，因此，所采用的方法和技术与市场调查和预测所采用的方法和技术是相同的。

二、确定广告目标和任务

（一）研究企业营销目标

在确定广告目标之前，首先需要对各个产品和各个市场的销售目标和市场占有率目标进行详细的了解和研究，这是广告策划的基本任务。这些目标是作为市场营销目标而不是信息沟通目标和广告目标来确定的，市场营销目标必须在确定广告目标之前制定，以便广告策划人员能够根据营销目标制定广告目标和分配广告任务。

由于缺乏有效的策划方针，一些企业甚至是大公司对他们的广告活动目标和特殊任务在认识上也是极为模糊的。他们用“突出我们的企业名称”、“为销售补充弹药”等这样含糊的语句来要求广告活动，这种无知经常使广告经理感到迷惘而犯错误。因而，在大部分广告目标中，从一开始就被迷雾笼罩，使广告活动的效果无法被测量。像“在目标市场创造一个有利的印象，使销售增加和使利润达到最大”这样含糊的但却是“漂亮的花言巧语”般的对广告目标的表述，仅仅只会加强许多公司对于大量金钱被“浪费”在广告上面的不信任感。“我知道我花在广告上面的钱有一半被浪费了，但我不知道是哪一半。”零售商约翰·沃纳麦克表达的观点就是对广告目标认识不正确的典型代表。

广告是企业营销的手段之一，它必须服从企业营销目标的要求。因此，在制定广告目标之前，必须认真研究企业营销目标，了解企业的目标市场在哪里、目标顾客是什么人、企业要在该市场达到什么样的目的等，然后根据企业营销目标再确定广告的目标。

（二）确定广告受众

企业的目标市场决定着对广告受众的选择。但广告受众的范围要比企业的目标顾客范围更宽。因为在确定广告受众的时候，不仅要考虑目标市场的顾客，还需要考虑与目标顾客购买决策有联系和有影响的群体，他们中的某些人也应包括在广告受众中。根据市场营销学的研究，与消费者的购买决策有关的参与者，共有5种角色：发起者、影响者、决定者、购买者、使用者。广告是要通过信息的传播来达成购买，所以，必须要从多个方面考虑以达到此目标。

（三）制定广告目标

1. 广告金字塔模型

在制定广告目标时，指望一举成功是不现实的，因为广告受众对企业、产品等有关信息了解的程度有差别，接受广告的态度有差别，所以，通常用广告金字塔模型来表示广告受众接受广告的这种比例关系和循序渐进的过程（见图9—1）。

用新产品刚刚进入市场做例子来看广告金字塔模型比较容易理解。在新产品进入市场之前，消费者对于它处于一无所知的状态；广告的第一步就是要使尽可能多的消费者对这种产品产生认识；第二步给予消费者更多的是关于这种新产品的有关信息，如它的功能、用途等，使对这种产品有认识的一部分消费者理解这种产品的特性；第三步就是要继续提供足够多的关于产品及其特性的资料，使已

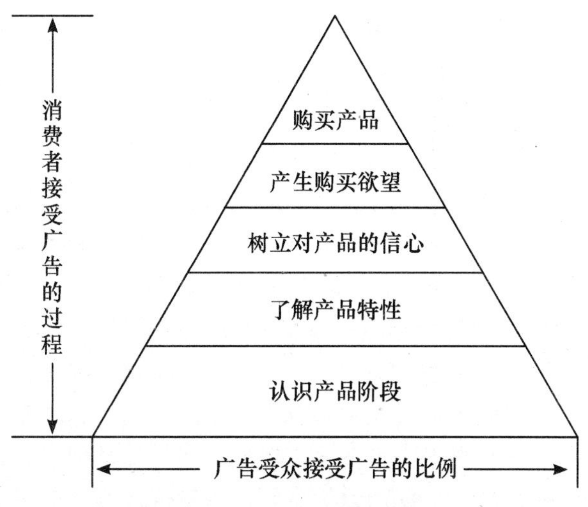

图 9—1 广告金字塔模型

理解产品特性的消费者中的一部分人确信自己的看法是正确的；在此基础上，有一部分消费者会对产品产生购买的欲望；而其中一部分人更会把这种欲望付诸实施，采取购买行动。这就是广告金字塔模型要阐明的观点。

按照广告金字塔模型的观点，广告目标的制定应该是分层次的，并且能够用数量化的方式表现出来。我们将广告金字塔模型理论应用在一家称为极点鞋业公司（Acme Footwear Company）的企业，将它的休闲鞋新产品第一年的广告目标做这样表述：

（1）要使美国年龄在 15 岁～49 岁、平均在每双鞋上花费 40 美元的，根据统计，一年有 1 000 万的妇女休闲鞋消费者中的 25％的人对极点鞋业公司的休闲鞋产生认识。

（2）要使上述的已对极点鞋业公司的休闲鞋产生认识的消费者中的 50％的人知道和理解，极点鞋业公司的休闲鞋是定位在高质量的，从精选的零售商处购买可以获得奖励性价格优惠。

（3）要使上述的已经知道和了解极点鞋业公司休闲鞋部分特点的消费者群中的 50％的人确信：极点鞋业公司的休闲鞋是高质量的、穿着舒适的、款式时髦的、价格合适的休闲鞋。

（4）刺激上述已对极点鞋业公司休闲鞋产生确信的消费者群中的 50％的人产生先试购买一双的欲望。

（5）诱导、激发已经产生购买欲望的消费者群中的 50％的人采取实际的购买行动，到他们附近极点鞋业公司的经销商处试购一双休闲鞋。

2. 广告目标的层次

根据广告金字塔模型的原理，把广告目标分为两个层次：信息传播目标和促进销售目标。

（1）信息传播目标：广告实现其目的是通过信息传播并被广告受众接收后起作用的，所以，第一个层次的目标应该是信息传播目标。包括信息到达目标受众率、对目标受众影响率、广告信息的记忆程度、广告信息的理解程度等。

（2）促进销售目标：广告的最终目的是要促进销售的增加，因此，必须设定促销目标。当然，设定促销目标有一定的难度，因为销售是受多方面因素影响的，广告只是其中的一个因素，同时，广告受众的心理状况也是多变的、不稳定的，广告活动在执行过程中也要受到多方面因素的影响，这些都为确定促销目标带来了困难。但是，可以根据广告金字塔模型，在排除其他因素影响的基础上制定促销目标。一般来说，广告促销目标主要以信息传播目标为基础，确定能使多少消费者采取实际的购买行动作为其促销目标，并尽可能用定量指标来表示。例如，上述美国极点鞋业公司最后的促销目标就可以用有关资料进行计算：

1 000 万×25％×50％×50％×50％×50％＝15.625 万

如果极点鞋业公司休闲鞋的平均售价是 40 美元，则：

15.625 万×40 美元＝625 万美元

在此基础上，结合其他因素进行考虑，就可以确定极点鞋业公司休闲鞋新产品在第一年的促销目标。

当然，广告金字塔模型只是把确定广告目标的思路趋向于用简单化的模型来表示，以帮助广告策划者了解广告目标与广告受众的关系。在实际的广告活动中，由于各个企业面对的市场不同、经营的产品不同、产品进入市场的时间长短不同、消费者对企业和产品的认识程度不同等原因，具体的广告目标也是不一样的。

（四）确定广告诉求

1. 广告诉求的含义

广告诉求从字面含义来看，是指广告的告诉和请求，也就是说，是指广告信息的传播重点。广告要花费成本，同时，又必须在有限的时间和空间内向广告受众传播信息，因此，必须有的放矢，即选好传播信息的内容和重点，这就是确定广告诉求的意义。

2. 广告诉求的层次

首先要确定广告诉求的范围，即广告要传达什么样的信息。由于广告主的目的不同，面对的广告对象不同，所以，广告诉求的范围也各不相同。从经济广告来看，广告诉求的范围主要有：商品广告诉求、劳务广告诉求、企业广告诉求、观念广告诉求、公共关系广告诉求等。

其次是要确定广告诉求的重点，即广告信息的宣传重点放在哪里。在广告策划中，确定广告诉求重点是非常重要的一项任务，广告策划人员要细心地去发掘，找出能打动广告受众，同时又与竞争产品不相同的宣传重点。在西方广告理论中，早期主要是以"USP"（Unique Selling Proposition）理论为主，即找出或创造出产品独具特色的利益，例如，李施德林漱口水的广告词"消除口臭"，M&M 巧克力的广告词"只溶于口，不溶于手"，就是具有代表性的典型例子。这一理论风行于 20 世纪 50 年代，在各企业产品在性能、技术、用途等方面差异较大的情况下，是广告策划人员确定广告诉求重点的主要指导理论。但随着科学技术的突飞猛进和市场竞争的加剧，各企业产品之间的差距逐渐缩小，这一理论的缺陷使广告策划人员在确定广告诉求重点时要找"USP"变得日益困难。从 20 世纪 60 年代开始，广告界开始运用"定位"（Positioning）理论做指导，在确定广告诉求重点时，为企业、产品、品牌塑造一个特殊的形象，定位在一个特定的市场位置上，例如，"第一等啤酒是麦克劳"，"七喜，非可乐"就是运用定位理论确定广告诉求重点的典型。由于各个国家的经济发展程度不同，具体国情不同，所以，在实际当中，无论是"USP"理论还是"定位"理论都有着它们的应用价值。例如，某日本产品在中国市场所做的广告，重点介绍产品功能，突出本企业产品的"USP"，被相当一部分广告界人士讥为"最没有创意的广告"，但他们在欧美市场所做的广告却与在中国市场的大大不同，其原因就是中国属于发展中国家，中国企业生产的产品与日本相比在质量、功能、款式等方面还有一定的差距，因而，就容易找到本企业产品的"USP"。所以，我国广告策划人员要根据实际情况灵活运用确定广告诉求的方法，而不能盲目和机械地照搬西方国家的做法。

（五）确定广告范围和时限

确定广告范围，就是要确定广告活动作用的地区大小，它对媒体选择、预算分配等都有直接的影响。广告范围越大，广告预算就需要相应增加。

确定广告时限，也就是要确定广告活动具体执行的起止时间，即确定广告活动的时间安排表。

三、制定广告策略

广告策略就是把产品的创意，针对其目标，在一定的费用内利用各种媒体的组合把广告信息有效地传递到目标受众。广告活动最基本的功能就是广告信息的传递，而选择广告信息传递的媒体，是广告运作中最重要的环节之一，也是广告媒体策略需要解决的问题。同时，广告预算也是有限的，需要在既定的广告预算下运用好广告媒体，达到比较理想的传播效果。

广告策略主要包括媒体的选择、广告创作方案、广告与营销的配合策略、广告发布日程和方式的确定等。

（一）媒体的选择

根据广告目标的要求，对广告活动期间要使用哪些媒体，这些媒体如何组合，广告内容如何与媒体配合，等等，做出决策。在此基础上，按一定的科学程序和方法对媒体进行选择，先提出媒体选择的目标，然后确定媒体类型；在选定的媒体类型中，再选定具体的媒体；接着确定在媒体上发布广告的方式以及进行媒体组合；最后由广告主审定媒体选择方案。

（二）广告创作方案

根据广告目标和选定的媒体，拿出各种媒体要发布的广告创作方案。例如，电视广告片剧本、报纸广告稿、杂志广告稿、电台广告稿等。

（三）广告与营销的配合策略

广告是营销组合中推广组合的一个要素，在广告策略中要做好与营销策略的配合工作。如广告市场策略、广告产品策略、广告竞争策略、广告促销策略等。

（四）广告发布日程和方式的确定

制定广告策略，还要考虑和确定如何使用已经选择的广告媒体。主要包括广告在什么时候发布，持续多长时间，在不同媒体上的发布方式，以及时段选择、空间布局等。

四、确定广告预算

广告预算是企业投入广告活动的费用开支计划，它规定计划期内从事广告活动所需要的经费总额，是企业广告活动得以顺利开展的资金保证。同时，广告预算也是企业营销计划和广告计划的重要组成部分，是企业经济活动中的一个关键环节。可见，准确地确定企业的广告预算是企业广告活动顺利开展、广告效果顺利达成的重点。

确定广告预算，可以合理地解决广告费用和企业利益的关系。广告活动的规模和广告费用的大小，与企业的生产和流通规模息息相关。在正常情况下，产品的销售量与广告的相对费用是成反比的，由于广告的宣传促进了企业产品的销售，使生产成本和销售成本降低，同时也降低了单位广告成本，因此，企业广告预算的规模和企业的经济效益是有着直接关系的。企业应该拿出多少钱来做广告？这些钱应该怎样分配才合理？这是决定广告活动保障的重要问题，再好的广告策划，如果得不到足够的广告预算支持，那也是空中楼阁。关于确定广告预算的有关问题，请参见本书第十章。

五、广告效果测评

广告策划的效果如何，最终取决于广告活动执行后的结果。作为广告效果测定安排，一方面，是全面验证广告策划实施情况的必不可少的工作；另一方面，也是增强广告主信心的必不可少的保证。所以，在广告策划中要对广告效果的测定时间、测定方式和具体的组织实施，做出安排。

第三节 广告策划书的编制

广告策划书，也称广告策划文案，是广告策划人员提供给广告主的代表广告策划工作成果的文件。它对广告策划工作能否取得广告主的认可，并进入具体执行阶段关系极大，也是广告策划人员学识、经验和水平的具体体现。本节从广告策划书的基本结构入手，介绍它的编制要求及基本内容。

一、广告策划书编制的要求

（一）重点突出，说服力强

广告策划书通常是广告公司或企业广告部门体现广告策划成果的重要文件，是要提请广告主或企业高层主管审议和决策的依据。所以，必须突出重点，而不能出现虽然面面俱到，但却无法理解重点在哪里的情况。同时，要具有相当强的说服力，使对方相信，每一项策略和措施都是经过了深思熟虑。所以，就要求对面临的情况列举清楚，对提出的方案要有比较和选择。

（二）努力贴近读者

广告策划书承担着一项重要的任务，即在向广告主阐明广告策划方案的同时，还应说服企业广告主审核认可。因此广告策划书在编制上要努力贴近读者。主要表现为以下三点：其一，策划者要找准切入点。策划人员应根据企业的市场情况及自身实际情况编制策划书，抓住广告策划的中心问题以及企业管理层最关注的问题进行阐述。其二，根据不同的需要设计策划书的风格。广告策划书的编制要围绕企业广告主进行编制，若广告主对广告行业和广告策划比较熟悉，则广告策划书的编制可相对简洁、明了；若广告主对广告行业和广告策划不甚了解，则广告策划书的编制一定要详尽，特别是对广告策略的选择应做详细说明。其三，广告策划中应少用专业术语，多使用通俗易通的语言，以便于双方进行良好的交流。

（三）逻辑严密，层次清楚

广告策划书的叙述在逻辑上要严密，层次上要清楚，不能颠三倒四，层次混乱。例如，广告设计方案是要结合广告媒体的选择进行的，所以，在还没有阐述选择什么媒体、为什么选择之前，就开始介绍广告设计方案，显然是不妥当的。

（四）形式配合得当

广告策划书中除了策划的内容之外，还有一些纯属用于引起读者兴趣的形式性因素。这些因素主要包括：在策划书中运用视觉化图表、视频等有利于阐述策划情况，并能显示策划书的丰富性和变化性；通过字体的变化以及内容中字体的变化，来强调观点；在版面的排列上也要注意美观，给读者一种规范、别致、工作态度严谨的感觉。

（五）数据准确，材料真实

在广告策划书中，为了要说明自己的观点，往往要用到许多数据和材料作为论据。要求所使用的这些数据和材料都是准确和真实的，如来自于市场调查或公开出版的文献资料等，就必须注明出处。如内容较多，可以放在附件中。

（六）结构合理，形式美观

广告策划书的内容结构要合理，有些篇幅过大的部分，可以分成几个单独的小部分。同时，广告策划书的外表形式要美观大方，一般用电脑打字并装订好，要给广告主留下良好的第一印象。

二、广告策划书的内容和结构

广告策划书的基本内容就是完整叙述广告策略及其执行过程的专业文本，大体上来说，是按照广告策略的产生和操作过程的逻辑顺序和时间顺序来安排的。它大致可以分为以下几部分。

（一）前言（执行摘要）

前言部分一般包括：

（1）本次广告策划任务的委托者和执行者。

（2）广告策划名称、时间。

（3）广告策划报告的结构。

（4）广告策划人员的分工。

（二）市场调研及分析

1. 企业的目标市场情况

（1）市场范围分析。对企业目前的市场范围进行分析，并评价是否合理，是否需要拓展或收缩。

（2）目标顾客分析。企业现有目标顾客的年龄、性别、职业、收入、兴趣爱好、购买动机等情况的分析。

2. 企业的营销策略执行情况及评价

（1）产品策略。包括产品定位、品质、款式、包装装潢、品牌商标等策略的评价，肯定优点，指出缺点和需要改进的地方。

（2）价格策略。目前的价位是否合适，与企业形象、品牌形象是否冲突，与目标顾客的购买力水平是否适应等问题的评价。

（3）分销策略。分销商的选择是否合适，能否保证供应和积极推销本企业产品；渠道成员是否合作，有无冲突和恶性竞争现象等。

（4）推广策略。对企业的推广策略，尤其是广告策略做出评价，例如：广告投入是否合适，广告诉求重点是否有效，广告媒体的选择是否合适，广告表现是否有冲击力，对销售有无促进作用。

3. 市场竞争状况分析

（1）同类产品分析。对同类产品的数目、市场占有率、产品定位、价格水平、广告活动情况等进行评价和分析。

（2）替代产品分析。对替代产品目前市场销售状况、消费者评价、产品定位、广告活动等情况进行分析，对是否已对本企业产品造成威胁做出评价。

（3）主要竞争对手分析。对目标市场上本企业的有力竞争者做出评价，并比较本企业与主要竞争对手的优缺点，以便采取必要的对策。

（三）市场营销目标及广告目标的评估

1. 市场营销目标的评估

主要考虑目前的市场营销目标是否合理，还需要在哪些方面再做努力或调整。

2. 广告目标的建立与分析

根据对企业营销目标的评估与分析，提出企业的广告目标。广告目标应该具体，既有定性指标，也有定量指标；既有传播目标，也有促销目标。

（四）广告策略的选择及理由

阐述根据广告目标所确定的广告策略，但必须要说明选择的理由。

1. 广告媒体策略

包括对主要媒体、辅助媒体的选择；媒体的组合搭配；发布的起始时间、持续时间、频率；媒体的具体材料（如版面、栏目等）。

2. 广告定位策略

根据企业市场定位确定广告定位的策略。在确定广告定位时必须注意，一是定位要准确，要迎合消费者的需要；二是要从长远出发，慎重决策，不能朝令夕改，反复无常。

3. 广告实施策略

确定广告如何发布，包括发布的范围、方式等。这部分通常是与广告媒体策略结合起来考虑的。

4. 广告与其他营销策略的配合

主要是在广告活动期间所采取的其他营销策略与广告如何配合。如：赠品、抽奖、降价、现场展示等。

（五）广告设计方案

介绍主要媒体如电视广告、电台广告、报纸广告、杂志广告、大型户外广告的设计方案，有的还需要附上广告设计样板。如果广告设计方案包含的内容较多，且包括具体的广告设计样板，通常将这些内容放入附件部分。

（六）广告预算及分配

包括确定广告预算所采用的方法和理由、广告预算总额、广告预算的具体分配计划和依据等。

（七）广告效果测定安排

包括广告效果测定的时间和次数、所采用的方法和依据、测定机构和人员、测定费用的安排等。

（八）附件

包括市场调查的原始材料、所引用的文献资料及数据、广告设计样板等不适合放入策划书正文部分，但又与策划书有密切关系的材料。

练习与思考

一、填空题

1. 广告策划有两层意思，一是对未来广告活动预先计划安排；二是________。

2. 广告策划按照策划的内容可以分为________和________。

3. 广告策划的构成要素包括：广告策划的主体、________、广告策划的依据、广告策划的方案及________。

4. 广告策略主要包括媒体的选择、________、广告与营销的配合策略、广告发布日程和方式的确定等。

二、多项选择题

1. 下列选项哪些属于广告诉求的范围？（　　）

A. 商品广告诉求　　B. 企业广告诉求

C. 公共关系广告诉求　　D. 劳务广告诉求

2. 根据广告金字塔模型的原理，可以把广告目标分为两个层次，即（　　）。

A. 信息传播目标　　B. 广告效果目标

C. 促进销售目标　　D. 增加利润目标

3. 广告调查如果按资料来源进行划分，可分为文献调查和实地调查两大类，其中实地调查中常用的方法有（　　）。

A. 观察法　　B. 实验法　　C. 分析法　　D. 问卷调查法

4. 媒体受众情况调查分析包括（　　）。

A. 受众的人口状况因素调查分析　　B. 受众的消费行为调查分析

C. 竞争对手广告情况调查分析　　D. 竞争对手的营销状况调查分析

5. 广告策划书在编制上要努力贴近读者，主要表现在下面哪几个方面？（　　）

A. 策划者要找准策划切入点。

B. 根据不同的需要设计策划书的风格。

C. 广告策划中应少用专业术语。

D. 多使用广告主通俗易通的话语。

三、名词解释

1. 广告策划

2. 广告诉求

3. 广告调查

四、简答题

1. 广告策划的基本原则及工作原则是什么？

2. 广告策划的核心内容包括什么？

3. 广告策划书的编制要求及基本内容是什么？

案例分析

可口可乐在中国台湾地区广告媒体策划

广告媒体是进行广告活动的物质技术手段。广告媒体策划，就是对广告媒体的恰当选择。广告媒体的种类很多，有报纸、杂志、电视、广播、录像、影碟、网络等。广告媒体不同，其广告效果亦不同，在确定广告媒体时，要注意以下问题：第一，广告媒体的收费高与低；第二，广告媒体的影响层和影响力；第三，广告媒体的发布时机和效率；第四，各种媒体的配合；第五，商品的特殊性和销售范围；第六，宣传对象。

中国台湾地区的可口可乐广告策划对广告媒体进行了详尽的分析，对所选择的媒体在“理由”上进行了详尽的陈述，现转录如下：

广告之类之选择：在地区方面，根据客户之意见，以台湾北部为主，中部及南部为次；在媒体种类方面，我们根据以下两项原则作为取舍标准：第一，要能为“可口可乐”找到推销之对象。第二，能最有效地表达“可口可乐”之广告特色及主题。

根据上述两项原则，我们建议，“可口可乐”推销广告应综合利用以下 4 种方式。

电影：台北市首轮西片或国语片电影院。

电视：台湾电视公司。

电台：选择“台北中广”及“正声”两电台。

报刊：选择中文报三家、英文报两家及两本畅销杂志。

第一类：电影广告。

以台北市电影院为“可口可乐”广告之主干。理由如下：

首轮电影院能吸引我们所需要之对象；首轮电影院能以完备之“声”及“光”，将“可口可乐”广告片中之美丽色彩、活泼形象、动听音乐，以及广告主题，完全表现出来。

故此类广告，不但能为“可口可乐”找到所需要之上等或中等收入之家庭成员，而且综合发挥“视觉与听觉”之美观，直接、有效地将我们之广告目的，传达于观众，并使之留有深刻印象。

第二类：电视广告。

电视与电影性质相同，而且拥有电视之家庭，必然属于上等阶层，正是我宣传之对象。遗憾的是台湾只有一家商业电视公司，既不能举办特约节目，且广告时间早已排满，我们利用者不多，故电视只能作为电影之辅助。

第三类：电台广告。

此类广告优点在于能利用音响，以乐曲形式，加深听众对“可口可乐”广告主题之印象，并使其易于记忆。

我们选择“台北中广”及“正声”两电台，因其听众较多。

第四类：报刊广告。

以上电影、电视、电台为“可口可乐”广告主要方式。此外，在上市时期，以报纸及杂志作辅助宣传，且“可口可乐”在台湾上市，亦属有价值之新闻。

我们为使外国侨民及能说英语之中国台湾人士（上等收入阶层）得知“可口可乐”已经上市，选择英文报两份：一为《中国邮报》(China Post)，每日发行量 130 000 份；二为《中国日报》(China News)，每日发行量 8 000 份。

在中文报方面，共选三份：一为《中央日报》(每日发行量 115 000 份)；二为《联合日报》(每日发行量高达 200 000 份)；三为《征信新闻》(每日发行量 130 000 份)。此三份日报，均在全省发行，故台湾中部及南部读者亦能看到我们的广告，且其拥有之读者，大都为上等或中等收入阶层（包括商界、自由职业者、学生及公务员等）。

此外，我们亦须利用彩色印刷之优点，以增强报刊广告之效果。

因此，我们选用最畅销的两种杂志，即《读者之摘》中文版及《台湾电视周刊》，使“可口可乐”之广告，能进入上等收入的家庭。同时，杂志的阅读时间较报纸为长，辗转阅读人数亦较多。

关于各类广告分配：

电影方面。于开始之5月至9月，所有12家台北首轮电影院，均放映一分钟广告片。

电台方面。我们建议在“正声”电台，由5月起至9月止，每日为青少年举办流行歌曲特约节目一小时。由此特约节目，可得4分钟广告时间，如善为利用，可播出25秒广告8次。此广告量甚为可观。

至于台北中广公司，其收费较“正声”电台贵。故在中广，只用插播，由5月至9月，每日插播30秒广告10次。

电视方面。由于广告太挤，只能在开始之5月及7、8两个旺月，每星期3天，每日“插播”乙级时段30秒广告3次。

报刊方面。我们所选定的5份中英文报，每报刊登半页广告1次，1/4页广告5次。其分配为：在开始这一星期各刊半页广告1次，以后连续3个星期每星期刊1/4广告1次，6月份暂停。7月份之头两星期再恢复每期刊1/4广告1次。

至于杂志方面，我们建议《读者文摘》在7、8两个月刊登四色全页。《台湾电视周刊》则由5月起至9月，平均每两星期刊登两色全页广告1次。

总括而言，我们的广告量极为充足。在开始的5月及7、8旺月，广告量尤为集中。

我们推算各类广告观众数目：电影观众约有64.1万人；电视观众约有57.6万人；电台听众约有53.3万人；报刊读者约有55.7万人。

推算方法如下：

影院观众数目（见表9—2）：

表9—2　影院观众数目统计表

电影院名称	座位次数	电影院名称	座位次数
台北国宾	5 688	远东	5 617
日新	5 100	豪华	5 182
台北	5 952	乐声	5 739
第一剧院	5 235	国声	5 610
大世界	5 124	新世界	5 610
万国	5 120	国际	4 160

每日合计：64 137 人，观众总数（10 日计）：641 370 人。

我们之推算，乃以每一电影院每 10 日换片一次为根据。在此 10 天内之观众，重看着极少，故 10 天期限内之观众，即为电影观众之总数。

电视观众数目：

台湾地区电视机估计总数 111 000 台。台湾地区北部约有电视机 82 276 台，每一台电视机平均观众数 7 人。因此台湾北部之电视机观众为：575 932 人，

电台听众数目：

台湾地区北部收音机台数：台北市 392 573；台北县 19 045 台；阳明山管理局 9 005 台；桃园县 65 000 台；基隆县 47 225 台。总计为 532 848 台。

由于缺乏每台收音机之收听人数资料，我们按至少为一人计算。在“可口可乐”插播广告之五个月内有收听电台之观众，必会收听“中广”、“正声”，不论是同时收听或轮流收听，因此听众之最低数目，应与台湾地区北部所拥有的收音机台数相同，亦 532 848 人。

报刊读者数目：

《联合日报》，每日发行量 200 000 份；《征信新闻》，每日发行量 130 000 份；《中央日报》，每日发行量 115 000 份；《中国日报》，每日发行量 13 000 份；《中国日报》，每日发行量 8 000 份；《台湾电视周刊》，每日发行量 20 000 份，《读者文摘》（中文版），每日发行量 71 000 份。总计 557 000 份。

我们虽缺乏报刊读者的统计总数，但以最保守之估计，每份读者为一人，则读者之总数，应为 557 000 份。

资料来源：艺术中国网（http://www.artcn.cn/onlone/ysgl/qygl）。

思考题：

结合本章相关知识，试评析该广告媒体策划。

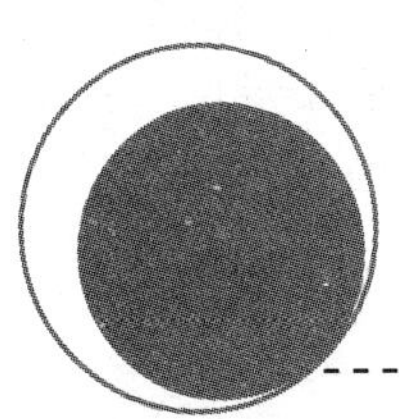

第十章 广告预算与广告效果

内容提示

广告预算关系到企业在多大的资金范围内开展广告活动，它是企业广告活动的物质保证，因此必须运用正确的方法，并考虑多种影响因素，做出准确、科学、客观的广告预算。广告效果是整个广告活动最受重视的问题，企业的广告活动成功与否，关键要看广告效果如何，这需要企业予以高度重视和认真研究，并采用科学的方法对广告效果进行测评和分析。

学习目标

学完本章，你应该能够：

1. 了解广告预算的概念和意义。
2. 了解影响广告预算的因素。
3. 熟悉广告预算的内容和编制方法。
4. 掌握广告效果的特性和测定标准。
5. 掌握广告效果的常用测定方法。

第一节　广告预算概述

一、广告预算的概念和意义

（一）广告预算的概念

广告预算是指企业对计划期内投入广告活动的费用总额和使用分配的具体安排计划，是广告活动的物质保证。

如果对计划期要花费多少成本或费用不做计划，这样的营销策划和广告策划是不完整的，因此，广告策划人员要对未来广告活动制定出合理的广告预算，并且还要有充分的理由说服企业广告主，让他们相信这样水平的广告预算对保证营销目标的实现是必需的。

广告预算有不同的分类标准。按广告计划期的长短可以分为长期广告预算和短期广告预算；按广告计划期限范围大小可分为总的广告预算和单一商品广告预算；按产品所处的生命周期可分为新产品广告预算和成熟产品广告预算。此外，按不同的广告媒体、不同广告地区，还可以划分为多种不同种类的广告预算。

（二）广告预算的意义

1. 它是广告活动得以进行的物质保证

广告调查、广告设计、广告制作、广告发布等活动都需要花费成本和费用，没有广告预算，这些活动就不能得到落实，广告活动也就不能正常进行。

2. 它是测定和评估广告效果的依据

广告效果的评估需要考虑它的投入与它所带来的效果，没有广告预算，对投入广告活动的费用不加统计，测定和评估广告效果也就失去了意义。

二、影响广告预算的因素

广告预算关系着广告活动的成败，影响着整个企业的生存与发展，所以企业在制定广告预算时，必须综合考虑影响广告预算的一些主要因素，以使整个广告活动顺利进行。

（一）广告主的实力情况

对于企业来说，广告是一种极具风险性的投资，并且广告主的实力情况直接影响到广告预算。广告费用从投入到广告活动至达到广告效果、获得经济效益需要一定的时间，所以经营管理水平高、实力较强的企业广告主可以支付较高的广告预算，而且有能力承担广告投入到获得销售收益之间的时间差；反之，经营管理水平一般、实力不强的企业广告主只能支付较少的广告预算，影响广告活动的顺利开展。

一般来说，实力较强、规模较大的企业抗风险能力较强，广告预算的支付能力强；而规模较小、实力较弱的企业抗风险能力弱，广告预算支付能力弱。

（二）产品目标市场的大小

市场范围越大，广告预算也就越多。但企业在较大的目标市场进行广告活动时，由于区域过大，各个具体地区的情况往往是不一样的，所以，除了从整体上考虑之外，还应将目标市场进一步细划，以便根据具体情况分配广告费。例如，某企业产品行销全国市场，除了利用中央电视台等全国性媒体发布广告之外，还要考虑细分成西北、西南、华北、华南、华东等市场，再根据这些市场的具体情况制定和分配广告预算。

此外，目标市场的大小还与企业产品的特性、广告投放区域、消费者需求等因素有关。

（三）产品的生命周期

产品的生命周期（Product Life Cycle，PLC），是指企业产品从投放市场到衰退所经历的整个过程，它一般包括四个阶段：导入期、成长期、成熟期和衰退期。不同的生命周期的产品具有不同的市场潜力，企业应根据产品的不同生命周期阶段进行合理的广告预算分配。

1. 导入期

企业产品刚刚进入市场，各方面都不成熟，缺少知名度，尚未形成成熟完善的产品销售渠道，市场竞争力弱，产品的品牌力也不强。此时，广告主通过发布广告信息向目标消费者传达产品的详细信息，以及能给消费者带来的核心利益和效用。刚开始可以尽可能地选择比较引人注目的广告媒体，扩大信息传递的广度和深度，努力增加广告费用的投入，树立产品的品牌形象，提高产品的知名度和美誉度。

2. 成长期

处于该阶段的企业产品已经具有一定的市场知名度，完善的产品销售渠道正在形成，企业的销售利润也在逐步增加，市场的覆盖范围也在逐步增大。此时，企业可适当地减小广告预算的规模，使广告预算的投入有所侧重，继续进行广告宣传，促进消费者的品牌联想，使企业的销售额继续增加。

3. 成熟期

处于该阶段，产品完善的销售网络已经形成，企业的产品在市场上已经具有很强的品牌影响力和知名度。并且企业的产品也具有一大批忠诚的消费者，市场上的竞争程度也空前激烈。随着市场竞争的日益激烈，企业应加大广告预算的投入，运用多种媒体的组合进行广告宣传，努力维持市场的份额，扩大市场占有率和市场渗透能力。

4. 衰退期

处于该阶段的产品开始走下坡路，产品的销售开始减少，企业慢慢进行战略转移，这一阶段企业即使增加广告费用的投入，也起不到所期望的效果。因此，企业此时应该再次缩减广告预算规模，将更多的广告费用投入到其他新产品或成熟产品的广告宣传上。

（四）市场竞争状况

广告是市场竞争的产物，企业在广告市场上可以看出竞争的激烈程度。企业为了增强自身的竞争力，一般会通过增加广告预算，来打破以往的市场平衡状态，力争在激烈的竞争中获得先机；如果企业已取得领先地位，它仍会维持较高的广告费用，以维持这种领先地位，并及时应对未来的挑战。

因此，在市场竞争平缓的情况下，广告预算可以根据常规确定，但在市场竞争激烈的情况下，企业必须加大广告预算，才能在广告竞争中继续保持优势。所以，企业在确定广告预算时必须考虑未来的市场竞争状况。

（五）广告媒体和广告频次

可以说，广告媒体费用是广告预算中最大的开支项目，通常占到80%左右，不同的广告媒体的购买价格不同，所需要的广告预算也相差较大。因此，广告媒体的选择会对广告预算产生重大的影响。

广告频次是在一定时期内，企业的广告信息在某一特定媒体上出现的次数。而企业要想达到一定的广告宣传效果，就必须在一定的时期内维持一定的广告频次。广告预算与广告频次成正比例关系，广告频次越大，则广告预算规模越大。

三、广告预算的分配及战略

（一）广告预算的分配

广告预算的分配常见的有以下几个方面。

1. 按媒体类别分配

即将广告活动中所使用的各种媒体分类，并根据任务量的大小分配广告费，同时，在每一类媒体内部，再根据任务分工的不同予以分配。

2. 按商品类别分配

即按照企业的商品大类，根据其营销目标及销售额等情况分配广告费。

3. 按地区分配

即按照企业市场范围，划分成若干地区，根据企业在每个地区的营销目标分配广告费。

4. 按时间阶段分配

即根据广告活动的时间工作表和各时间段的广告任务情况分配广告费，如按季、月或周来分配。

5. 按广告对象分配

即根据目标广告受众的不同来分配广告费。如生产商既要对中间商做广告，促使他们多进货，也要对消费者做广告，激发他们的购买欲望；某些产品，目标消费者不同，其关注的焦点不同，接触的媒体也不同，如计算机的目标顾客有商业机构、科研院所、学校等，还有家庭和个人，在分配广告预算时就要考虑按照目标顾客的类型来确定分配的数额。

6. 按广告任务分配

即根据广告调研、策划、设计、制作、发布等广告任务量的大小来分配广告费。

以上这些分配方式，经常是几种结合在一起综合使用的，这是需要注意的地方。

（二）广告预算战略

1. 产品生命周期与广告预算战略

产品生命周期是将产品进入市场到被淘汰的过程分成为4个阶段，即导入期、成长期、成熟期和衰退期，根据不同阶段的市场特点制定不同的营销策略。一般来说，广告投入在导入期阶段相当高，因为消费者尚不了解产品；而进入成长期阶段，广告费开始递减，销售额大幅度增加；进入成熟期阶段，广告投入又开始增加，以加强竞争能力和延长PLC；进入衰退期阶段，则广告费迅速减少。

2. 新产品广告预算战略

新产品在确定广告预算时，通常应该采取特殊政策，即不能采用常规的确定广告预算的方法，而必须根据企业营销目标的要求，以强力的广告投入来进入市场，否则，不容易在市场引起注意和被消费者接受，极易使新产品在导入期夭折或长期徘徊在导入期阶段，不能顺利进入成长期。

3. 长期广告预算战略

作为广告投入，不能仅仅只把它看成是在计划期内促销的一种工具，而要从企业长期战略出发，将其视为对企业形象、品牌形象的一种长期投资，是对消费者的长期宣传教育战略的一部分。所以，企业的广告预算不可大起大落，要保持一定的稳定性。日本企业在我国市场采取的就是这种战略，从而使日本企业的产品在我国市场上始终畅销。

四、广告预算的作用

广告预算不仅是广告计划的重要组成部分，还是广告计划实施的重要保证。广告计划的实施，要在广告预算的支持范围内。企业只有制定科学合理的广告预算才能保证广告活动各个环节的顺利实施，使广告目标得以实现。广告预算对于企业的广告运作而言，具有重要的作用，具体表现为以下几方面。

（一）为广告效果的测评提供明确的经济指标

在企业的广告活动实施以后，评价广告效果的主要标准是看广告活动的结果在多大程度上实现了既定的广告目标和企业的营销目标。同时，广告预算对广告活动中各个环节的费用使用情况做了明确的规定，使广告活动的每一具体步骤达到较理想的效果。

此外，由于广告预算规定了广告活动每一环节的具体费用开支情况，在广告活动实施之后，企业可以将广告活动每一具体环节所取得的广告效果与该环节的费用预算进行比较。因此，广告预算为广告效果的测评提供了科学的依据。

（二）为广告主制定广告费用的规划提供依据

广告主针对企业产品和服务选择一定的广告媒体或媒体的组合进行广告信息的发布，广告活动的各个环节都需要一定的经费开支，而广告预算为广告主的广告费用开支提供了依据。

广告主通过广告预算可以对广告费用的多少、广告费用的分配、广告费用所起的广告效果等，做出完整、系统的规划，以至于企业能够有效地管理和控制广告活动，从而确保广告运作按计划和目标顺利进行。同时，广告主要使广告经费富有弹性，使广告经费运用充分。广告预算对每一项广告活动、每一种媒体上应投入的经费进行合理分配，保证广告经费有计划地合理支出。

（三）为广告主管理和控制广告活动提供依据

广告预算是广告活动得以顺利开展的重要保证，广告活动是在广告预算的规模下进行的，广告活动的每一个具体环节都有其费用。广告媒体的选择和使用、广告的时间和空间、广告策划的每个具体流程等都要受到广告预算的控制。广告主可以通过广告预算对广告活动的每个环节进行管理和控制，以保证广告计划顺利实施，广告目标顺利达成，广告效果顺利实现。

（四）促进广告宣传效果，使广告活动更有效率

通过广告预算，广告费用的每一项开支都得到合理的安排，使每个环节都在其经费支持下顺利进行。广告费用作为企业的一种投资，就应该为企业带来更大的效益。如果没有广告预算，滥用广告费用，广告活动的各个环节的广告费用投入没有重点，无疑会给企业造成重大损失，广告的效果也不会十分理想。企业只有制定合理的广告预算，才能保证广告运作的每一项活动内容顺利开展，广告宣传效果明显，广告活动的效率也会更高。

（五）增强广告活动中人员的责任心

在广告预算的规划下，广告活动的各个环节都在各自费用的支持下有条不紊地进行，广告活动中的当事人也会时时根据广告预算充分合理地利用资源，尽量减少活动开展过程中不必要的开支和浪费。

第二节　广告预算的内容和编制方法

一、广告预算的内容

广告预算的主要对象是广告经费，如何科学、合理地使用广告经费，使有限的广告经费达到最佳的广告效果，需要进一步明确广告经费的使用范围和分配方法。有两项广告费用是任何广告主都必须计算在内的，一项是广告媒体的购买费用，另一项是广告的制作费用。广告费用主要包括以下几个方面。

（一）广告调研、策划费用

该部分费用主要包括市场调研、消费者调研、产品调研、广告咨询、广告创意与策划、广告效果测评以及购买资料、数据所需的费用。这部分的费用支出比较繁杂，广告主一定要认真地规划和分配。

（二）广告设计、制作费用

该部分费用主要包括设计制作的材料费、广告材料的运输费、设计制作的工艺费、设计制作人员的劳务费等。此外，不同的媒体，其广告设计、制作费用也不一样，电视广告的设计制作费用要高于广播广告和印刷广告。

（三）广告媒体费用

该部分的主要费用包括媒体购买费用、发布广告的时间和空间费用等，这部分所占的费用比例最大，一般占到整体广告预算的80％左右。

（四）广告人员的行政费用

这部分费用主要是指广告人员的劳务报酬，以及办公、出差、管理、协调等所需要的费用。

（五）广告活动的机动费用

这部分费用主要包括用于广告关系或应付意外情况所支付的费用。这部分费用一般具有一定的弹性，有时需依据以往的经验并根据实际情况来制定，它主要由广告部门的负责人或企业营销部门的负责人负责支配。

以上五个部分组成了一般意义上的广告费用，但企业在实际运作中，由于企业的具体情况千差万别，至于哪些费用应划入广告费用，哪些不应划入广告费用，一直都存在较大的争议。针对这一情况，美国的一家杂志将所有的广告费用划分为三类，并且分别列入白、黑、灰三种颜色的表中。白表表示必须列入广告费用的项目；黑表表示不可列入广告费用的项目；灰表表示可以列入、也可以不列入广告费用的项目。具体见表10—1。

表10—1　　广告费用支出表

类别	主要费用项目		
白表	必须列入广告费用的项目	广告媒体费	支付报纸、杂志、电视等媒体的费用；购买媒体或租用媒体的费用；广告的时间、空间费用
		广告制作费	美术设计、印刷、排版的费用；广播电视录制、拍摄的费用；与广告有关的产品包装设计费
		广告管理费	广告人员的工资、办公、出差费用；广告代理商和其他广告服务机构的手续费
		杂费	广告材料运费、橱窗展示、直邮费用及其他

续前表

类别		主要费用项目
黑表	不可列入广告费用的项目	免费赠品、邀请旅游费、商品说明书费、包装费、顾客招待费、行业管理费，以及广告公司人员工资、福利和娱乐等费用
灰表	可列入、也可不列入广告费用的项目	样品费、推销表演费、商品展览费、促销活动费、广告主广告部门的房租和水电费，以及为推销人员提供的一切便利所需费用等

二、广告预算的编制方法

广告预算的编制方法多种多样，每一种方法都有自己的特点，也没有一种方法是十全十美的。所以，企业在采用广告预算的编制方法时，应综合考虑企业的营销目标和广告目标、企业的风险承受能力等因素。以下是几种常见的广告预算编制方法。

（一）销售额比率法（Percentage of Sales）

这是以计划期预计的销售额的一定比例设定广告预算，是许多企业广泛使用的一种简单方便的方法。其计算公式为：

广告预算＝计划期预计销售额×广告费占销售额的比例

例如，某企业下年度预计的销售额为 1 000 万元，广告费比例为 8%，广告预算为：1 000 万元×8%＝80 万元。

这种方法的关键在于两个方面：一是销售额如何确定：二是比例多少才合适。

销售额的确定，主要是根据企业市场调研和预测所确定的销售额目标作为计算基数，也有在企业上年销售实绩的基础上适当增加和调整而作为计算基数的。

广告费占销售额的比例则没有一定之规，往往是由企业根据过去经验而确定的，因此，不同企业之间差异很大。即使在生产或经营性质范围相同或近似的企业之间，也由于财力、广告目标、广告策略的不同，比例相差很大。

这种方法的优点是计算简单方便，适用面广。其缺点是在广告费占销售额的比例确定上科学性不足，而且缺乏对市场需求反应的弹性；此外，对新产品来说，这种方法是不适用的。

（二）利润额比率法（Percentage of Profit）

这种方法同销售额比率法相同，只是把计算基数由计划期的销售额改为利润额。其计算公式为：

广告预算＝计划期预计利润额×广告费占利润的比例

例如，某企业预计下年度利润额为 3 500 万元，广告费比例为 20%，则广告预算为：3 500 万元×20%＝700 万元。

这种方法的特点同销售额比率法相同，因为利润是来自于销售。但是，这种方法在广告预算分配时则有利于给创利多的产品分配较多的广告费。

（三）销售单位法（Unit of Sale）

这种方法是先确定每单位产品分配广告费的数量，再以计划期预计的销售产品的数量作为计算基数，确定计划期广告预算。其计算公式为：

广告预算＝计划期预计销售产品单位数×每单位产品广告费

例如：某饮料生产厂家下年度预计在某省市场销售饮料 480 万罐，每罐饮料广告费为 0.15 元，则广告预算为：480 万罐×0.15 元＝72 万元。

这种方法其实仍脱胎于销售额比率法，但它适合于那些价格不稳定、需求波动大的小商品，有利于按照销售数量的多少来确定广告预算。

（四）竞争对抗法（Competitive Parity）

这是以主要的竞争对手所花费的广告费作为自己确定广告预算的参照标准，其目的是在广告竞争中保持本企业的竞争优势。具体有以下两种方法。

1. 市场占有率法

先制定本企业计划期希望达到的市场占有率目标，再以竞争对手每获得 1% 市场占有率花费的广告费作为标准，确定广告预算。其计算公式为：

$$广告预算=\text{本企业预计达到的市场占有率}\times\text{竞争对手每 1\% 市场占有率的广告费}$$

例如，已知竞争对手广告费为 350 万元，市场占有率为 20%，如果本企业希望获得 35%的市场占有率，则广告预算为：350 万元/20%×35%＝612.5 万元。

2. 增减百分比法

以竞争对手计划期与上期相比广告预算增减的百分比为依据，本企业的广告费也以同样的比例增减，作为计划期的广告预算。其计算公式为：

广告预算＝上年广告费×（1＋竞争对手广告费增减百分比）

例如，本企业今年的广告费为 180 万元，已知竞争对手下一年广告预算将比本年度减少 20%，则本企业下一年度广告预算为：180 万元×〔1＋(－20%)〕＝180 万×80%＝144 万元。

竞争对抗法很像中国民间俗语所说“傻子过年看隔壁”，别人怎么花，我也怎么花，既不愿意比别人多花，也不愿意比别人少花。它的优点是可以在广告竞争中保持均势，缺点是各个企业具体情况不同，制定广告预算的着眼点也不同，所以不能生搬硬套。

（五）市场份额法（Share of Market）

这种方法是计算出同类产品总销售额（量）与总广告费，再根据本企业希望达到的市场份额占总销售额的比例，确定本企业广告预算应占同行业总广告费的比例。例如，如果本企业希望获得35%的市场份额，那么，其广告预算至少也需要占到同行业总广告费的35%以上才行。这种方法其实是从行业平均广告费水平考虑，来制定本企业广告预算。但是，对于新产品，根据国外的经验，在进入市场的头两年广告费一般应该再高一些，以1.5倍比较合适。例如：若希望取得10%的市场份额，广告费就应占同行业总广告费的15%才行。

（六）通信订货法

通信订货法是广告主在以邮购广告的形式进行广告宣传时，采用的一种编制广告预算的方法。这种方法是根据某一邮购广告所带来的订货数量来测算广告预算的。其计算公式为：

$$\begin{matrix}\text{单位产品}\\\text{的广告费}\end{matrix}=\left(\begin{matrix}\text{产品目录}\\\text{印刷费}\end{matrix}+\begin{matrix}\text{邮购广告}\\\text{印刷费}\end{matrix}+\text{信件邮寄费}\right)/\text{已销售产品的数量}$$

根据单位产品的广告费，就可以得出销售一定数量的商品需要支付多少广告费。该预算编制方法的优点是：广告费用与广告活动的效果直接联系，既有利于确保广告预算的平衡，又有利于广告主对广告活动实施监控；其缺点是：该方法计算不够准确，并且邮购广告的反馈需要一段时间，这使得邮购广告的效果难以测定。

（七）目标达成法

这是一种在理论上来说比较科学的方法，它要求根据企业营销目标确定广告目标，根据广告目标确定广告任务，再根据完成这些广告任务需要多少费用，在此基础上加总，并进行调整，即成为企业的广告预算。例如，某企业生产××牌的低泡沫洗衣机用洗涤剂，其目标广告受众是1 000万拥有自动洗衣机的家庭主妇，广告目标是在一年内把目前了解和认识××牌洗涤剂特点的人数比例由10%提高到40%，广告诉求重点是宣传××牌洗涤剂去污力强、低泡沫、容易漂洗，是最适合自动洗衣机使用的洗涤剂。为此，需要设计制作三个主题性电视广告片，选择两家电视台，全年共播放2 800次电视广告；每周在三家报纸各刊登一次广告，共计156次；此外，还要做一些售点广告、礼品广告等。将上述广告任务的具体费用计算出来，加上一个机动数，就是本企业的广告预算。

这种方法由于是根据广告目标来确定广告任务，再确定广告预算，从而避免其他方法中的主观随意性大的弊病，因此为一些大企业和广告公司所欣赏和采用。但是，由于广告效果要受到广告策划、广告设计与制作、媒体的选择、发布的时机等多方面因素的制约，所以，是否完成了所有这些广告任务后，就一定可以达到预定的广告目标，仍是难以确定的。

（八）综合分析法

综合分析法是指广告主将各种广告预算的方法综合起来分析，进行广告预算的编制。它要求广告主综合考虑企业以往的销售额、生产能力、市场环境、销售队伍、销售存在的问题、季节性波动、广告策略、媒体成本、市场动向等因素，通过对这些因素进行分析，制定出合理的广告预算。

该方法综合考虑了与广告预算有关的多种因素，以及一些企业不可预测的因素。相对来说，这样的综合分析比较全面、科学、规范，这种方法曾被英国公共关系学家和广告学家弗兰克·杰夫金斯认为是编制广告预算的最佳方法。

（九）其他方法

除了上面所介绍的几种方法之外，还有经验测试法（Empirical Research Method），即选择同等条件的几个地区，分别采用不同比例的广告预算，经过试验之后，选择效果最佳的预算比例；尽其可能支出法（All Available Funds Method），即拿出企业财力可以允许的费用作为广告预算的投入，这种方法风险较大，不能常用；任意增减设定法（Arbitrary Method），即在上年广告费用支出的基础上随意增减一定数目，作为本年度广告预算，这种方法主观随意性大，对广告的认识尚处在幼稚阶段；计量数学模型法（Quantitative Mathematical Models），这种方法是运用计量数学的原理，建立确定广告预算的模型，并将各种变量代入模型求解，最后确定广告预算，这种方法要求具有丰富的计量数学知识，并掌握计算机的运用知识。这四种方法在企业中并不经常运用。

当然，每个企业的具体情况不同，不同的企业会采用不同的广告预算编制方法。对企业来说，在确定广告预算时也并非只使用一种方法，而是同时使用两种或更多的方法，以其中某一种为主，并参考其他方法对结果进行调整，企业这样做出的广告预算才是比较科学、合理的。

第三节 广告效果的特性与测定标准

一、广告效果概述

（一）广告效果的含义

广告效果是指广告发布之后所产生的客观结果，广告作品通过广告媒体刊播之后所产生的效应，或是在广告活动中通过消耗社会劳动所得到的有用效果，包括广告的传播效果、经济效果和社会效果。一般来说，广告目标的实现是在广告作品通过广告媒体与广告受众进行信息沟通的过程中完成的。广告主的广告制作被广告受众接触，产生各种影响和变化，这就是广告效果。

狭义的广告效果一般指的是广告的经济效果，广告主向目标消费者传递广告信息，期望能给消费者带来巨大的影响和变化，进而影响消费者的购买行为和购买心理，促进企业实现广告效果和增加经济效益。此外，由于广告主和广告公司对广告效果认知的差异，需要从广告作用的不同层次对其进行评价。

1. 认知层次效果

该层次的广告效果是指广告主通过广告媒体发布的广告信息的市场覆盖范围，能使多大范围的消费者接触到该广告信息，并对该广告信息产生一定的认知程度。

2. 兴趣层次效果

广告信息是通过广告媒体向目标消费者传递的。它使消费者对广告信息产生一定的兴趣，增加对该广告信息的关注度，同时也使企业的品牌形象和企业信息在消费者心中留下深刻的印象。

3. 态度层次效果

该层次的广告效果是指目标受众接触到广告主的广告信息之后，对该广告信息的态度是接受还是抵制。这也反映了该广告信息的传播影响力和市场渗透程度。

4. 行为层次效果

广告信息使消费者产生品牌联想，进而影响其做出购买决策，促进消费者的购买行为，达到企业的广告目标和营销目标。

实际上，广告效果的认知层次有利于对广告创作和广告文案的评估；态度层次有利于企业确定广告活动促销的效果；行为层次有利于判定企业的广告策略是否符合其广告目标和营销目标。但是，这几个层次效果的测评在实际操作中都存在一定的难度。

（二）广告效果的类型

广告所产生的效果是多种多样的，从不同的角度可以将广告效果分为不同的类型。

1. 按广告效果的内容和影响范围划分

按广告效果的内容和影响范围，可将广告效果分为传播效果、经济效果和社会效果。广告的传播效果是指企业的目标消费者对广告活动的反应程度，表现为消费者对企业品牌、产品等方面的认可程度；广告的经济效果是指企业通过广告活动促进产品销售，获得利润的程度；广告的社会效果是指广告对社会道德、文化教育、人们的消费观念等的影响程度。

2. 按广告效果产生的时间关系划分

按广告效果产生的时间关系，可将其分为即时效果、短期效果和长期效果。因此，在测评广告效果时，不要仅仅依据眼前或短期出现的广告效果，要从长远的角度考虑广告的作用，关注广告的长期效果。

3. 按广告效果对目标消费者的影响程度划分

按广告效果对目标消费者的影响程度，可将其划分为到达效果、认知效果、心理变化效果和促成购买效果。广告信息经由广告媒体到达目标受众，进而影响目标受众的消费心理和消费行为，那么，在对广告效果进行测评时，消费者受广告影响所产生的各种效果的表现形式要认真对待，它关系到企业广告目标和营销目标的实现。

4. 按广告对产品销售的促进水平划分

按广告对产品销售的促进水平，可以将广告效果分为直接效果和间接效果。广告的投放直接影响消费者的购买行为，促进产品的销售；同时也间接地扩大企业的品牌形象，增强竞争力。

二、广告效果的特性

企业广告活动比较复杂，涉及的方面比较多，同时受到各种因素的影响，因此，广告效果具有以下几个特性。

（一）滞后性

影响广告效果滞后的主要因素有企业商品本身、广告媒体、市场、竞争关系等。广告信息发布之后，消费者看到广告信息需要一定的时间，再者，消费者接触到广告信息之后也不会立即采取购买行为。因此，企业在进行广告效果的测评时一定不要仅仅依据广告的即时效果和短期效果，要注意广告效果产生的滞后性，从长远去考虑，以保证广告效果测定的准确性。

（二）累积性

广告效果一般都有累积期，这也是广告要反复宣传的原因。消费者做出购买决策、采取购买行为是其在数次接触该商品广告信息的结果。此外，消费者在一种媒体（如报纸）上看到某种商品的广告信息，之后又在另一种媒体（如电视）上看到其广告信息，最后决定购买该商品。消费者的这种购买行为是两种广告媒体宣传的重复效果。因此，在测评广告的经济效果时，要考虑广告销售效果的累积效应，不但要考虑广告发布后一期的效果，还要考虑广告发布后几期的效果。

（三）间接性

某一消费者在接触某商品的广告信息之后，对该产品产生认知和兴趣，并采取购买行为，其在购买的过程中也会将该商品或品牌信息传递给其他人或群体，从而间接地扩大了广告受众范围，使企业的产品销售大幅度增加。但是，广告的间接性效果在实际测定时有一定的难度。

（四）叠加性

由于不同的广告媒体具有不同的特点，广告主可以运用媒体组合发布广告信息，因而广告效果具有叠加性，广告效果的产生是多种媒体相互叠加的结果。在广告效果测定时，广告主需要分清广告效果的主次因素，以确保效果测定的准确性和真实性。

（五）层次性

广告效果复杂多变，并非具有单一的结构和内容，而是受多方面因素影响的、呈现多层次的一种系统结构。广告效果既有即时效果、短期效果和长期效果之分，又有传播效果、经济效果和社会效果之分，还有事前效果、事中效果和事后效果之分。因此，广告主在进行广告效果测定时，只有将这些综合起来，才能使广告效果的测定客观、科学、公正，才能更有利于广告主自身品牌形象的提高和自身的快速发展。

三、广告效果的测定标准

由于广告活动是集信息传播活动、经济活动、社会活动、文化活动于一身的综合性活动，因此，广告效果测定的标准就不能只从某一方面来评价，而必须建立一套科学的评价体系。一般来说，应该从广告的传播效果、经济效果、社会效果这三个方面来评价和测定广告所产生的客观影响。

广告传播效果是指广告信息到达广告受众的能力和对广告受众作用的心理反应强度的大小。广告传播效果是广告作为信息传播活动是否达到目的的体现，而且也是广告其他效果的先导和基础。因为，如果广告传播的信息没有到达选定的广告受众，或者虽然到达了广告受众，但是没有引起预期的心理反应，那么广告就无法使他们（广告受众）接受广告主的观点，也无法使他们采取对应的行动，如做出购买决定等，因而也就难以为广告主带来经济上的收益，当然其作为社会活动和文化活动的效果也就难以发挥。

广告经济效果是指广告费用与广告所带来的经济收益比值的大小。广告客户委托有关的广告公司运用相关广告媒体，把企业产品、服务和经营理念等信息向目标消费者传达，其根本目的就是要刺激消费者采取购买行为。由于广告的主体是经济广告，因此，广告经济效果是广告主最为关心的效果，尤其表现在广告对销售产生的影响上。

广告社会效果是指广告作为文化活动和社会活动所产生的影响，如对广告受众的价值观、道德观等产生的影响，以及广告对市容、生态环境等所产生的影响。商业广告传播商业理念和意识，但其在传播过程中必须蕴涵一定的社会价值和文化价值，对培育人们的某种社会意识起着促进作用。

所以，评价广告效果要从这三个方面综合评价，而不能只从某一方面片面评价。这样才能使广告效果的测定科学、客观、真实。

第四节　广告效果测定与常用方法

一、广告效果测定概述

（一）广告效果测定的基本原则

1. 目标性原则

广告效果的测定都具有一定的目标，例如，是测定广告的传播效果、经济效果，还是社会效果；是测定广告的短期效果还是长期效果；是测定广告的消费者认知效果，还是消费者的购买行为效果。广告效果测定的目标性也就决定了测定时需采用一定的科学方法和手段，以保证结果准确、科学。

2. 综合性原则

一方面，影响广告效果的因素很多，如广告预算、媒体的选择、刊播的时间和空间等；另一方面，广告效果可以根据不同的标准划分为不同的类型，以及其具有滞后性、累积性、间接性等特性。这也就意味着测定广告效果时应综合考虑与其相关的各方面因素。

3. 经常性原则

由于广告效果具有滞后性、累积性等特性，广告信息不是通过一次投放和发布就能起作用的。广告主为了达到广告效果，树立企业品牌形象，不断地反复进行广告，选择不同的媒体或运用多种媒体来发布广告信息。因此，广告效果的测定也要经常、定期或不定期地进行。

4. 经济性原则

从根本上说，企业进行广告效果的测定一方面是为了看此次广告活动所起的作用如何，以及广告活动达成广告目标和营销目标的程度；另一方面，企业通过对此次广告活动进行测定，总结经验，为以后的广告活动积累经验，尽可能地以较少的资源和成本，获得较大的经济效益和社会效益。

（二）广告效果测定的影响因素

1. 时间传播因素

广告效果的评价是在某一时点界限上对在一定时间内发布的广告所产生的结果进行评价。但是，由于广告是一种信息传播活动，广告受众需要一定的时间才能对广告信息产生反应，而这一时间的长短是因人而异的，有的时间很长，落在评价的时点界限以外，有的则短，落在时点界限以内，即有的是即效的，有的是迟效的。而评价广告效果时是难以确定这种迟效效果的大小和性质的，因而有时就难免对广告效果做出不正确的评价。

2．心理活动因素

广告受众的心理活动是内在的、复杂的，他（她）对某一广告的反应和评价在很大程度上是主观经验和信息累积的结果。因此，对某一广告的评价往往是综合了对这个企业或者产品长期以来的所有广告而累积的印象，而且也包含了从非广告渠道得来的各种信息经过综合的产物。也就是说，广告效果测定需要的是对某一广告单纯效果的评价，但是，得到的却是累积效果和综合效果的评价。要将某一广告的单纯效果从累积效果和综合效果中分离出来是难以做到的。

3．竞争干扰因素

实际的广告活动往往是在竞争的环境中进行的，特别是许多同类产品广告互相竞争，这样就形成了广告的干扰效果，给评价某一广告的真实效果带来了很大的困难。互相竞争的广告有的加强了本企业广告的效应，但大部分情况却是削弱和抵消了本企业广告的效应。在评价广告的真实效果时是很难将这些干扰因素对广告产生的正面或者反面的影响严格地剔除掉的。

4．人际传播因素

广告效果不仅指广告对受众的直接效果，而且也有非广告受众通过广告受众的口头传播而产生的间接效果。但是，在实际评价时很难将广告的直接效果和间接效果区分开来。

5．营销组合因素

经济广告是为企业营销服务的，它是企业营销组合中推广促销组合的组成部分，所以，不可避免地要受到营销组合中其他因素的影响，例如产品的质量、款式、包装装潢、价格、销售渠道、促销手段、市场生命周期等。这样就形成了广告效果的两面性和综合性。

广告效果的两面性表现在：如果产品处在市场生命周期的上升阶段，广告的经济效果表现为增加销售和盈利的效果；如果产品处在市场生命周期的衰退阶段，广告的经济效果表现为延缓销售下降的速度和减少亏损的效果。

广告效果的综合性表现在：广告对销售所起的作用往往并不是广告这一因素单独作用的结果，而是营销组合所有因素共同作用的结果。我们在评价广告效果时很难将营销组合中其他因素对产品销售的影响区分出来，也很难将这些因素进行量化分析，以测定出广告的实际效果。

（三）广告效果测定的意义

广告效果的测定是广告活动中不可缺少的重要一环，它贯穿于整个广告活动的始终，是衡量和检验广告活动成败、广告目标是否实现，以及提高广告运作水平的重要手段和方法。广告主通过广告媒体传播大量广告信息，同时也投入了大量的广告费用，其最终目的还是要获得最大经济效益。因此，对广告活动效果进行测定具有重要的意义。

第一，广告效果测定是评价广告目标是否达到的科学依据。

广告目标是否达到，不能够依靠估计和臆测，必须通过市场调查，取得有关资料，并运用科学的方法对广告效果进行测定，最后通过事实和数据来说明问题。所以，广告效果测定是评价广告是否有效果，广告是否达到预期目的的科学依据。

第二，有助于企业进一步调整和完善广告策略。

当企业在一定时期内的广告活动结束之后，广告主必须对广告效果进行正确的测定，以检查和验证广告目标、营销目标和企业目标之间相吻合的程度。同时，根据实际情况和具体问题有效地调整和完善广告策略，促进企业以后的广告运作更加顺利，广告效果更加明显。

第三，广告效果测定是广告活动科学化的具体体现。

现代广告活动要求科学化地进行，而广告效果测定是广告活动科学化的具体体现。因为科学化要求在活动之前就确定目标，合理策划，在活动之后要对效果进行评价和检讨，而这正是广告策划和广告效果测定的内容。

第四，广告效果测定是坚定广告主信心，体现广告经营者、广告发布者能力的重要手段。

作为广告主，做广告是为了达到某种目的，但是，由于广告活动的效果不能直接反映在广告发布本身，而必须通过广告受众接收信息之后的反应和态度以及他们所采取的行动来表现，也就是说，广告目的是否达到并不能直接反映在广告活动是否进行上面，而必须通过广告效果来验证，所以，要使广告主认识到广告的作用，坚定他们对广告的信心，就必须进行广告效果测定。同时，广告经营者、广告发布者的能力如何，也不是靠广告活动本身来体现，而是依靠对广告效果进行测定后用事实来体现。

二、广告效果常用的测定指标

（一）广告传播效果的测定

广告传播效果的测定是比较困难的，因为对广告信息的定性和定量分析目前尚难以有公认的标准和计算方法。所以，对广告传播效果的测定通常主要是从广告到达率、广告注意度、广告理解度、广告记忆度等方面进行考察。

1. 广告到达率

广告到达率是指广告到达所选定的目标广告受众的比率。其计算公式为：

$$\text{广告到达率}=b/a\times 100\%$$

式中，a 代表某一媒体接触者总数；b 代表该媒体中目标广告受众人数。比值越大，说明广告到达率越高，广告效果越好。

2. 广告注意度

广告注意度是指在某媒体接触者当中，注意到某一广告的人所占的比例。其计算公式为：

$$广告注意度=c/a\times100\%$$

式中，a 代表某一媒体接触者总数；c 代表这些媒体接触者中注意到某一广告的人数。比值越大，说明广告注意度越高，广告效果越好。

3. 广告理解度

广告理解度是指在对广告引起注意的人中，能够充分理解广告内容含义的人数所占的比例。其计算公式为：

$$广告理解度=d/c\times100\%$$

式中，c 代表该媒体接触者中注意到某一广告的人数；d 代表能够对某一广告的内容充分理解的人数。比值越大，说明广告理解度越高，广告效果越好。

4. 广告记忆度

广告记忆度是指在理解广告内容的人中，能够记住或者回忆起广告重点内容（如商标名称、产品名称、企业名称、产品主要功能、广告标语、广告人物、部分广告词等）的人数所占的比例。其计算公式为：

$$广告记忆度=e/d\times100\%$$

式中，d 代表能够对某一广告的内容充分理解的人数；e 代表能够记住或者回忆起广告重点内容的人数。比值越大，说明广告记忆度越高，广告效果越好。

上面介绍的各种测定广告传播效果的指标，关键在于数据的收集要真实准确，如果数据不真实、不准确，那么，得出的结论毫无疑问是错误的。至于收集数据的方法，主要有询问法、观察法、实验法等多种方法，读者可以参阅市场调查、市场预测方面的专业书籍中的内容。

（二）广告经济效果的测定

由于广告效果自身的滞后性、累积性、综合性等特点，广告的经济效果的测定是广告效果研究中的重点。通常，广告经济效果的测定方法主要有以下几种。

1. 广告费用比率法

广告费用比率法是指通过测定一定时期内某商品的广告费用与该商品的销售量的比率，来评估广告计划内广告费用的变化对商品销售量的影响，或企业广告总开支对销售效果的影响。其计算公式为：

$$广告费用比率=广告费/销售量\times100\%$$

广告费用的比率越高，广告的经济效果越差；反之，广告的经济效果越好。

2. 广告效果比率法

广告效果比率法是指用销售额或利润的增长率除以广告费用增长率的百分比。其计算公式为：

$$广告效果比率=销售额增长率（利润增长率）/广告费用增长率\times 100\%$$

从公式中可以看出，广告费用的增加越少，销售额增长率或利润增长率越大，广告的效果比率就会越大，广告效果也就越好。

3. 单位广告费效益法

单位广告费效益法是指以销售额的增量与广告费的增量相除，计算出每增加1单位广告费能够使销售额增加多少。其计算公式为：

$$单位广告费效益=\left(\begin{matrix}广告投放后\\的销售额\end{matrix}-\begin{matrix}广告投放前\\的销售额\end{matrix}\right)/广告费的增量\times 100\%$$

当然，该值也是越大越好。但是，一个单一的数值只能说明增加1单位的广告费创造了多少销售额，而不能说明广告效果是好是差。因此，需要列成时间数列进行比较，才可以看出广告效果的变化趋势。

4. 广告效果指数法

广告效果指数法是指在广告信息投放之后，广告人员要首先对某一特定消费群体进行调查，看在该群体中有多少人接触到该广告信息，有多少人没有接触该广告信息，有多少人购买了该产品，以及多少人没有购买该产品。该方法能够准确、客观地计算出广告效果。其计算公式为：

$$广告效果=\{a-(a+c)\times[b/(b+d)]\}/N\times 100\%$$

式中，a 表示接触到广告信息之后购买产品的人数；b 表示没有接触到广告信息却购买该产品的人数；c 表示接触到广告信息却没有购买该产品的人数；d 表示没有接触到广告信息，也没有购买该产品的人数；N 表示总人数。

5. 实验法

实验法是指企业选取两个或两个以上的市场进行试验，然后将所得试验结果进行分析比较的一种方法。一般情况下，企业会选取两个区域的市场，然后投入不同规模的广告费用，选取不同的广告媒体，进行不同的广告宣传来分析广告的销售效果。实验法具体可分为费用比较法、区域比较法、媒体组合法等。

当然，企业进行试验选取的区域应该都属于经济较为成熟的区域，各区域的经济情况、社会状况等不能有太大的偏差，并且媒体的发展水平也基本持平。这样试验所得的结果才具有一定的说服力。

（三）广告社会效果的测定

广告社会效果测定目前还处于不断地发展和完善过程中，这是因为广告社会效果尚无公认的评价标准和评价指标。但是，已经有越来越多的企业、社会团体和广告学家开始重视这一问题，并提出自己的见解，而越来越多的广告主、广告经营者、广告发布者也开始重视广告的社会效果，提倡广告行业自律，净化广告环境，充分发挥广告的宣传教育和美化生活的作用。

一般的，广告社会效果的测定常采用事前测定和事后测定两种方法。事前测定是指企业在广告信息发布之前进行的测定，邀请一些专业人士对该广告将会产生的影响作用做出预测；事后测定是指企业在广告信息发布之后进行的测定，采用问卷、访问等方法，及时收集整理目标消费者的反馈意见和消费信息，并进行研究分析。

此外，企业测定广告的短期社会效果，也可采用事前测定法和事后测定法；而测定广告的长期社会效果，由于未来的不可测性和社会环境的复杂多变，需采用宏观的、综合的、长期跟踪的调查法来测定。

三、广告效果测定的常用方法

根据广告效果测定的时间阶段不同，一般将广告效果测定分为事前测定、事中测定和事后测定。

（一）广告效果的事前测定

广告效果的事前测定主要发生在广告投放之前，主要是指对广告中的文案及其他广告形式信息内容的检验和评估。常用的广告效果事前测定方法主要有以下几种：

1. 投射法

投射法是采用引导的手段，让调查对象观看广告方案后发表自己的意见，以测定调查对象对广告的心理反应。投射技术有多种方式，如字词联想、填句、角色扮演、字谜拼图游戏等。

2. 专家意见综合法

该方法要求组织一些有经验、专业知识强的专家成立专家小组，对设计好的广告文本和媒体组合计划进行多角度、多层次的测评，预测广告投放以后可能取得的广告效果。这种方法简便易行，比较偏重定性方面的测评，具有很大的随意性。因此，为了避免测评的偏差过大，对专家小组的选择要谨慎，在专家小组的人员构成上应该注重知识结构、创意风格等方面的互补性，以确保广告效果测定取得最佳效果。

3. 广告受众意见法

在广告进行传播之前，抽取少部分预定广告受众中的人员，让他们对广告文案和媒体组合方式进行实际的切身体验，根据自身体验感受对广告进行评价，这种方法又可分为两种：配对比较法和积分计算法。

（1）配对比较法是让预先选定的广告受众对不同的广告方案进行两两配对比较，每次进行比较即选出较好的广告方案，然后将第一轮选出的广告方案再进行两两配对比较，直到选出最佳的广告方案为止。

（2）积分计算法是让广告受众在既定的态度量表（见表 10—2）上选择与自己对广告态度相符合的态度类型，然后进行统计汇总，进行量化分析，得出广告效果的评估意见。这种方法简单，可操作性强，但在选取调查对象时，一定要注意调查对象的代表性以及调查样本量的可分析性。

表 10—2　　态度量表

态度类型	非常好	好	较好	一般	比较差	很差
分值	5	4	3	2	1	0

（二）广告效果的事中测定

广告效果的事中测定主要是测定广告投放以后到整个广告活动结束这个阶段所取得的效果。通过广告效果的事中测定，可以准确把握实际环境中，广告受众对广告的反应，测定依据的是真实的资料，测定的结果具有真实性。常用的广告效果事中测定方法有以下几种：

1. 函索测定法

该法的目的是检测不同的广告作品、广告文案的构成要素在不同媒体上的效果，属于邮寄调查法。该法具体的操作方法是将同一主题的广告作品在不同的广告媒体上投放，要求受众在观看广告之后能够将自己的感受通过信函的方式告知广告主，以此了解广告的投放与传播效果。这种方式一般适合在印刷媒体上投放的广告评估。这种方法可以有效地了解消费者阅读广告的情况，可以用来比较广告构成要素的相对功能和效果。其缺点是该方法使用的媒体范围有限，同时回函期又比较长。

2. 分割测定法

该法也是邮寄调查的方法之一，可以说是函索测定法的复杂化形式。具体做法是将同一主题的两幅广告分别在同一期的广告媒体上刊登，每一半份数各刊登一幅广告，然后随机寄给各个市场的读者，之后通过回函收集广告受众的广告反应来测定广告效果，评价两幅广告的比较效果。这种方法在国内很少见，主要是因为广告媒体不太愿意接受该类广告的投放模式。

（三）广告效果的事后测定

广告效果的事后测定，是在整个广告活动进行之后所做的效果测定，是对整个广告活动达成预定计划与目标的测定。常用的事后测定方法有以下几种：

1. 回忆评估法

该方法是指在广告活动结束后，选择一部分广告受众对广告内容进行回忆，以了解受众对广告中的商品、品牌、创意等信息的记忆、理解程度和联想程度。该方法主要是了解广告对受众的渗透力和影响力。回忆法通常有自由回忆法和辅助回忆法两种。自由回忆法是指让调查对象自己回忆出尽可能多的广告内容。辅助回忆法是给被调查者一步步的提示，引导其逐步回忆起广告的内容。但比较常见的方式是在用来测定的报纸杂志上，让被调查者看到他所被询问的广告，然后请他说出他记得的广告，再进一步询问他所说出的广告的布局和内容等。

2. 认知评估法

消费者对商品的认知过程是消费者制定购买决策的重要基础，而广告效果的认知测定主要是用来评估广告对消费者认知商品属性、品牌的影响程度。认识评估法比较具有代表性的一种方法是读者率调查法，该方法是随机抽样选出调查对象，询问被调查者对刊登在媒体上的广告的标题、内容、插图等的印象，进而了解广告的影响程度。衡量被调查者对广告的认知程度的指标主要有三个：一是注目率，指被调查者称在本期报纸上见过广告主投的广告；二是阅读率，指被调查者表示已充分看过广告，能够明确了解广告中的商品信息；三是精读率，指被调查者表示已浏览过广告中的所有信息的一半以上，并熟知内容。

认知评估法的另一种比较具有代表性的方法是识别法，是先将投放过的广告文本与其他广告文本混合起来，再向被调查者展示，看有多少被调查者能够识别出被投放的广告。

3. 迪纳广告心理效果评价法

该方法模型的基本结构如图 10—1 所示，模型的主要特点在于不仅仅了解广告心理效果如何，更重要的是揭示了消费者看过广告后，觉得该广告在哪些方面做得好，哪些方面做得不好，各方面因素对最终购买意愿形成的影响大小。通过了解这些因素，广告主或广告公司可以在广告制作和投放中，基于目标市场的反馈，更好地制作和投放更高质量、更好效果的广告。在该模型中，每个结构变量又通过各种观测变量来测量，如对广告接触来说，对于广播电台、电视广告可能通过播出频率、广告时长、广告播出时间等指标进行测量，而对报纸、杂志等平面广告则通过广告面积、广告版面等指标进行测量。

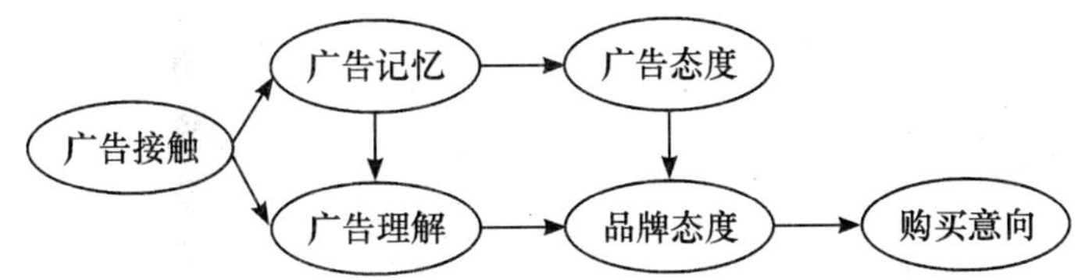

图 10—1　迪纳广告心理效果评价模型

练习与思考

一、填空题

1. 广告预算按产品所处的生命周期可分为________和________。

2. 产品的生命周期是指企业产品从投放市场到衰退所经历的整个过程，它一般包括四个阶段：导入期、________、成熟期和________。

3. 广告预算的主要对象是________。

4. 广告效果按广告效果的内容和影响范围划分，可分为________、________和________。

二、多项选择题

1. 广告效果按其对目标消费者的影响程度，可划分为（　　）。

A. 到达效果　　B. 认知效果

C. 心理变化效果　　D. 促成购买效果

2. 广告效果所具有的特性包括（　　）。

A. 滞后性和累积性　　B. 间接性和叠加性

C. 层次性　　D. 传导性

3. 广告效果的评价是在某一时点界限上对在一定时间内发布的广告所产生的结果进行评价，它在进行测定时应遵循（　　）。

A. 目标性原则　　B. 综合性原则

C. 经常性原则　　D. 经济性原则

4. 广告经济效果的常用测定方法有（　　）。

A. 广告费用比率法　　B. 实验法

C. 事前测定法　　D. 事中测定法

5. 某企业 2006 年广告费用为 150 万元，已知其竞争对手 2007 年的广告费用比 2006 年减少了 30%，则该企业 2007 年的广告预算为（　　）。

A. 120 万元　　B. 135 万元　　C. 115 万元　　D. 105 万元

三、名词解释

1. 广告预算

2. 产品生命周期
3. 广告效果

四、简答题

1. 影响广告预算的因素及广告预算的作用是什么？
2. 广告预算的内容及编制方法有哪些？
3. 如何测定广告的经济效果和社会效果？

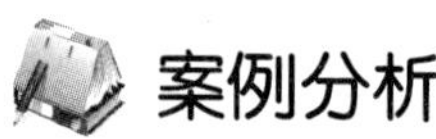

案例分析

某手机广告效果测评

某手机品牌为了促进产品销售，采取各种促销手段。在“十一”国庆节期间，该手机品牌专卖店利用推销员进行商品宣传活动，散发商品宣传单及说明书，并免费赠送小礼品等。此外，该手机品牌专卖店又在市中心繁华地段设立大卖场进行宣传，并在其市场范围内选择两个典型的区域进行宣传促销，投入不同规模的广告费用，选择不同的广告媒体，采用不同的宣传手段进行促销。其中，这两个典型区域的广告费用的投入相差不大，经济水平、媒体发展水平和社会状况等相差也不大。最后，该手机品牌专卖店在这两个区域的商品销售量都获得了极大提高。对这两个区域的广告促销效果进行测评，以了解每个区域的广告活动效果。

资料来源：http：//www.cnad.com/。

思考题：

1. 该案例中广告经济效果的测定运用了哪种方法？请对该方法进行描述。
2. 试阐述如何测定广告的传播效果。

管理监督篇

广　告　实　务

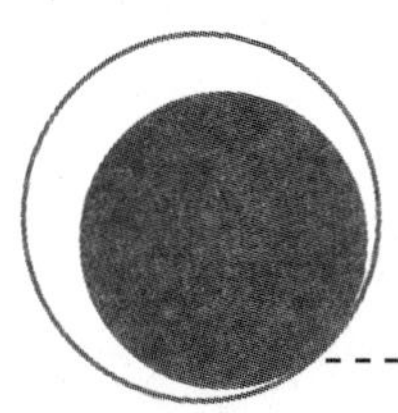

第十一章
广告管理与监督

内容提示

在我国社会主义市场经济条件下，企业广告属于市场行为，对推动我国精神文明和社会文明建设起着积极作用。为保证市场上广告活动健康、持续、有序地进行，一方面，国家有关部门必须加强对广告的有效管理；另一方面，企业必须熟悉了解我国广告管理的相关法规和机构，加强对广告的管理与监督。

学习目标

学完本章，你应该能够：

1. 了解广告管理的概念和作用。
2. 熟悉广告管理的相关法规。
3. 掌握广告管理的主要内容。
4. 掌握广告行业自律的形式和内容。

第一节　广告管理概述

一、广告管理的概念

广告管理的概念有广义与狭义之分。广义的广告管理是指国家、社会和广告业对广告的组织、指导、管理和监督；狭义的广告管理则是专指国家对广告宣传和广告经营活动的管理、调控、监督和指导。在国家、社会和广告业对广告的管理活动中，国家起着重要的作用，可以说是一种硬管理；而广告业对广告的管理则主要是行业的一种内部自我约束和管理；社会对广告的管理则主要起监督作用。但是，这三个方面是缺一不可的，是一个有机的管理保障体系。

二、广告管理的作用

广告管理是伴随着广告业的发展、广告活动的进步而产生并逐步健全的。加强广告管理，对于广告行业的发展、经济的繁荣和社会文明的进步等各方面都具有重要的作用。

（一）广告管理是维护广告信誉、保障广告健康发展的重要手段

广告是以传递信息来达到广告主的目的的，但是，由于某些广告主、广告媒体和广告经营者出于自身利益的需要，发布一些虚假广告，使消费者上当受骗，从而产生对所有广告的不信任。这种不信任会由消费者之间的口头传播迅速扩大，最终会形成整个社会对广告业的信任危机，从而危及广告的生存和发展。广告管理通过国家、广告业和社会三方面形成对败坏广告信誉行为的监督和惩处的有效机制，维护和保障广告健康发展，使广告发挥它在社会经济和人们生活方面所起的重要作用，并推动和促进我国社会主义建设的发展。

（二）广告管理是维护消费者利益的重要保障

消费者的正当权益是受到法律保护的，而消费者权益当中首要的一条就是有权知道有关企业、商品和服务的真实信息。广告是企业传播信息的重要手段，但是，如果传播的信息是虚假的，消费者根据这些不真实的信息做出决策，并采取购买行动，就会使消费者的生命、财产、身心健康等受到损害。例如，辽宁有一个姑娘看了某报刊登的“美目灵”广告，称不用受开刀的痛苦，只要用“美目灵”每天在眼睛上涂抹，十天之后就会有漂亮的双眼皮了。这位姑娘购买了“美目灵”，涂抹几天之后，眼睛红肿睁不开，到医院治疗之后才保住了一双眼睛。经化验，所谓“美目灵”是用工业胶水和其他一些化工原料组成的，对人体是有害的。再如，山西某公司生产一种“使你美”女子减肥腰带，请某电视台新闻节目女主持人拍电视广告，并在全国许多城市播出，以增加消费者的信任和促进购买。但是，徐州、天津、广州、长沙等城市的消费者购买该腰带后发现这种腰带根本不能减肥，甚至还增肥，导致这些消费者在经济、精神、健康等各方面都受到损失。通过广告管理，对这些由于虚假广告而给消费者利益带来损害的，责令其赔偿，对已经触犯法律的，追究其法律责任，从而切实保障消费者的合法利益，维护广告的信誉。

（三）广告管理是惩治违法广告行为、杜绝虚假广告的重要措施

广告是一项牵涉面广的综合性活动，直接关系到广告主、广告经营者、广告发布者和广告受众各方面的利益，也关系到社会公众的利益。如果没有强有力的广告管理，就会出现各种各样的违法广告行为，从而损害各个方面尤其是消费者和社会公众的利益，所以世界各国都有着严格的广告管理制度。通过国家、广告业和社会共同对广告实行严格的监督，杜绝违法广告行为发生。对于违法广告行

为，尤其是虚假广告，一经发现，即严加惩处，从而保障合法的广告主、广告经营者和广告发布者的正当权益，保护消费者的利益，维护社会公共利益，使广告管理起到净化广告运行环境，保障广告健康发展的作用。

（四）广告管理是维护社会经济秩序的需要

良好的社会经济秩序，不仅是社会经济活动正常运行的前提，也是社会稳定和市场繁荣的基本保障。广告作为一种重要的竞争手段，其形式和内容是否合法，直接影响到社会的经济秩序。广告管理就是依法管理广告市场，使工商企业和广告经营企业的合法经营得到保护。如果广告经营活动处于混乱无序的状态，那就必然会扰乱市场秩序，危害社会经济生活。通过完善广告法规，加强国家、社会和行业等多方面的监督、管理，就能在保护企业的合法权益，抵制不正当竞争，推动经济发展等多方面产生积极作用。我国已经加入 WTO，更要按照国际规则开展经营活动，增强竞争力，广告管理至关重要。

三、国家对广告实施管理的性质和特点

（一）国家对广告实施管理的意义

由于广告活动的进行牵涉广告主、广告经营者、广告发布者的切身利益，因此，这些利益体难免会出于自身利益的考虑而忽视消费者和社会公众的利益。所以，需要由国家这一社会整体利益的代表者对广告实施管理。这就像体育比赛一样，需要有不偏不倚的裁判来确定运动员是否遵守了公认的比赛规则，而如果由运动员自己来判定行为是否犯规的话，就很有可能会从自身利益出发而犯错误。

所以，国家对广告实施的管理是代表社会公共利益的管理，是超越个人、组织和地方利益的管理。

（二）国家对广告实施管理的性质

1. 它是一种外部宏观管理

国家对广告实施的管理同企业内部的经营管理、技术业务管理等性质是不一样的，它是一种外部的管理。它并不具体参与广告活动的组织、策划、创意设计、实施发布等活动，而是在这些活动一旦超越法律许可的限度和范围，从外部强制采取措施，使其回到正确轨道。同时，它也是一种宏观管理，即对整个社会所有的广告活动和广告行为都有进行管理的权力，而并不针对某个人、某个组织或某个地区进行具体的管理。所以，把国家对广告的管理认为同企业内部的管理一样，认为任何事情都要管的想法，是不了解国家对广告管理的性质的表现。

2. 它是一种行政执法管理

国家对广告的管理是依据法律进行的，是由国家广告管理部门依法行使行政管理权力来进行管理的。它是一种主动管理，并不需要有人控告才予以受理，它可以随时随地查处或处理违法广告行为。而且，这种管理是代表国家进行的强制

性的行政执法管理，被管理者必须接受。当然，若存在滥用行政执法权或不公执法的行为，行政对象可以按正当途径上诉或控告。

（三）国家对广告实施管理的特点

1. 全面性

它管理的对象是在国家行政管辖区域内的所有广告活动和从事这些广告活动的当事人，无论其具有什么身份、背景、国别，无论是广告主、广告经营者、广告发布者，也无论是临时性广告活动还是经常性广告活动，都属于管理的对象。

2. 广泛性

这是由广告传播的特点决定的。广告经营活动设计的范围大，并且与社会各个方面的关系紧密。广告不仅是传播信息的手段，而且也无时不在、潜移默化地影响着社会的道德伦理、意识形态、价值观念和生活习惯等。广告的客户又具有广泛的社会性，既有生产领域的，又有服务领域的，既可以是公民个人，又可以是法人或其他组织。此外，广告传播还不断地采用新媒体、新技术等，深入到人们生活中的各个方面。

3. 强制性

国家对广告的管理是由广告管理部门依法管理，带有强制性的特点，任何从事广告活动的个人或组织，都必须接受管理，其管理带有行政执法的性质。广告法规同其他法律法规制度一样，是国家意志的具体表现，是由国家强制力保障执行的，对所有广告活动和其当事人都具有普遍的约束力。国家对违反广告法规和其他法规的广告活动和其当事人，可采取强制手段改正其违法行为，并追究其应负的法律责任，以维护广告活动的正常秩序，保护广告活动健康发展。

4. 行政性

工商行政管理的职能是经济行政管理，是国家为了保障社会经济健康发展的一种经济管理活动，广告管理是工商行政管理的重要组成部分。工商行政管理部门对广告的管理，与一般的综合经济管理不同，也与企业的业务技术管理不同，它不参与广告活动的计划、创意、策划等直接管理，而是一种外部管理，主要是通过制定和实施广告法规、制度等手段来管理、指导和监督广告活动。

第二节　广告管理的法规与机构

一、国家对广告实施管理的手段

（一）制定和颁布广告法规

国家对广告实施管理，首先要根据广告活动的特点和社会公共利益的要求，制定和颁布广告法规，使广告活动有法可依，有规可循，这是广告管理的首要任务。

广告管理是广告发展的必然要求，所以，广告管理的发展程度与广告的发展水平是紧密联系在一起的。我国的商品经济发展较晚，广告在近代的发展受到抑制，因而，广告管理也比较落后，广告法规的建设更是长期处于滞后的水平。中华人民共和国成立以前，国民党政府的内政部曾颁布过一部广告法规，但是当时的广告管理只是为资产阶级装点门面而服务的工具。新中国成立以后，经济迅速发展，广告也发展起来，在当时商品经济发展较快的上海、重庆、天津、西安等城市，先后发布了地方性的广告管理法规。但是，由于我们对社会主义经济的性质在认识上还不充分，将计划经济和商品经济对立起来，从而使广告处于发展缓慢，甚至停滞不前的局面。广告法规的建设缺乏动力，也一直没有建立全国性的专门的广告法规。党的十一届三中全会以后，我国广告事业出现了前所未有的快速发展局面，要求广告管理要适应形势发展的变化，制定和颁布全国性广告法规的任务已经成为当务之急。1982 年，国务院颁布了我国第一部全国性广告法规《广告管理暂行条例》，统一了广告管理工作的范围、内容、制度、办法和广告管理组织机构，使我国广告管理工作初步走上法制化、正规化的道路。由于广告的迅猛发展，根据形势的需要，国务院又于 1987 年颁布了《广告管理条例》，使广告管理法制建设又向前迈进了一步。进入 20 世纪 90 年代，我国经济建设进入了一个新的快速发展时期，广告业更是发展迅速，急需要将广告法规地位提高，并且将有关内容更进一步完善。在这种发展形势下，第八届全国人民代表大会常务委员会第十次会议于 1994 年 10 月 27 日审议通过了《中华人民共和国广告法》(以下简称《广告法》)，该法自 1995 年 2 月 1 日起正式施行，使我国广告法规建设又进入了一个新的阶段。

（二）建立专门的广告管理机构

有了广告法规，还必须组建专门的广告管理机构负责对广告活动进行管理和监督。广告活动是集信息传播、经济、社会、文化于一身的综合性活动，其最终的目的还是为经济发展服务，因此，广告管理属于工商行政管理的范畴。所以，从 1982 年的《广告管理暂行条例》开始，就从法律上规定由各级工商行政管理部门代表国家对广告进行管理。《广告法》第 6 条规定：县级以上人民政府工商行政管理部门是广告监督管理机关。这为广告管理机关确定了其法律地位。

（三）对违法广告行为进行查处

广告管理机关的任务虽然有多个方面，但是，最重要的是要对违法广告行为进行查处，以维护广告的正常秩序，使广告业健康发展。所以，广告管理机关要根据广告法规赋予的权力，监督社会的广告活动，对违法广告行为，按照广告法规和其他相关法规的规定予以处理。只有不断地对违法广告行为进行查处，才能净化广告运行环境。

查处违法广告行为，是保护消费者和社会公众利益的重要手段，同时，也是预防违法广告行为发生、保护合法广告行为的重要措施。当前尤其要把查处虚假广告和违法经营广告作为重点。

二、广告法规

（一）广告法规的范围

广告法规是广告管理机关行使监督职能，对广告宣传、广告经营、广告发布等涉及广告的活动和行为实施管理的法律规范。广告法规规定所有从事广告活动的当事人，哪些行为是必须的，哪些行为是许可的，哪些行为是禁止的。它是广告管理机关依法管理、依法办事的法律依据，也是广告主、广告经营者和广告发布者从事合法广告活动的法律保障。

广告法规不是单指某一个具体的法律，而是所有有关约束广告行为的法律规范的集合。它包括以下几个方面：

（1）宪法。宪法是国家的根本大法，具有最高的法律地位和法律效力，是制定其他法律、法规的依据，也是司法、执法的依据。公民、组织和政府的一切行为都必须符合宪法的要求，广告行为和广告管理也不例外。

（2）法律。法律是国家最高权力机关根据立法程序制定和颁布的规范性文件。在我国是专指全国人民代表大会以及人大常委会制定和颁布的规范性文件。例如，《中华人民共和国刑法》、《广告法》等。法律是仅次于宪法的规范性文件。《广告法》是专门规范广告行为的法律。此外，还有《中华人民共和国民法通则》、《中华人民共和国消费者权益保护法》、《中华人民共和国产品质量法》、《中华人民共和国食品卫生法》、《中华人民共和国反不正当竞争法》、《中华人民共和国合同法》、《中华人民共和国商标法》、《中华人民共和国烟草专卖法》、《中华人民共和国未成年人保护法》、《中华人民共和国环境保护法》等许多法律都牵涉有关广告管理的内容。

（3）行政法规。行政法规是国家行政管理机关为执行法律和履行职能，在其职权范围内，根据宪法和法律赋予的权限所制定和颁布的规范性文件。在我国，国务院是制定和颁布行政法规的最高权力机关，有权根据宪法和法律，规定行政措施，制定行政法规，发布决定和命令。例如，1982 年的《广告管理暂行条例》和 1987 年的《广告管理条例》都是由国务院制定和颁布的行政法规，再如《烟草专卖法实施条例》等。

（4）行政规章。行政规章是国务院有关部委，为履行职责，在其职权范围内，根据法律和国务院的决定制定和发布的专业性的规范文件。《国务院组织法》规定：根据法律和国务院的决定，主管部、委员会可以在本部门的权限内发布命令、指示和规章。例如：由国家工商行政管理局颁布的《化妆品广告管理办法》，由国家工商行政管理局和卫生部联合颁布的《食品广告管理办法》、《药品广告管理办法》、《医疗广告管理办法》，由国家工商行政管理局和国家医药管理局联合颁布的《医疗器械广告管理办法》等，都是和广告管理有关的行政规章。

以上四个方面都是广告法规的范围，都具有法律效力，是广告管理的法律依据。

（二）《中华人民共和国广告法》的主要内容

《广告法》共分 6 章 49 条。分别从总则、广告准则、广告活动、广告的审查、法律责任、附则六个方面做了详细的规定。

“总则”阐述了制定《广告法》的目的，界定了广告活动、广告主、广告经营者、广告发布者等基本概念，把真实、合法、诚实、守信、公平、不得欺骗和误导消费者等作为所有从事广告活动的根本原则，并规定县级以上人民政府工商行政管理部门是广告管理机关。

“广告准则”则对广告内容和广告表现形式做了详细的规定，并对药品、医疗器械、农药、烟草、食品、酒类、化妆品等特殊广告的发布做了必要的限制。

“广告活动”对所有从事广告活动的当事人的资格、条件和必须遵守的义务做了详细的规定，并对需要禁止的广告活动做了界定。

“广告的审查”对要求发布药品、医疗器械、农药、兽药等特殊广告的审查机关、审查程序等做了规定。

“法律责任”对违法广告行为做了界定，并对其应承担的法律责任和相应的处罚做了规定。

“附则”规定：《广告法》自 1995 年 2 月 1 日起施行。《广告法》施行前制定的其他有关广告的法律、法规的内容与《广告法》不符的，以《广告法》为准。

三、广告管理机构

依照《广告法》的规定，县级以上人民政府工商行政管理部门是法定的广告管理机关，负责对所有广告活动实施监督和管理。

广告管理机关由国家工商行政管理总局，省、自治区、直辖市工商行政管理局，地区、市工商行政管理局及县工商行政管理局组成了一个网络，按照分级管理和属地原则对广告活动实施监督和管理。

所谓分级管理，即按照广告活动的性质和涉及的范围，由不同级别的工商行政管理部门实施管理。例如：对涉及国际、国家级的广告活动，如在我国境内举办的国际性运动会等的广告活动，需由国家工商行政管理部门监督管理或授权给有关省、市工商行政管理部门监督管理；对一般性的广告活动，则由所在地的工商行政管理部门监督管理。

所谓属地原则，即由广告发布地区的工商行政管理部门负责对当地的广告活动实施监督管理。如果发生违法广告行为，不论其广告主、广告经营者、广告发布者具体隶属关系在哪里，均由发布广告所在地的工商行政管理部门负责查处。这样可以明确职责，杜绝扯皮和地方保护主义等弊端。

第三节　广告管理的主要内容

一、对广告经营和广告发布活动的管理

（一）广告经营者的资格

根据《广告法》第 2 条的规定，广告经营者是指受委托提供广告设计、制作、代理服务的法人、其他经济组织或者个人。即广告经营者可以是企业、经济组织或者个人，如各类广告公司、设计室、工作室、个体广告经营者等。

根据《广告法》第 26 条的规定，从事广告经营的，应当具有必要的专业技术人员、制作设备，并依法办理公司或者广告经营登记，方可从事广告活动。即从事广告经营活动，必须具备资金、专业技术人员和专业制作设备等条件，符合企业登记中广告业登记的有关要求，经过工商行政部门审批登记，并发给广告经营证照之后才具有合法资格。不符合上述条件而从事广告经营活动的，即属非法经营。

（二）广告发布者的资格

根据《广告法》第 2 条的规定，广告发布者是指为广告主或者广告主委托的广告经营者发布广告的法人或者其他经济组织。

根据《广告法》第 26 条的规定，广播电台、电视台、报刊出版单位的广告业务，应当由其专门从事广告业务的机构办理，并依法办理兼营广告的登记。成立专门的广告机构，专门办理广告业务，是因为这些单位都是兼营广告业务的，而且都是社会影响很大的新闻媒介，其主要工作和业务范围并不是广告，如果不成立专门的广告部门办理广告业务，就有可能出现人人出外承揽广告的情况。这样不但不利于广告管理，而且由于新闻媒介在社会的权威性，会给一些人以权谋私，搞人情广告、关系广告、变相新闻广告等带来可乘之机。此外，新闻媒介利用所拥有的发布广告的条件从事广告发布，还必须到工商行政管理部门进行审批登记，经审查合格，发给广告经营证照之后才具有合法资格。

（三）广告经营者、广告发布者的责任和义务

1. 负责查验广告证明文件，核实广告内容

《广告法》第 27 条规定：广告经营者、广告发布者依据法律、行政法规查验

有关证明文件，核实广告内容。对内容不实或者证明文件不全的广告，广告经营者不得提供设计、制作、代理服务，广告发布者不得发布。

2. 不得从事超出经营范围的广告业务

广告经营者、广告发布者在办理广告经营审批登记时，已经由工商行政管理部门核定其可以从事广告经营业务的范围，广告经营者、广告发布者只可以从事其核定经营范围内的广告业务，不能超越其经营业务范围。

3. 不得在广告活动中进行不正当竞争

《广告法》第21条规定：广告主、广告经营者、广告发布者不得在广告活动中进行任何形式的不正当竞争。

4. 从事广告活动要订立书面合同

《广告法》第20条规定：广告主、广告经营者、广告发布者之间在广告活动中应当依法订立书面合同，明确各方的权利和义务。

5. 建立健全广告业务档案

《广告法》第28条规定：广告经营者、广告发布者按照国家有关规定，建立、健全广告业务的承接登记、审核、档案管理制度。

6. 收费公开，标准合理

《广告法》第29条规定：广告收费应当合理、公开，收费标准和收费办法应当向物价和工商行政管理部门备案。广告经营者、广告发布者应当公布其收费标准和收费办法。

7. 提供真实的资料和信息

《广告法》第30条规定：广告发布者向广告主、广告经营者提供的媒介覆盖率、收视率、发行量等资料应当真实。当然，作为广告经营者，向广告主和广告发布者提供的资料也应当是真实的。

二、广告主管理

（一）广告主的资格

根据《广告法》第2条的规定，广告主是指为推销商品或者提供服务，自行或者委托他人设计、制作、发布广告的法人、其他经济组织或者个人。

作为广告主，他们必须是具有行为能力，能够承担发布广告所引起的法律责任的法人、经济组织或者个人。因为广告主是提出发布广告的要求者，又是广告内容的决定者，也是广告的出资者，所以，必须对自己的行为负责，对广告可能会产生的法律后果负责。

（二）广告主的责任和义务

1. 发布广告的内容应该在自己的经营范围和国家许可的范围

《广告法》第22条规定：广告主自行或者委托他人设计、制作、发布广告，所推销的商品或者所提供的服务应当符合广告主的经营范围。如果超出其经营范围进行经营，就属于违法经营，为其违法经营行为进行广告宣传，其行为当然也是违法广告行为。

即使广告主在广告中所推销的商品或者服务属于自己的经营范围，其广告宣传也应当在国家许可的范围内进行。例如，卷烟厂为其生产的香烟做广告，农药厂为其生产的农药做广告，虽然都在自己的经营范围以内，但是国家对这些商品的广告宣传有若干限制，所以，必须在国家允许的范围以内进行广告宣传。即使是一般商品，也要按照国家关于发布广告所应遵循的一般标准进行。

2. 必须提交真实、合法、有效的证明文件

《广告法》第 24 条规定：广告主自行或者委托他人设计、制作、发布广告，应当具有或者提供真实、合法、有效的下列证明文件：

（1）营业执照以及其他生产、经营资格的证明文件；

（2）质量检验机构对广告中有关商品质量内容出具的证明文件；

（3）确认广告内容真实性的其他证明文件。

依照本法第 34 条的规定，发布广告需要经过有关行政主管部门审查的，还应当提供有关批准文件。

3. 必须委托具有合法资格的广告经营者和广告发布者

根据《广告法》第 23 条的规定，广告主委托设计、制作、发布广告，应当委托具有合法经营资格的广告经营者、广告发布者。否则，就是违法广告行为。

三、广告内容管理

（一）广告审查制度

1. 委托代审制度

委托代审制度是指广告主在自行或者委托他人设计、制作、发布广告时，对广告内容的审查主要由具体从事广告设计、制作业务的经营单位或经营者按照广告法规的要求进行审查，符合条件者方可进行。由于广告监督管理机关承担着对广告经营者和广告发布者的审批登记、对违法广告行为的查处等项工作，任务非常繁重，同时，国家对广告的监督管理是一种外部的行政管理，因此，广告管理机关不可能对每一项广告内容进行事先的逐项检查，而必须由广告主、广告经营者、广告发布者，或者是有关行政主管部门按照广告法规的要求对广告内容进行审查，这是法定的责任和义务。

2. 验证审查制度

验证审查制度是指广告主在要求广告经营者、广告发布者为其设计、制作、发布广告时，必须按照广告法规的要求，提供各项证明文件和有关资料，广告经营者、广告发布者必须认真审查广告主所提供的证明文件和资料的完整性、真实

性、合法性及有效性，并建立广告业务档案存查。这是广告法规要求广告主必须履行的义务，也是广告法规赋予广告经营者、广告发布者的权利和责任。

（二）广告发布的一般标准

对于广告内容的审查，《广告法》第 3 条、第 7 条至第 19 条等，以及国家工商行政管理局颁布的《广告审查标准》做了详细的规定。这些规定，大致可以分为两大方面：一是所有广告都必须遵守的共同标准；二是一些特殊内容的广告，除了要遵守广告发布的一般标准外，还必须遵守特殊规定。所有广告都必须遵守以下几个方面的要求：

（1）内容真实、合法，不得欺骗和误导消费者。

（2）内容和形式要健康、积极。

（3）表述和允诺要清楚、明白。

（4）数据和资料要真实、准确。

（5）不得贬低其他产品或者服务。

（6）容易识别和区别于其他非广告信息。

（7）不得侵犯他人的合法权益。

（8）不得有《广告法》第 7 条所禁止的情形。

（三）国家有特殊规定的广告

对于药品、兽药、农药、医疗、医疗器械、化妆品、食品、烟酒、金融、文化教育等一些特殊内容的广告，除了要遵守上述关于广告发布的一般标准之外，国家还做了一些特殊的规定，主要包括以下几个方面：

1. 禁止或者限制某些商品做广告

（1）对某些特殊商品禁止做广告。这些商品主要是有毒、有害、用途特殊的药品，如麻醉药品、精神药品、毒性药品、放射性药品等特殊药品。

（2）对某些特殊商品限制做广告的范围。某些特殊商品，虽然可以做广告，但是对其范围需要加以限制。例如，许多国家对烟草、烈性酒的广告范围都有着严格的限制。我国目前主要是对烟草广告进行限制，禁止利用广播、电影、电视、报纸、期刊发布烟草广告；禁止在公共场所设置烟草广告。

2. 禁止某些内容在广告中出现

某些内容出现在广告中可能会误导消费者，或者涉及政治、个人名誉权，或者可能侵犯他人合法权益的，或者不利于精神文明建设的等，也都禁止在广告中出现。

例如：禁止利用国家领导人的形象或国家机关的名义做广告；禁止有鼓动、倡导、引诱人们吸烟、饮酒的文字、语言和画面；药品广告禁止在广告中出现说明治愈率或者有效率的内容；食品广告中不得出现医疗用语、易与药品混淆的用语以及无法用客观指标评价的用语，如：返老还童、延年益寿、白发变黑、齿落更生等；化妆品广告禁止出现宣传医疗作用或使用医疗用语的内容；等等。

3. 对某些特殊商品的广告实行广告内容事先审查制度

《广告法》第34条规定：利用广播、电影、电视、报纸、期刊以及其他媒介发布药品、医疗器械、农药、兽药等商品的广告和法律、行政法规规定应当进行审查的其他广告，必须在发布前依照有关法律、行政法规，由有关行政主管部门对广告内容进行审查；未经审查，不得发布。

除了药品、医疗器械、农药、兽药等商品之外，食品、化妆品、金融、文化教育（如招生广告）等广告的发布也需要经过有关行政主管部门审查批准。

对这些广告内容需要经过事先审查的广告，广告主、广告经营者、广告发布者必须按照经过审定的内容进行设计、制作和发布，否则就是违法广告行为。

四、对广告收费标准的管理

国家对广告收费标准的管理，一般包括广告收费标准的制定、广告代理费的收取、广告费的支出等内容。

（一）广告收费标准的制定

广告设计的制作成本费和广告发布费的收取标准，应根据城市的经济发展情况、设计制作水平、广告效果来确定；而对报纸、杂志、广播和电视的收费标准，则除以上因素外，还必须考虑其发行量和覆盖面，对于电视，还必须考虑时间因素，并且，所有的收费标准均需经过当地物价部门的审核。而对于社会、文化广告的收费，法律法规要求采取优惠措施。

（二）广告代理费的收取

关于广告代理费的管理，在有关法规中明确规定：为贯彻统一对外政策，各外商广告经营单位付给外商的佣金一般不得超过15%，互惠广告的佣金可根据实际情况由双方协定，但要报当地工商行政管理部门核准。

（三）广告费的支出

广告费的支出是指企业从事广告活动的费用开支。国家工商行政管理局和财政部在1983年发布的《关于企业广告费用开支问题的若干规定》中规定：工业企业销售商品发生的广告费，可列入成本，商业、外贸和物资、供销企业的广告费，可在商品流通费中列支。对广告费的财政来源作了统一规定。政府管理的重点对象是广告经营单位和广告主。

五、对涉外广告的管理

一般而言，涉外广告是指广告主通过国外的或国际的传播媒体，对其他国家或地区的消费者所进行的有关商品、劳务、观念的信息传播活动。涉外广告是以本国广告的发展为母体，再向世界其他国家或地区发展。对我国而言，涉外广告主要有来华广告和我国的出口广告。来华广告是指外国企业、组织和个人在中华人民共和国境内进行的广告经营和广告宣传活动；出口广告是指中国企业、组织和公民个人在国外进行的广告宣传。

（一）来华广告的管理

来华广告的管理是指针对外商来我国进行的广告宣传所进行的管理。

1. 来华广告的一般要求

广告主必须有良好的资信，在本国有一定的经济实力，商品或产品必须持有进口许可证；国家工商行政管理总局及有关部委有特殊规定的广告，如医药、食品等，必须持有国际上有关权威机关核准的证书；科技交流和商贸方面的产品展览会广告，须有中国科技委员会和中国商务部的证明；地方组织的，须有由地方组织出具的证明；外国在华企业或办事机构开业启事等广告，须有当地工商行政管理局或我国有关主管部门的证明。

2. 来华广告的办理

凡符合来华广告要求的广告刊户，可委托我国有外商广告经营权的广告公司办理。外商广告刊户提出委托时，必须将有关事项以书面形式交广告代理公司；广告公司向国内外有关机构查询该广告主的资信度，或者要求其预付广告费。确认无误后，广告公司向媒介单位发出广告订单，媒介认可后，该项广告业务即告成功。外商广告申请一旦被批准，广告公司即可按有关媒介单位的要求和规定，向广告主索取广告稿件。收到稿件后，广告公司专业人员审核广告内容，填写审稿单。审核同意后，复印存档，并将广告原稿寄送有关的媒介单位，媒介单位广告部门专业人员再进行终审。终审同意，即可刊出。外商广告一经刊出，按国际惯例，媒介单位应立即出具广告证明及广告样品（样报、样书、样照、样袋等），并连同收款发票寄给广告公司。广告公司再按合同要求审核后开具收款发票，寄给广告主。广告主一般应在发票开具之日起 30 日内将广告费汇至中国银行该广告代理公司的账户下（或由中国银行开支票向外商广告刊户托收）。

我国港澳台地区的企业、组织和个人来大陆做广告宣传，参照来华广告进行办理。

（二）出口广告的管理

出口广告的管理是指对我国组织、公民在境外所进行的针对出口商品的广告宣传的管理。

1. 出口广告的一般要求

广告内容除需遵守中国的法律外，还要遵守发布地所在国的法律、法令。如一些阿拉伯国家，不准吸烟、喝酒，自然更不能作烟、酒广告；广告内容不能损害当地的民族尊严，不能违反当地的风俗习惯；在广告中，不得进行诽谤性宣传，不得使用不友好的文字；在广告中使用商标的，应先在当地注册，经核准后方可发布；当地有特殊规定的商品广告，如药品、食品等，应经国际组织或专门机构批准，方可发布。我国企业、组织和个人不得自行在国外进行广告宣传，而应委托具有外商广告经营权的中国广告经营者代为办理。

2. 出口广告的办理

出口广告的办理方式有三种：一是由公司设在国外的分支机构负责；二是由公司的广告部门全权负责；三是由本国总公司和国外代理机构联合负责。

在办理广告申请手续时，按我国商品检验局的规定，凡出口商品需对外作广告，必须在产品的实体、品质、特色、式样、品牌和包装等各方面通过检验，符合出口要求的方能办理对外广告手续。

出口广告费用支付方式为：有对外贸易经营权的企业（一般指外贸各专业进出口公司）将其一年或半年度的广告宣传外汇额存放在外贸广告公司的银行账户上，然后委托广告公司在国外选择合适的媒介发布广告。广告刊出后，国外的广告媒介将广告样品连同广告费发票寄给外贸广告公司，再由广告公司开具联系单会同广告费发票送交企业财务部。财务部工作人员持单赴中国银行填写外汇额度申请书，提取所使用的外汇额度，然后送外汇管理局批准。之后，再去中国银行填写汇票申请书，由中国银行核准后开出外汇汇票。其中人民币部分先从广告公司账上划去。广告公司拿到汇票后即寄往国外广告媒介单位。同时，广告公司还要按当天的汇率开具人民币发票，向刊登广告的外贸公司收取佣金。但随着我国外贸体制的改革，这些规定有所突破，有的广告刊户可直接自带外汇同广告代理商结算。

六、对违法广告行为的查处

（一）违法广告行为的类型

1. 违法经营广告

违法经营广告包括无证经营和超越经营范围经营两类。

无证经营，是指不具备经营广告业务的条件或者未经过审批登记，没有取得合法有效的广告经营证照，而从事广告经营的行为。

超越经营范围经营，即广告经营者从事超越广告登记机关批准的经营范围的广告业务的行为。例如：没有取得涉外广告经营权，但是却从事涉外广告业务的经营。

2. 违法发布广告

违法发布广告是指广告主、广告发布者违反广告法规的规定发布广告的行为。违法发布广告是违反广告法规行为中比较多见的，特别是发布虚假广告，其危害也是最大的。

违法发布广告的范围很广，有的是广告行为本身就是违法的，例如：广告主本身就不具备合法的生产经营资格，其发布的广告当然也是违法的；某些商品或服务的广告需要得到有关行政主管部门审查批准后方可发布，但是广告主和广告发布者未经审查批准擅自发布；等等。有的是广告内容属于虚假欺骗，损害消费者的利益，例如：前面所述的“使你美”女子减肥腰带的案例等。有的是广告内容违反广告法规的规定，例如：不按有关行政主管部门审定的广告内容发布，私自添加或改动内容；广告中有贬低同类产品的内容；广告中有采用他人形象或名义，而又未经他人同意的；等等。

（二）违法广告行为应负的法律责任

违法广告行为由于它违反了广告法规，因此必须承担由此所产生的法律责任。由于违法广告行为所侵犯的法律主体不同，所造成的后果不同，应该承担的法律责任也有所不同。

1. 行政法律责任

即广告违反广告法规和其他行政法律应承担的法律后果。例如：违法经营广告和违法发布广告的行为首先都是违反了行政法律，必须承担相应的行政法律责任。

2. 民事法律责任

即广告行为侵犯了他人的民事权利或没有履行相应的民事责任时应承担的法律后果。例如：广告侵犯了他人的肖像权；不履行广告合同；不履行广告中承诺的责任；等等。

3. 刑事法律责任

即广告行为违反了刑事法规而必须承担的法律后果。例如：利用广告诈骗他人的钱财；利用广告推销淫秽色情产品；利用广告进行颠覆国家的反动政治宣传；等等。

必须指出的是，有的违法广告行为是同时违反了行政、民事、刑事法律和法规，所以必须同时承担相应的法律后果。所有的违法广告行为首先都是违反广告法规的行为，必须承担行政法律责任，如果同时还违反了民事和刑事法规，就必须同时承担相应的民事和刑事法律责任。例如：发布虚假广告违反了广告法规，要根据有关规定给予处罚，由于该虚假广告给消费者带来了财产和人身的伤害，因此还要承担相应的民事甚至刑事法律责任。

（三）违法广告行为的处罚

对违反广告法规和其他行政法律的广告行为的处罚，《广告法》第 37～48 条做了详细的规定。对于因此而侵犯他人合法民事权益甚至违反刑法构成犯罪的，要按照民法和刑法的有关规定给予处罚。

第四节　广告行业自律与社会监督

一、广告行业自律及其意义

（一）广告行业自律

任何广告管理的法律、法规再完善，总有疏漏之处；政府管理广告再有力，也有其管理职能无法到达的领域。所以在西方，除了由政府设立的专门或兼职的广告管理机构和制定有关的广告管理的法律、法规对广告进行管理之外，还需要广告业内部进行必要的管理，这就是我们通常所说的广告行业自律。早在新中国诞生前，我国许多报馆和广告公司、广告社即已订立了自律条文，规定“有伤风化及损害他人名誉者，或欺骗者，概难照登”，“如伤风败俗，荒谬绝伦者，概不接受；害人贪利之药品、诲盗诲淫之书籍，以及谈相算命迷信一流之广告，亦概不登载”。我国的广告业自律也表现在支持重大群众性政治运动上，如抗日战争期间抵制日货，不登日商广告等事例。在 1983 年以后，许多广告经营单位、广告媒介单位都依据有关规定制定了自律条文。

广告行业自律是指由广告主、广告经营者、广告发布者自行建立行业组织，制定规章，约束组织成员的广告行为。广告行业自律的目的在于防止广告主滥用广告，加强广告主和广告公司、广告媒介对消费者的责任，规定对消费者进行广告的伦理准则、广告主间的伦理准则和广告代理业及媒介业的伦理准则，避免因不正当的竞争手段而造成的经济损失和信誉损失。

（二）广告行业自律的意义

广告行业自律始于美国，最早是在 1911 年，由美国印刷行业组织制定了一个行业广告准则——《普令泰因克广告法草案》，后来首先被纽约州作为广告法规，以后又陆续被美国的 40 多个州作为地方广告法规，由此可见行业自律在广告管理当中的重要性。

1. 广告行业自律是广告业社会责任感的表现

现代市场营销强调用系统科学的观点研究包括市场营销在内的各种问题。按照系统科学的观点，企业与社会是一个共生系统，企业要注重与社会的关系，企业应该承担起自己应负的社会责任，不能只顾本企业的利益，而对关系整个社会公共利益的事情置之不理。如果社会不能发展，企业也无法发展壮大。

广告主、广告经营者、广告发布者都是社会的一员，都对社会负有责任，也都对广告业健康发展负有责任。行业自律，体现了广告主、广告经营者、广告发布者对社会是负责的，对自己的行为是负责的，对危害广告业健康发展、损害消费者利益、损害社会公共利益，只顾自身利益的广告行为是反对的，表现了整个广告业的社会责任感。

2. 广告行业自律是国家广告管理的重要补充

广告管理是一个系统工程，需要国家、广告业和社会共同努力。国家对广告的管理在其中发挥着法制保障的作用，是保障整个广告事业发展在法制轨道上正常进行的基础。但是，国家对广告的管理是一种外部的行政管理，具体的执行者是广告主、广告经营者、广告发布者。通过行业自律，使广告主、广告经营者、广告发布者在广告活动中自觉约束自己的行为，主动按照广告法规的要求从事广告活动，减少违法广告行为的发生，既是广告活动的要求，也是广告管理的目的。广告管理并非只是为了处罚违法广告行为，而是为了预防、减少，甚至消灭违法广告行为，使广告业健康发展。行业自律正是这种思想的体现，所以，行业自律是国家广告管理的重要补充。

3. 广告行业自律是广告健康发展的重要手段

广告业能否健康发展，既取决于广告业的外部运行环境，也取决于广告业自身条件。广告主、广告经营者、广告发布者是广告活动的主体，他们是具体广告业务的承担者，他们能否按照广告法规和公认的道德准则从事广告活动，是广告业健康发展的重要基础之一。从目前我国的实际情况来看，广告业的外部环境由于社会主义市场经济的发展正处在一个前所未有的良好时期。但是，从广告业的内部来看却不尽如人意，广告组织和广告从业人员的资质良莠不齐，虚假广告屡禁不绝，损害了广告业的整体声誉。一些有远见的广告主、广告经营者、广告发布者已经认识到这一问题的严重性，决心通过行业自律清除这些害群之马，达到广告业自身净化的目的。这既是广告管理发展的需要，也是广告业健康发展的要求。

二、广告行业自律的特点

广告行业自律是广告业发展到一定阶段的必然产物，是广告业发展成为独立的经济行业的必然结果。一般而言，广告行业自律是由广告行业自律组织和广告行业自律规则组成。因此，建立广告行业规范，实行广告行业自律，是广告业组织与管理的重要内容，它与政府对广告业的管理和消费者对广告活动的监督共同组成对广告业的组织与管理体系。广告行业规范和行业自律作为广告业者遵循的规律和制度，主要具有以下几方面的特点。

（一）自愿性

遵守行业规范，实行行业自律，是广告活动参与者自愿的行为，不需要也没有任何组织或个人的强制，更不像法律、法规那样，由国家的强制力来保障实施。一般而言，广告活动参与者是在自愿的基础上成立行业组织，制定组织规章制度和共同遵守的行为准则，目的是通过保护行业的整体利益来维护各自的利益。

（二）广泛性

广告行业自律调整的范围比法律、法规调整的范围更加广泛。广告活动涉及面广，而且在不断地发展变化，广告法律、法规不可能把广告活动的方方面面都规定得十分具体。而行业规范则可以做到这一点，它不仅在法律规范的范围内发挥作用，而且在法律没有规范的地方也发挥着自我约束的作用。因此，广告行业自律是限制广告法规不能约束的某些行为的思想、道德武器。

（三）灵活性

作为一种约定俗成的行为准则，广告行业自律不像广告法律、法规那样，其制定、修改、废止都需要经过严格的程序。广告行业规范等自律规章、准则只要经过组织参加者的大多数同意，即可进行修改、补充和调整。另外，广告行业自律的灵活性还体现在对一些具体的广告行为上，可以即时参照相应的广告环境作出判断。

三、广告行业自律的形式和内容

（一）广告行业自律的形式

1. 建立行业协会

行业自律首先要成立行业组织，通常都是以建立行业协会的形式出现。有了行业协会，才能开展活动，行业自律也才能从组织上得到落实。在我国广告界，自 1983 年就成立了“中国广告协会”，其中包括了客户委员会、广告公司委员会、报纸委员会、电视委员会、广播委员会、公交委员会、铁路委员会、学术委员会等专业委员会，在各地还设有地方广告协会。此外，在外经贸界，有“中国对外经济贸易广告协会”。这些行业协会都制定了协会章程，其中，行业自律是最重要的内容。

2. 制定自律规章，发出行业指认

行业自律必须由成员共同制定自律规章，作为本行业协会成员共同遵守的规范，并且对整个行业（包括未参加行业协会的成员）形成一种行业指认，使整个行业都能够按照自律规章办事。中国广告协会通过了《广告行业自律规则》、《广告行业岗位职务规范》两个重要的行业自律规章，并作为全行业的共同指认，对中国广告业施行行业自律起到了重要的作用。

3. 自检互检，公开承诺

有了自律规章，还要进行检查，对不按照自律规章办事的要给予处理。但是，行业自律是一种自发的自我约束，所以，它主要是通过自我检查、自我约束，以及行业组织成员之间的互相检查来达到自律的目的。对不按照自律规章办事的成员，可给予警告、直到开除出行业组织的处分。

(二) 广告行业自律的内容

1. 承诺遵纪守法

行业自律首要的一条就是要合乎法律的要求，所以，行业自律规则要把承诺遵纪守法放在第一位，在法律的指导和约束下实行行业自律。一般来说，行业自律规则应该比法律的规定更加严格和具体，而不应该比法律规定更宽，否则就失去了行业自律的意义。

2. 承诺广告真实可信

真实性是广告的生命，行业自律要把保证广告真实可信作为自律规则的重要内容。例如，中央电视台在其制定的自律规章里面就明确承诺“广告的内容要真实、准确，应该如实地反映商品的性能”。

3. 承诺广告要遵守公认的道德准则

思想性是广告的灵魂，广告的表现形式和广告的内容要积极、健康，要遵守广告法规的规定和社会公认的道德准则。如中国广告协会制定的《广告行业自律规则》中就要求“制作、发布的广告内容要健康向上，符合社会主义精神文明的要求”，“力求广告的经济效益和社会效益的统一，并以此原则检验广告效果”。

4. 成员之间互相监督

行业自律要有监督机制，成员之间要互相监督，如果发现有违反自律规则的行为，要有处罚机制，否则行业自律就会流于形式，只是摆花架子，欺哄公众。

5. 成员之间交流沟通经验

除了互相监督之外，成员之间还应该互相交流经验，对于好的典型，要给予表扬。这样做的目的是使中国广告业的整体素质得到提高，赶上世界先进水平。

四、广告的社会监督

除了广告法规管理、行业自律外，我国还建立了广告的社会监督管理机制，充分利用社会公众力量和社会舆论力量，对广告活动进行广泛的监督管理，推动广告业的健康发展。

所谓广告的社会监督，是指消费者和媒体舆论组织等通过某些社会组织和社会团体、舆论机关、各种公关自治组织等，自发地对广告活动的各个方面进行监督，包括消费者监督、广大群众的监督以及新闻舆论的监督等，其目的在于制止或限制虚假、违法广告对消费者权益的侵害，以维护广大消费者的正当权益，确保广告市场健康有序地发展。

(一) 广告的社会监督的重要性

首先，它是广告管理依靠社会和公众主动参与的重要手段。由于广告的特殊性，广告管理不只是关系广告行业的事，而是关系全社会公共利益的大事，要求社会和公众共同关心和参与，而社会监督就是社会和公众主动参与的重要手段。

其次，它是广告管理公开化、透明化的具体体现。社会参与广告管理，对违法广告行为进行揭露，让全社会都认识到广告管理的重要性，社会各个层面都来关心广告，使广告管理公开化、透明化，不仅不会影响到国家对广告的管理，反而是一种促进和帮助。

（二）广告的社会监督的特点

1. 广告社会监督的自发性

广告受众依法对广告进行监督并非广告管理机关和广告社会监督组织的指令所致，而是一种完全自发的和自愿的行为，在此过程中，几乎不存在任何的行政命令和行政干预。广告受众这种自发行为主要来自：广告受众对自己接受真实广告信息权利的认识的加强；广告受众对保护自身合法权益的意识的提高。这一切皆取决于人的素质的提高和广告受众自我保护意识的加强。因此，社会越发展，其文明程度越高，人的素质越好，广告受众的自我保护意识越强，那么对广告的监督行为也就越自发和自觉。

2. 广告社会监督的广泛性

广告主的商品或服务必须通过一定的媒介发布出来成为广告信息，才能为广大社会公众所接受，从而产生消费意愿和消费行为；与此同时，一则广告信息一旦发布出来，即意味着已落入社会公众的“汪洋大海”之中，要受到广告受众全方位的监督。这些广告受众即构成广告社会监督的主体，其每一个成员都可以对广告的真实性、合法性进行监督，并向各级广告社会监督组织反馈其监督结果，从而构成一支庞大的广告社会监督大军。因此，广告社会监督的主体具有广泛性的特点。

3. 广告社会监督的权威性

广告主发布广告信息，向社会公众传递商品或服务的宣传信息，其目的在于使一般社会公众成为广告受众，使消费者接触到广告信息之后，对产品或品牌产生情感反应，促使消费者产生购买意愿，形成购买行为。即要让社会公众接受其广告，并进而购买其商品或服务。但社会公众是否愿意接受广告主的广告信息，是否愿意产生购买欲望，主动权并不在广告主这一边，也不在广告公司这一边，而是在广告受众这一边。而广告信息的真实性，广告主的承诺是否可信，将直接影响广告受众对它的认可与否。因此，以广告受众为主的广告社会监督主体对广告的监督结果，具有一种无形的权威性。社会监督结果的这种权威性，是广告主、广告公司进行广告创意、构思、设计、制作时所不可忽视的。

（三）广告的社会监督的主要途径

1. 新闻媒体的舆论监督

对违法广告行为，通过新闻媒体的报道和揭露，使之公布于众。这种做法一方面可以为广告管理机关提供线索；另一方面也可以使消费者了解真相，以免上当受骗；此外，也使这些违法广告行为的制造者受到舆论压力，从而采取措施，改正错误。

2. 社会团体的积极参与

对于违法广告行为，一些社会团体的积极参与是必不可少的。因为这些社会团体成立的宗旨就是关注社会公共利益，保护公民的合法权益不被侵犯。例如：对损害消费者利益的违法广告行为，消费者协会有义不容辞的义务给予关注并帮助消费者；对损害妇女和儿童合法权益的违法广告行为，妇联的参与是理所当然的。此外，残疾人联合会关注损害残疾人利益的违法广告行为；宗教界联合会关注损害宗教界合法权益的违法广告行为等，都是合理而且正当的社会监督行为。

3. 公民的举报投诉

每个公民都有责任和义务对违反法律的行为进行揭露，同时，在公民个人的合法权益受到不法侵犯时，可以向政府主管部门反映和投诉，也可以通过法律途径提起法律诉讼。当公民发现某一广告行为违反法律法规或者侵犯了自己的合法权益的时候，可以向广告管理机关举报和投诉，或者向司法机关提起法律诉讼，以保障社会公共利益和自己的合法权益不被侵犯。

广告管理是关系每个公民和整个社会公共利益的大事，也是关系到广告业健康发展的重要环节，需要国家、广告业、社会三个方面的共同努力，一起来完成这项工作。

练习与思考

一、填空题

1. 广告管理的概念有广义与狭义之分，其中广义的广告管理是指______、和________对广告的组织、指导、管理和监督。

2. 1982 年，国务院颁布了我国第一部全国性广告法规________，统一了广告工作的范围、内容、制度、办法和________，使我国广告管理工作初步走上法制化、正规化的道路。

3. 广告法规包括的范围是宪法、________、________和________。

4. 社会监督的主要途径包括________、________和________。

二、多项选择题

1. 国家对广告实施管理的性质有（　　）。

A. 它是一种外部宏观管理　　B. 它是一种行政执法管理

C. 它是一种主动管理　　D. 它是一种微观管理

2. 国家对广告实施管理的特点包括（　　）。

A. 全面性　　B. 复杂性

C. 强制性　　D. 指导性

3. 广告审查制度包括（　　）。

A. 委托代审制度　　B. 验证审查制度

C. 广告监管制度　　D. 广告宣传制度

4. 行业自律的形式包括（　　）。

A. 建立行业协会　　B. 制定自律规章，发出行业指认

C. 自检互检，公开承诺　　D. 承诺广告信息诚实可信

5. 下列哪些属于违法发布广告？（　　）

A. 广告主本身就不具备合法的生产经营资格。

B. 某些商品或服务的广告需要得到有关行政主管部门审查批准后方可发布，但是广告主和广告发布者未经审查批准擅自发布。

C. 没有取得涉外广告经营权但是却从事涉外广告业务的经营。

D. 没有取得合法有效的广告经营证照，而从事广告经营的行为。

三、名词解释

1. 广告管理
2. 委托代审制度
3. 行业自律

四、简答题

1. 广告管理的作用有哪些？
2. 广告管理的主要内容有哪些？
3. 行业自律的形式和内容是什么？

案例分析

费德勒尔为某药品广告代言

美国俄亥俄州一家制药公司最近开发了一种治疗十二指肠球部溃疡的药物，经过一段时间的临床试验，效果不错。经过州食品药品局审核批准，可以推向市场。

该公司选择了州电视台这一覆盖面最大的媒体来广而告之。费德勒尔是该州颇有知名度的影视演员，人长得也帅气。于是该公司通过费德勒尔的经纪人，请这位偶像派演员做该药品的代言人，制作了一则 75 秒钟的电视广告，希望通过

费德勒尔的帅气形象和极具磁性的声音尽快打响该药品的知名度。该公司支付给费德勒尔广告代言费150万美元。

这一唾手可得的酬金相当于费德勒尔拍摄影视剧3个月的报酬总数。不过费德勒尔身体很棒，根本没有患过十二指肠球部溃疡。但为了这不菲的酬金，费德勒尔爽快地和该制药公司签订了电视广告合同。

一个星期后，该电视广告在州电视三台黄金时段播出。费德勒尔手持一盒药，先是皱着眉头称，自从3年前患上十二指肠球部溃疡，服用了很多相关药物，都不见效。说到这儿，费德勒尔马上转忧为喜道，自从服用了这种药后，十二指肠球部溃疡渐渐愈合了。这时又响起了画外音：请相信费德勒尔先生，费德勒尔先生的推荐没有错。这则电视广告播出后，州内数以万计的十二指肠球部溃疡的患者，纷纷到附近的医药连锁店购买这种药品，使得该制药公司的销售部要求批量进货的电话响个不停。

然而事情发展并没有想象中那样乐观，麻烦随之而来。曾和费德勒尔同居过5年的女友给州食品药品局打电话，称费德勒尔在电视上撒谎，因为他从来都没患过十二指肠球部溃疡。于是，州食品药品局和警察署"请"费德勒尔"说清楚"。费德勒尔面对调查人员咄咄逼人的目光，不得不承认自己犯了个难以饶恕的不诚信错误。随后在电视上向观众致歉，并请求谅解。好在该药品治疗十二指肠球部溃疡的确有效，患者没有向费德勒尔兴师问罪。

费德勒尔将150万美元的代言酬金全部上交给警察署，另被罚款5万美元，3年内被取消参与拍摄任何媒体广告的资格，档案里留下了不光彩的一页。与此同时，该药品的电视广告被封杀，理由是"让不是感同身受的人代言，会误导真正的患者"。

资料来源：张丽娟、刘清华：《广告原理与实务》，北京，清华大学出版社，2008。

思考题：

1. 分析诈骗广告和不真实广告的区别。
2. 谈谈我国对广告实施管理的性质、特点和意义。

参考文献

[1] 陈宏军，江若尘．现代广告学．北京：科学出版社，2006

[2] 成思危．广告学．北京：北京师范大学出版社，2006

[3] 川胜久．广告心理学．福州：福建科学技术出版社，1995

[4] 第二届龙玺杯环球华文广告奖获奖作品集．吉林：黑龙江科学技术出版社，2000

[5] 董景寰，姜智彬．广告学概论．上海：上海人民美术出版社，2008

[6] 丁俊杰，康瑾．现代广告通论．北京：中国传媒大学出版社，2007

[7] ［美］菲利普·科特勒．市场营销管理．北京：科学技术文献出版社，1991

[8]［美］菲利普·科特勒．营销管理．上海：上海人民出版社，2001

[9] 高丽华等．广告策划．北京：机械工业出版社，2009

[10] 国际广告．北京：国际广告杂志社，2000

[11] 黄合水．略论电视广告语言．广播与电视，1993

[12] 胡颖，周忱．传统媒体与新媒体依存度分析．新闻传播，2007

[13] 黄美琴．广告学概论．北京：中国建筑工业出版社，2008

[14] 雷鸣．现代广告学．广州：广东高等教育出版社，2007

[15] 李建立．现代广告文化学．北京：北京广播学院出版社，2007

[16] 卢泰宏等．广告创意——个案与理论．广东：广东旅游出版社，2000

[17] 刘相美．传统媒体与新媒体如何实现共赢．社会科学论坛，2008

[18] 缪启军．广告实务．南京：东南大学出版社，2006

[19] 马谋超．广告心理．北京：中国物价出版社，2002

[20] 倪震源．新媒体 VS 旧媒体．广告大观，2006

[21]［美］唐·E·舒尔茨等．整合行销传播．北京：中国物价出版社，2002

[22]［美］托马斯·C·奥吉恩等．广告学．北京：机械工业出版社，2002

[23]［美］汤姆·邓肯．广告与整合营销传播原理．北京：机械工业出版社，2006

[24]［美］特伦斯·A·辛普．整合营销沟通．北京：中信出版社，2003

［25］王军元，钟旭东，许俊义．广告通论．北京：科学出版社，2006

［26］卫军英．现代广告策划．北京：首都经济贸易大学出版社，2004

［27］［美］威廉·阿伦斯．当代广告学．北京：人民邮电出版社，2005

［28］吴建安等．市场营销学．北京：高等教育出版社，2004

［29］谢耘耕．运用新媒体进行品牌构建——以淘宝网为例论品牌构建的新媒体战略．上海：华东师范大学出版社，2007

［30］颜伯勤．广告实例研究．台湾：广告与市场研究中心，1990

［31］杨旋．新媒体与传统媒体的关系．青年记者，2008

［32］袁米丽．现代广告学——广告运作规律的整合与延伸．长沙：中南大学出版社，2004

［33］袁安府，范钧，李吉昆．现代广告学导论．杭州：浙江大学出版社，2007

［34］张金海．世界经典广告案例评析．武汉：武汉大学出版社，2000

［35］赵路，李东进，韩德昌．广告理论与策划．天津：天津大学出版社，2004

［36］周立公．现代广告学教程．上海：上海财经大学出版社，2005

［37］赵琛．中国广告史．北京：高等教育出版社，2000

［38］周志伟．传统媒体与新媒体在融合中创新．旁观者，2008

［39］周志奇．新媒体和传统媒体可优势互补．新闻传播，2008

［40］中国艾菲获奖案例集．北京：中国经济出版社，2007

图书在版编目（CIP）数据

广告实务/杨建华，杨德锋主编
北京：中国人民大学出版社，2010
21世纪高职高专规划教材·市场营销系列
ISBN 978-7-300-12282-3

Ⅰ. ①广…
Ⅱ. ①杨…②杨…
Ⅲ. ①广告学-高等学校：技术学校-教材
Ⅳ. ①F713.80

中国版本图书馆CIP数据核字（2010）第107302号

21世纪高职高专规划教材·市场营销系列
广告实务
主　编　杨建华　杨德锋

出版发行　中国人民大学出版社
社　　址　北京中关村大街31号　　**邮政编码**　100080
电　　话　010－62511242（总编室）　010－62511398（质管部）
010－82501766（邮购部）　010－62514148（门市部）
010－62515195（发行公司）　010－62515275（盗版举报）
网　　址　http://www.crup.com.cn
http://www.ttrnet.com（人大教研网）
经　　销　新华书店
印　　刷　北京鑫丰华彩印有限公司
规　　格　170 mm×228 mm　16开本　　**版　　次**　2010年7月第1版
印　　张　16　　**印　　次**　2015年3月第3次印刷
字　　数　280 000　　**定　　价**　28.00元